시시콜콜 조선복지실록

단 한 명의 백성도 굶어 죽지 않게 하라

시시콜콜 조선복지실록

단 한 명의 백성도 굶어 죽지 않게 하라

ⓒ 박영서 2022

초판 1쇄	2022년 2월 10일
지은이	박영서

출판책임	박성규	펴낸이	이정원
편집진행	이수연	펴낸곳	도서출판 들녘
본문삽화	이보현	등록일자	1987년 12월 12일
디자인진행	김정호	등록번호	10-156
편집	이동하·김혜민		
마케팅	전병우	주소	경기도 파주시 회동길 198
경영지원	김은주·나수정	전화	031-955-7374 (대표)
제작관리	구법모		031-955-7376 (편집)
물류관리	엄철용	팩스	031-955-7393
		이메일	dulnyouk@dulnyouk.co.kr
		홈페이지	www.dulnyouk.co.kr

ISBN	979-11-5925-715-5 (03910)

단 한 명의 백성도 굶어 죽지 않게 하라

시시콜콜 조선복지실록

박영서 지음

목 차

일러두기

1. 옛이야기가 어려운 이유는 서사 그 자체의 매력이 부족해서가 아니라, 사료의 장벽이 높은
   까닭이라고 생각합니다. '읽는 맛'을 살리기 위해 이 책에 등장하는 모든 사료에 과감한 편
   집·윤색을 가했습니다. 일부 옛날 단어 또한 현대적 감각으로 재해석하여 옮겼습니다.
   주요 사료별 원문·번역문을 확인할 수 있는 인터넷 사이트는 다음과 같습니다.

 한국고전종합DB:『각사등록』『경세유표』『구사당집』『다산시문집』『만기요
람』『명재유고』『목민심서』『약천집』『연암집』『조선경국전』『홍재전서』

 한국국학진흥원 스토리테마파크:『계암일록』『영영일기』

 국사편찬위원회한국사DB:『대전통편』『비변사등록』『승정원일기』『자휼전
칙』『조선왕조실록』

 한국학중앙연구원 장서각기록유산DB:『묵재일기』『박시순일기』

 동양고전종합DB:『맹자집주』

 지암일기: 데이터로 다시 읽는 조선시대 양반의 생활『지암일기』

2. 인용 표기는 미주를 사용했으며, 참고문헌을 별도로 정리했습니다.
3. 단행본·고서·연구서·학술서 등은 겹낫표(『』)로, 논문·고문서 등은 홑낫표(「」)로, 드라마·
   그림·사진·노래·법률 등은 홑꺾쇠(〈〉)로 표시했습니다.
4. 법전 사료의 연도 표기는 법률 반포 연도를 따랐습니다.

조선의 복지, 뭣이 중헌디?

"국민 여러분, 지금 행복하십니까? 살림살이 좀 나아지셨습니까?"

TV 대선 토론 역사에서 역대급 명언으로 손꼽히는 이 말을 기억하시나요? 당시 이 말을 들은 사람들은 뭐라고 대답할 수 있었을까요? 저는 오늘 이 말을 곱씹으며 잠시 생각해보았습니다. 그리고 복지(福祉)의 의미를 되새겨보게 되었죠.

복지란 무엇일까요? 일반적 의미는 '시민의 안녕이나 번영(welfare)'입니다. 한 명의 시민이 안녕하다면 그 시민은 복지가 충분한 상태라고 말할 수 있습니다. 그리고 시민들이 안녕하도록 국가 또는 정부가 법률에 기초한 정책과 서비스를 제공하는 것을 '사회복지'라고 하죠. 사회복지가 모든 시민을 대상으로 할 때, 비로소 그 나라를 '복지국가'라 부를 수 있을 것입니다.[1] 결국 "행복하십니까? 살림살이 좀 나아지셨습니까?"는 복지 정책의 의의와 정부의 역할에 대한 통념을 꿰뚫는 결정적인 질문이었습니다.

조금 더 구체적으로 살펴보겠습니다. 정부는 시민에게 아주 광범위한 서비스를 제공합니다. 그렇다면 그중 어떤 것들이 복지 정책일까요? 우리나라의 〈사회보장기본법〉 제3조는 정부가 시민에게 제공하는 복지 정책의 틀을 정의하고 있습니다. 요약하면 다음과 같습니다.

1. 국민연금처럼 시민에게 발생하는 사회적 위험을 보험의 방식으로 대처하는 **사회보험**
2. 기초생활수급자와 같이 생활이 어려운 시민의 최저생활선을 보장하는 **공공부조**
3. '도움이 필요한 모든 시민'이 다양한 분야에서 '인간답게 생활'할 수 있게 지원하는 **사회서비스**
4. 시민 생애주기에 걸쳐 소득과 서비스를 보장하는 **평생사회안전망**

우리는 알게 모르게 늘 복지 정책과 마주하고 있습니다. 병원에 갈 때마다 혜택을 받는 국민건강보험, 매달 월급에서 공제되는 국민연금과 4대 보험, 대학생을 위한 학자금 대출과 국가장학금 제도, 생계가 어려운 사람들을 위한 다양한 직접 지원금, 코로나19 팬데믹 사태로 등장한 전 국민 재난지원금 등 수많은 복지 정책의 울타리 안에서 살아가고 있죠.

이러한 복지 정책들이 집행될 때마다 사람들의 반응은 제각각입니다. 특히 전 국민 재난지원금이 지급될 때가 그랬습니다. 누구는 '받았다', 누구는 '못 받았다' 하는 설왕설래가 각종 온라인 커뮤니티를 뜨겁게 불태웠죠. 이런 일이 있을 때마다 우리는 한국의 복지가 '만족스럽다' 혹은 '만족스럽지 못하다'고 평가합니다. 그리고 정치인들은 새로운 복지 정책을 공약하거나, 기존 제도를 수정하겠다고 약속합니다.

저는 전 국민 재난지원금을 둘러싸고 벌어진 일련의 상황들을 지켜보면서 생각했습니다.

하나의 복지 정책이 만들어지는 과정과 그것이 사회 안에서 일으키는 현상을 추적해나감으로써, 그 나라의 시민들이 안녕한지, 안녕하지 못하다면 왜 그런지를 알 수 있지 않을까? 나아가 그렇게 얻은 통찰을 우리가 처한 현실에도 적용할 수 있지 않을까?

이 아이디어를 가지고 조선과 조선의 복지 정책, 그 결과로 펼쳐진 사회상을 바라봤습니다. 그 '직관'의 결과물이 여러분이 읽고 계시는 이 책입니다.

조선에도 복지 정책이 있었을까요? 있었다면 어떤 형태였을까요? 복지 정책은 실제 현장에서 어떠한 효과 내지는 역효과를 불러왔을까요? 사람들은 복지 정책의 수혜를 입기 위해 무슨 노력을 했을까요?

시곗바늘을 1392년으로 돌려보겠습니다. 태조 이성계(李成桂, 1335~1408)는 즉위선언문에서 다음과 같이 말합니다.

환과고독(鰥寡孤獨)을 챙기는 일은 왕의 정치로서 가장 우선해야 하

는 일이니, 당연히 그들을 불쌍히 여겨 도와줘야 할 것이다.[2]

환과고독은 독신 남성·독신 여성·고아·독거노인을 가리킵니다. 이들은 아주 오래전부터 동아시아에서 가장 취약한 사회계층으로 꼽혔던 사람들이죠. 태조는 최소한의 생활수준조차 영위하지 못하는 사람들을 구제하는 일이 왕의 최우선 업무이며 정치의 기본이라고 말한 것입니다.

태조가 고려에서 조선으로 판을 엎은 시기를 돌이켜볼까요? 고려 말은 어디서부터 손을 대야 할지 알 수 없을 정도로 총체적 난국이었습니다. 왜구가 한반도를 자기 집 안방처럼 돌아다니며 약탈을 일삼았고, 자연재해가 끊이지 않았습니다. 여기에 대농장을 소유한 '가진 자'들의 쥐어짜기까지 더해지며 보통 사람들의 삶은 바닥까지 떨어졌죠.

이런 상황에서 즉위한 태조의 메시지가 시사하는 바는 분명합니다. '환과고독'이라는 키워드를 통해 고려의 끔찍한 사회상과는 다른 이상 사회의 모습을 제시한 것이죠. 다시 말하면, 이는 곧 '복지'를 조선이라는 나라의 기틀 중 하나로 삼겠다는 정치적 선언이었습니다.

그러나 조선만 환과고독을 언급한 것은 아니었습니다. 고려와 신라, 그 밖의 동아시아 많은 고대 왕조도 언급했습니다. 그만큼 환과고독은 '가장 취약한 사람들을 위한 따스한 정치'를 상징하는 말로 폭넓게 쓰였습니다. 이는 동아시아 사람들의 머릿속에 깊게 뿌리내린 클래식한 이상 사회의 모습 중 하나이기도 했습니다.

그들이 꿈꿨던 이상 사회는 구체적으로 어떤 모습이었을까요? 맹자(孟子, 기원전 372~기원전 289 추정)는 환과고독을 언급하면서, 이상적인 왕의 정치에 대해 다음과 같이 말합니다.

> 옛날 주나라의 문왕(文王, 기원전 1112~BC 1056)은 농사짓는 사람들에게는 수확량의 9분의 1만 세금으로 받았고, 벼슬한 사람들에게는 그 공로를 인정해 대대로 급료를 주었으며, 시장에서는 순찰하되 세금을 물리지 않았고 (…) 늙고 아내가 없는 자를 '환(鰥)', 늙고 남편이 없는 자를 '과(寡)', 늙고 자식이 없는 자를 '독(獨)', 어리고 부모가 없는 자를 '고(孤)'라 하니, 이 네 종류의 사람들은 세상에서 가장 곤궁한 백성으로서 하소연할 곳이 없는 자들입니다. 문왕은 어진 정치를 하면서 이들을 가장 먼저 배려했습니다.
>
> ─『맹자집주(孟子集註)』「양혜왕장구 하(梁惠王章句 下)」

세금을 적게 매기고, 나라에 헌신하는 자들에게 보상하며, 자유로운 상행위를 보장하는 동시에 사회의 가장 낮은 곳에서 살아가는 사람들을 힘껏 보살피는 것이 훌륭한 왕의 정치라는 말입니다. 평상시에는 백성이 왕이 누군지도 모를 정도로 작은 정부가 되고, 위기에 처했을 때는 모든 백성을 세심하게 돌보는 큰 정부가 되는 것. 지금의 정치체제 이론으로는 정확히 담아내기 힘든 시스템이 그들이 꿈꿨던 이상 사회였습니다.

우리 사회 복지 정책은 분배의 정의에 초점을 맞추고 있습니다. 우리는 사회정의를 실현하기 위해 세금을 낸다고 믿습니다. 모든 시민은

자유롭고 평등하며, 시민이 합법적으로 선출한 정부는 시민들 사이에
서 발생하는 불공정을 해소할 의무가 있다고 생각하죠. 정부가 그 기능
을 제대로 수행하지 못할 때, 우리는 '나라가 공정하지 못하다'거나 '정
의롭지 못하다'고 비판합니다. 혹은 힘없는 공무원들에게 "내가 낸 세
금이 얼만데!"라면서 진상을 부리는, 엉뚱한 쪽으로 빠지기도 하죠.

　우리가 기초교육과정에서부터 배워온 개념들로 조선의 복지 정책
을 바라보면 적잖은 괴리를 느낄 수 있습니다. 당연한 일입니다. 출발선
에서부터 굉장한 차이가 있으니까요. 현대 복지 정책이 발달해온 역사
는 시민이 정치적 권력을 획득해나가는 역사와 맥을 같이하고 있습니
다. 그러나 조선 사회에는 '국민의·국민에 의한·국민을 위한 정부'라는
민주주의 사회의 세 가지 개념조차 없었습니다.[3] 우리 땅, 우리 조상의
역사지만, 조선 시대의 정치는 우리의 통념과는 다른 뿌리를 가지고 있
는 것이죠.

　그렇다면 어디서 그 뿌리를 찾을 수 있을까요? 환과고독을 챙기는
것이 왕의 최우선 업무라는 선언문을 작성한 사람은 조선의 설계자 정
도전(鄭道傳, 1342~1398)입니다. 그는 『조선경국전(朝鮮經國典)』에서 다음
과 같이 말합니다.

　임금은 나라에 의지하고, 나라는 백성에 의지하므로, 백성은 나라
　의 근본이며 임금의 하늘이다. 임금된 자가 이 이치를 안다면, 백성
　을 사랑하지 않을 수가 없다.

그러므로 조선 사회를 지탱했던 핵심 개념은 민본주의(民本主義)라 할 수 있을 것입니다. 민본주의는 조선 사회의 다양한 복지 정책의 기저에도 굳건히 자리 잡고 있습니다.

　민본주의와 민주주의의 가장 큰 차이점은 정치에 참여하는 백성들의 역할입니다. 민주주의에서 권력은 시민의 합의로부터 나오지만, 민본주의에서는 천심(天心)과 민심(民心)으로부터 나옵니다. 동아시아 사람들의 머릿속에는 아주 오래전부터 천명(天命)이라는, 뭐라고 콕 집어 말할 수는 없지만, 아무튼 우주의 기운이 필연적으로 한 사람을 뽑아 세상을 더욱 이롭게 만든다는 사상이 뿌리 깊게 박혀 있었죠. 세상은 '스스로 그러하게' 이상적인 상태를 만들어가는 존재라고 믿었기 때문입니다.

　민본주의적 정치는 '국민의·국민에 의한 정치'는 없이 오직 '국민을 위한 정치'로 제한되었습니다. 물론 조선은 사대부에서 노비에 이르기까지 모두가 소극적으로나마 정치에 참여할 수 있었다는 점, 왕은 민심의 향방을 매우 예민하게 받아들였다는 점에서, '국민에 의한 정치'의 면모도 있다고 말할 수는 있습니다. 그러나 결코 엘리트주의적인 성격에서 벗어날 수는 없었죠.

　따라서 조선왕조의 복지 정책은 사실 복지보다는 시혜(施惠)에 가까웠다고 볼 수 있습니다. (이에 반하는 역사적 사례도 이 책에서 다룰 예정입니다.) 시혜와 복지의 차이를 표로 나타내면 다음과 같습니다.[4]

시혜	복지
공급자의 '선택' - 미공급 시에도 책임 없음	**공급자의 '의무'** - 미공급 시 책임 있음
수요자의 '감사(感謝)' - 미공급 시 공급해달라고 건의만 할 수 있음	**수요자의 '권리'** - 미공급 시 책임을 요구할 수 있음

　　현대에 비추어 봤을 때, 조선의 복지 정책은 한계가 명확합니다. 바로 왕정주의의 경직성이었습니다. 물론 백성들의 '먹고사니즘'을 챙기는 일은 왕의 최우선 업무였습니다. 하지만 일상적으로 꾸준히 행해지는 것이 아니라, 특수한 사안이 발생하거나 새로운 명령이 떨어졌을 때에 집중적으로 집행되었죠

　　다른 문제도 있었습니다. 현대사회의 경제 모델은 나라를 넘어 전 지구적인 공간 범위를 지니고 있는데요, 조선의 지식인들은 자급자족하는 농업 공동체를 기본으로 삼고 경제·복지·정치 등 사회 전 분야를 설계했습니다. 좁게는 가족 단위, 넓게는 마을 단위에서 생산·소비·분배가 문제없이 이뤄지는 상태를 이상적으로 보았죠.[5] 따라서 국가 경영의 1차 목표는 각 공동체가 '알아서, 슬기롭게, 잘' 굴러가도록 돕는 데 있었습니다. 지금처럼 소외된 사람들을 찾아내 불평등을 해소하는 것이 주요 목표가 아니었죠.

　　그래서 현대의 일부 학자들은 '유교국가복지론'이라는 학설을 주장했습니다. 동아시아에서 복지국가의 발전이 더딘 원인은 유교적 공동체 문화, 즉 가족이 복지의 주요 공급자가 되는 '가족 중심의 경제 공동체'

에 있다는 것입니다. 우리 사회의 기업 복지가 종업원에 대한 시혜나 보호 차원에서 이뤄질 뿐 좀처럼 노동자의 권리와 기업의 마땅한 의무로 받아들여지지 못하는 것도 '복지의 1차적 책임은 가족 중심의 경제 공동체에 있다'는 인식이 기저에 깔려 있기 때문이라고 분석합니다.[6]

이러한 인식이 제도의 형태로 오래도록 우리 사회에 남았던 사례가 있습니다. '부양의무제'입니다. 직계혈족 및 그 배우자 간의 상호 부양 의무를 명시한 〈민법〉 제974조로 인해, 그동안 생계에 곤란을 겪으면서도 기초생활수급자로 인정받지 못하는 사례가 적지 않았습니다. 2021년에 와서야 코로나19 팬데믹 덕분에(?) 직계혈족과 배우자의 상호 부양의무제가 폐지되었습니다. 물론 여전히 자산이 많은 부모나 자녀가 있는 경우는 예외라는 전제가 남아 있지만요.

자연스럽게 이제 우리에게는 이러한 의문이 떠오릅니다.

'전근대적이고 한계가 명확한 조선 사회의 복지 정책에서 우리는 뭘 얻을 수 있지?'

복지 정책만 두고 보면, 현대의 시스템이 훨씬 더 꼼꼼하고 체계적입니다. 여전히 복지 사각지대가 있긴 하지만, 우리는 재난지원금이 여러 차례에 걸쳐 지급되는 '이전에 없던 복지사회'를 살고 있습니다. 심지어 4차 산업혁명과 AI의 발전을 기대하면서 기본소득을 논의하는 단계에까지 와 있습니다. 전근대적인 부양의무제가 폐지된 것도 그러한 시대적 변화를 보여주는 사례입니다. 조선의 복지 정책이 전근대 다른 국가보다 훨씬 더 적극적이었다 해도, 현대사회를 사는 우리가 본보기 삼을 만큼 체계적이지는 못했을 것입니다. 게다가 우리는 학창 시절 역사 수업을 통해 조선 사람들이 먹고살기 힘들어 아우성치는 소리를 익히 들어왔죠. 그것만으로도 민본주의적 왕도정치 시스템에서 시민들이 '잘 먹고 잘사는 방법'을 배우기는 어려움을 알 수 있을 것입니다.

그렇지만 조선의 민본주의 사회복지 정책이 우리 시대에 주는 명확한 시사점이 하나 있습니다. 바로 인간을 바라보는 관점에 대한 것입니다. 민본주의로부터 시작해 인의(仁義)의 왕도정치를 목적으로 했던 조선의 정치는 사회 취약 계층을 바라보는 관점이 지금, 혹은 비슷한 시기의 서구 국가들과는 달랐습니다.

영국은 초기 구빈 정책을 펼 때 걸인·부랑자 등을 '사회 부적응자'로 바라봤습니다. 일할 능력이 있음에도 나태하여 스스로 낙오한 실패자라고 여겼죠. 1601년 발표된 〈구빈법〉은 빈곤자를 작업장에 수용하여 강제로 노동시킴으로써 '죗값'을 치르도록 했습니다. 산업혁명 이후 자유주의가 자리 잡은 1834년에 〈구빈법〉이 개정된 뒤에도 빈곤은 여전히 '자립 노력이 부족하거나 스스로를 개선할 능력이 없는 무책임한 개인 때문에 발생한 결과'라고 받아들여졌습니다. 이러한 인식은 서구 시스템을 받아들인 우리에게서도 쉽게 발견됩니다. '세금이 아깝다'고 말하며 빈곤한 이들을 지원하는 일을 부정적으로 바라보는 사람도 있죠.

조선 사회는 빈곤층을 '인(仁)'으로써 바라봤습니다. '가련하다' '염려된다' '불쌍히 여겨야 한다' '안타깝다'라는 인간적 공감이 선행되었고, 빈곤이 발생한 것은 그들이 나태하거나 무책임해서가 아니라 왕의 부덕 때문이라고 못 박았죠. 즉 정치가 제대로 기능하지 못했다는 점을 분명히 했습니다.

그들은 인을 확장함으로써 지속 가능한 사회라는 이상을 실현하고자 했습니다. 따라서 조선의 복지 정책은 그 최종 목표도 다를 수밖에 없었습니다. 조선의 설계자들은 빈곤층 또한 다른 사람들과 마찬가지로 인격적 완성을 이룰 가능성을 가지고 있다고 믿었습니다. 그랬기에 복지 정책을 통해 그들이 다시 공동체의 일원으로 참여하게 되고, 최종적으로 인의 가치가 나와 남, 가족, 공동체, 마지막엔 국가로 확장해나가는 이상 사회를 꿈꿨죠.[7]

서구와 현대의 복지국가들이 꿈꾸는 이상 사회가 '재화가 모두에게 공정하게 분배된 상태'라면, 조선의 이상 사회는 '모두가 인격적 완성을 이루어 조화롭고 평화로운 사회'입니다. 사회계약론적 정의에서는 인간의 이기적인 욕망을 강한 디폴트로 보고, 그것을 통해 인간과 사회의 구성 원리를 파악하고자 합니다. 반면 유학은 인간의 이기적인 욕망을 완화할 수 있다고 보았습니다. 그들의 보다 낙관적인 인간관은 이상 사회에 대한 인식과 정책 설계에도 반영되었습니다.

조선의 복지 정책은 이러한 도덕 관념을 법치로 치환한 것입니다. 즉 그들이 꿈꾸던 이상 사회를 구현하기 위한 정책적 시도였죠. 위기는 곧 '나라의 근본은 백성'임을 다시금 환기하는 계기였고, '공감과 선의'를 제도와 정책으로 표현하고자 했죠. 때로는 시대를 한참이나 앞서간 정책이 계획되고 집행되기도 했습니다.

물론 껍데기를 닦아내지 못해서, 혹은 벗어버리지 못해서 발생한 문제들도 있었습니다. 그중 일부는 모든 인간 군상에서 발견되는 보편적인 현상이기도 하죠. 그런데 시도 때도 없이 닥쳐와 '복지의 위기'를 불러오는 현실의 어려움 앞에서도, 그들이 지켜왔던 각고의 노력은 흔들림이 없었습니다.

지금까지 '시혜와 복지' '현대와 과거' '백성과 시민'의 차이를 구분하며 나아왔음에도 제가 '조선의 복지 정책'이라는 용어를 포기하지 않은 이유는 양자 간의 차이가 결코 건널 수 없는 강은 아니라고 생각했기 때문입니다. 조선이 바라본 백성, 조선이 설계한 이상 사회의 모습에서 우리는 분명히 '복지적인 무언가'를 느낄 수 있습니다. 그것은 곧 '안녕하지 못한 백성을 안녕하게 하려는 정책'입니다. 그리고 이는 현대에도 분명히 적용될 수 있습니다.

앞으로 이 책에서 소개할 내용은 어쩌면 '빈곤 정책'이라는 틀로 설명하는 것이 더욱 적절할지도 모르겠습니다. '굶주리는 사람이 없는 나라'라는 복지 목표가 선명했으니까요. 그렇지만 빈곤 정책이라는 틀은 '백성이 나라의 근본'이라는 생각에서 비롯된 조선왕조의 노력을 담아내기엔 너무나 비좁습니다. 빈곤한 자를 빈곤에서 벗어나게 하는 정책이라고 말하기엔 수혜 대상자의 폭이 매우 넓고, 빈곤한 자를 바라보는 서구와의 인식 차이도 크기 때문입니다. 따라서 빈곤 정책보다는 '복지 정책'으로 인식하는 편이 보다 효과적으로 '에센스'를 쏙쏙 골라낼 수 있으리라고 생각합니다.

이 책은 두 가지를 함께 보려고 합니다. 먼저 조선이 설계하고 집행한 복지 정책을 돌아보고, 나아가 그들이 봉착했던 수많은 난관을 짚어 간 것입니다. 역사 속의 어떤 장면은 현대의 필터를 씌웠을 때 매끄럽게 해석하기 어렵습니다. 반면 어떤 장면은 현대에도 분명하고 선명한 통찰을 제공합니다. 이를테면 '복지 부문에서 시장의 역할을 어디까지로 보아야 하는가?' 혹은 '선별적 복지 체계의 한계는 어떻게 펼쳐지는가?' 등과 같이 지극히 현대적인 시선으로도 접근할 수 있죠.

조선의 복지 정책은 크게 구황 정책, 의료 복지 정책, 취약 계층 지원 정책 등으로 나눌 수 있습니다. 이 책에서는 그중 핵심인 구황 정책과 취약 계층 지원 정책을 중심으로 소개할 예정입니다. 특히 진휼과 환곡은 조선 복지 정책의 엑기스라고 할 수 있는데요, 1장에서는 대략적인 내용만 훑어보고, 이러한 정책이 실제로 어떤 사회현상을 만들어 냈는지는 2장에서 살펴보겠습니다.

역사에는 굳건한 주춧돌이 있다고 믿습니다. 사람이 살아가는 모습은 수천 년 전이나 지금이나 크게 다르지 않다는 주춧돌입니다. 덕분에 우리는 역사를 통해 더 나은 미래에 대한 꿈을 그려나갈 수 있습니다. 설령 때로 역사 앞에서 '미심쩍은 머뭇거림'이 들지라도 말이죠. 다르면 다른 대로, 같으면 같은 대로, 조선은 우리에게 모든 것을 보여줄 것입니다.

1장

조선의 복지 정책은
어떤 것들이 있었을까?

흉년에 고통받는 백성들을 위해: 구황

구황(救荒)은 천재지변이나 기근 등으로 먹을 것이 없는 사람들에게 현물을 지급하는 정책입니다. 정책 목표도 '굶주리는 사람이 없게 함'에 있죠. 지금 보면 굉장히 소박해 보이는 목표지만, 이 목표는 전근대의 어떤 나라에서는 이루지 못했던 '이상적 상태'였습니다. 사실 전 국민이 '농사 코인'에 올인하도록 국가 역량을 총동원했는데도 먹을 게 부족하다면, 국가 설계에 근본적인 문제가 있다는 뜻이기도 합니다. 결국 철학적인 이유로든, 정치적인 이유로든, 조선은 구황 정책을 메인 프로젝트로 삼을 수밖에 없었습니다.

조선은 구황 정책을 크게 세 가지로 구분하여 집행했습니다. 진휼(賑恤)과 무료 급식소 사업, 환곡(還穀)입니다. 이 세 가지 정책은 사안에 따라 복합적으로 집행되었지만, 이해하기 쉽게 구분하여 짚어보고자 합니다.

긴급 재난지원금: 진휼

진휼이란 천재지변이나 기근이 발생했을 때 해당 지역의 사람들에게 곡식 등을 지급하는 제도입니다. 요즘으로 치면 재난지원금이죠. 기술이 발달한 오늘날에도 천재지변 앞에서 인간은 그저 무력해지고 맙니다. 날씨 예측과 재난을 대비하는 대규모 토목공사가 어려웠던 조선 사람들은 천재지변을 더욱 크게 두려워했을 것입니다. 천재지변의 피해를 피부로 느꼈을 것은 물론이고요. 실제로 무수히 많이 남아 있는 천재지변 기록은 마치 조선을 '이불 밖은 위험한' 시절처럼 여기게 합니다.

조선왕조실록에서 '진휼'이라는 키워드를 검색하면 2,949건의 기사가 검색됩니다. 특히 복지 정책에 관심이 많았던 세종(195건), 영조(382건), 정조(268건) 재위기, 그리고 역대급 대기근이 있었던 현종(403건), 숙종(407건) 재위기는 진휼이 국책 사업으로서 그 어느 때보다 강력하게 추진되었죠. 진휼과 비슷한 '구민(救民)' '구제(救濟)' '진제(賑濟)' 등으로 검색하면 기사의 양은 더 늘어납니다.

조선은 정말로 진휼에 진심이었습니다. 시도 때도 없이 천재지변에 시달리는 백성들을 위해서, 또 조선이라는 나라를 유지하기 위해서라도, 관리들에게 진휼은 그 어떤 것보다 중요한 업무가 아닐 수 없었습니다.

그만큼 진휼 담당관인 진휼사(賑恤使)와 담당 부처 진휼청(賑恤廳)의 권한은 막강했죠. 진휼청 조직 구성만 봐도 그들의 진심이 느껴집니다. 나라의 곳간을 책임지는 호조판서, 인사권을 책임지는 이조판서, 군량미 책임자인 병조판서, 오늘날로 치면 장관급이 되는 인사 세 명이 함께 일했으니까요. 진휼청의 중요 사안은 국무회의에서 가장 급선무로 처리되었습니다. 여기에 수령을 비롯한 각 공무원에 대한 징계권까지 갖춘, '전천후 재난재해 컨트롤타워'였습니다.[8]

그렇다면 얼마나 많은 사람이 진휼 정책의 혜택을 받을 수 있었을까요? 역대급 재난이 불어닥쳤던 시기들의 진휼 기록을 살펴봤습니다. 1445년(세종 27년)에 흉년이 들었습니다. 조정은 진휼에 전력을 다하여 217,000세대에 2,738,000석의 곡식을 무상 지급했습니다.[9] 매우 보수적으로 한 가족을 4인으로만 잡아도 약 80만 명이 혜택을 받았음을 알 수 있죠. 1400년대 조선 인구가 580만여 명으로 추정됨을 감안하면, 인구의 13% 이상이 재난지원금을 통해 아사(餓死)를 피했을 것이라고 추측할 수 있습니다. 또한 1795년(정조 19년)에는 5,585,928명에게 330,596석을 지급했다는 기록이 있습니다. 당시 총인구 730만여 명 중 5% 정도가 혜택을 받았다는 것입니다.[10] 이는 상당 부분 추정이지만, 곡물 무상 지급으로 생명의 위기를 벗어난 사람들이 결코 적지 않았다는 것만은 분명해 보입니다.

어떻게 보면 조선의 진휼 정책은 체제 안정을 위한 최후의 필살기와도 같은 것이었습니다. 나라의 기강이 자유 낙하하던 19세기에도 진휼 기록은 무수히 많습니다. 진휼이라도 제대로 하지 못했다면, 조선의 백성 중 누군가가 '고려 말 시즌 2'를 보여주지 않았을까요?

구황청, 진휼청, 선혜청

국가가 직접 전국의 창고를 운영하는 이유는 크게 두 가지입니다. 첫 번째는 비상 상황 대비입니다. 흉년이나 천재지변, 혹은 전쟁에 대비하기 위해 곡식을 비축하는 거죠. 두 번째는 곡물 가격 조정입니다. 곡물 가격이 지나치게 높을 때, 곡식을 풀어 가격 안정화를 꾀했죠.

고려 때는 의창(義倉)이 이 두 가지 역할을 모두 담당했습니다. 그런데 세종 말엽에 백성 구제 기능만 전담하는 구황청(救荒廳)과 곡가(穀價) 조절 기능만 전담하는 상평청으로 분리됩니다. 그러나 구황청은 임시 조직으로 운영되었죠. 그러다 1525년(중종 20년) 심한 흉년을 계기로 설치된 진휼청이 훗날 상평청의 기능을 흡수하면서, 비상 상황 대비와 곡가 조절 기능을 모두 수행하는 거대 조직으로 발돋움합니다.

한편 1608년(광해군 즉위년) 대동법이 실시되자, 대동법 전담 부서인 선혜청(宣惠廳)이 설치됩니다. 선혜청은 훗날 진휼청과 상평청, 국방세와 수산세 등을 관리하는 균역청을 포괄하는, 조선 최대 재정 기관으로 발돋움합니다. 이때 선혜청의 규모는 지금의 기획재정부에 해당하는 호조(戶曹)를 뛰어넘죠. 진휼청과 선혜청이 확대되어가는 일련의 흐름은, 조선이라는 나라에서 환곡과 진휼이 점점 더 중요해지는 역사적 흐름과 궤를 같이합니다.

〈충청수영 진휼청(賑恤廳)〉(ⓒ 보령시청)

상평창, 의창, 사창

상평창은 동아시아에서 한(漢)나라 때부터 운영되었던 곡물 가격 조절 기구입니다. 곡물이 귀하면 저가로 팔고, 곡물이 흔하면 고가로 사들였죠. 농업 국가였던 조선도 곡물 가격을 조절하기 위해 상평창을 설치했지만, 재원을 마련하는 데 실패하여 제대로 운영되지 못했습니다. 1525년(중종 20년) 상평창과 유사한 기능을 수행하는 상평청이라는 전담 부서가 설치되는데, 곧 진휼청과 병합되어 평시에는 곡가를 관리하고 흉년에는 진휼 업무를 집행하는 기구가 되죠. 훗날에는 환곡 업무까지 담당합니다.

한편 의창과 사창은 다른 기구들보다 앞서 환곡제도를 집행하던 기구입니다. 세종은 심혈을 기울여 의창을 발족했지만, 재원 고갈로 인해 몇 년 지나지 않아 흐지부지되었죠. 결국 의창이 수행하던 기능 대부분을 진휼청이 흡수하였고, 의창은 역사 속으로 사라집니다.

향촌에서 자치적으로 운영하던 사창은 조선조 내내 뜨거운 감자였습니다. 조선 성리학자의 정신적 스승 송나라의 주희(朱熹, 1130~1200)가 직접 사창을 운영했기 때문인데요. 조선은 주희가 말한 모든 것을 구현하고자 했지만, 유독 사창제만은 제대로 운영되지 않았습니다. 저이자 운영을 기본 원칙으로 삼았기에 땅 가진 이들로부터 격심한 반대를 받았거든요. 그런데 그 대토지 소유자들이 다름 아닌 사대부 계층이었다는 것도 아이러니한 일입니다.

조선의 국민연금: 환곡

보릿고개라는 말은 이제 사어(死語)가 되었습니다. 아무리 가난해도 쌀이 부족한 사태는 거의 찾아볼 수 없죠. 그렇지만 국제 무역 규모가 작았던 조선 시대에는 추수한 쌀이 다 떨어지고 그를 대체할 보리가 아직 익지 않은 봄마다 식량 부족에 시달렸습니다. 이를 춘궁기(春窮期)라고 불렀죠. 춘궁기에 쌀을 빌려주고 추수하는 가을에 이자를 붙여 돌려받는 것을 '춘대추납(春貸秋納)'이라고 했는데요, 춘대추납 제도로 운영한 복지 정책이 환곡(還穀)이었습니다.

조선은 환곡을 일상적으로, 매우 광범위하게 운영했습니다. 환곡을 운영하는 주무 부처도 운영 주체나 운영 목적, 수혜 대상자의 성격에 따라 상평창(常平倉), 의창(義倉), 사창(社倉) 등이 시대마다 그 역할을 조금씩 달리하면서 운영되었습니다. 각 지방 관아나 병영 등 대부분의 정부 부처도 다 환곡에 한 다리씩은 걸치고 있었죠.

환곡에 투입되는 쌀의 양도 어마어마했습니다. 1725년(영조 1년)에는 환곡으로 빌려주는 곡식이 약 3백만 석에 달했는데, 이는 당시 조선 인구 절반의 1년 치 식량에 해당하는 양입니다.[11] 환곡의 규모는 시간이 흐를수록 빠르게 증가했습니다. 1808년(순조 8년)에 만들어진 정책 통계서 『만기요람(萬機要覽)』에는 18세기 후반 전국의 환곡 저장량이 9,995,599석에 이르렀다고 쓰여 있습니다.[12] 물론 이 수치는 실제 저장량보다 곱절가량 과장된 것이었습니다만, 환곡이 조선 사회에서 얼마나 막대한 비중을 차지하는 제도였는지 보여줍니다.

춘대추납 제도의 역사는 고구려의 진대법까지 거슬러 올라가며, 고려 시대에도 유지되었습니다. 그러나 규모 면에서는 결코 조선에서 시행된 환곡제도에 미치지 못하는데요, 유독 조선이 영혼까지 끌어모아 환곡제도를 시행했던 까닭은 환(還), 즉 '이자'에 있습니다. 조선의 관료들은 고려 시대의 춘대추납 제도를 반성하면서, 이자를 붙여야만 이 제도를 지속할 수 있다는 점을 깊이 고려했습니다. 만약 이자를 받지 않는다면, 한 해 농사가 망하는 순간 곡식이 바닥나고 더는 제도를 유지할 수 없게 된다는 것을 잘 알았죠. 따라서 이전의 춘대추납 제도가 '백성에 대한 국가의 구제 의무'라는 성격을 띠었다면, 조선의 환곡제도는 '국가에 대한 백성의 상환 의무'에 방점을 찍고 있습니다. 국가와 백성이 연대 책임을 지는 사회보장제도의 성격이 더욱 두드러졌죠.

환곡은 매우 체계적으로 운영되었습니다. 가상의 인물 김 씨 아저씨가 환곡을 빌리는 상황을 생각해보겠습니다. 김 씨 아저씨는 어느 마을의 평범한 농사꾼입니다. 김 씨 아저씨가 지역 관청에 환곡을 신청하면, 관청에서는 김 씨 아저씨의 가족 구성원을 조사하고 지급 기준에 따라 평가를 진행합니다. 이때 중요한 평가 기준은 신청자의 상환 능력이었죠. 즉 일종의 신용 등급 평가를 진행한 것입니다.

평가가 끝나면, 관청에서는 지급 장부를 만들고, 장부를 기준으로 환곡을 지급합니다. 지역에 따라서는 몇 세대를 함께 묶어 지급하고 그 안에서 나눠 갖도록 했죠. 농사짓는 토지의 양에 따라 분배하기도 했습니다. 제도가 정상적으로 운영된다면, 이렇게 곡식을 받은 김 씨 아

김씨 아저씨의
환곡과 함께한 1년

저씨는 가을에 원곡과 약 10% 정도의 이자를 관청에 상환하게 됩니다. 이자는 꼭 쌀이 아니라 다른 곡식, 현금으로도 납부할 수 있었고, 때에 따라서는 할부나 탕감, 상환 연기도 가능했습니다.[13]

그런데 우리는 이미 알고 있습니다. 조선의 시스템이 망가진 주요 원인 중 하나가 환곡제도라는 것을요. 앞서 '제도가 정상적으로 운영된다면'이라는 단서를 붙인 것도 그 때문입니다. 최초에 정한 환곡 이자율은 2%였습니다. 하지만 그것만으로는 운영하기 어려웠죠. 그래서 16세기 중반에는 10% 정도로 정하고, 거두어들인 이자는 지방 재정에 충당하도록 합니다. 그러나 조선 후기에 이르면, 환곡의 문제점을 열거하는 것만으로도 이 책의 지면을 한참 채울 수 있을 정도로 답 없는 상태에 봉착합니다.

간략하게 열거해보면, 첫 번째 문제는 툭하면 곳간이 바닥났다는 것입니다. 진휼을 위한 무상 분배, 흉년으로 인한 원금 탕감, 열악한 저장 기술로 인한 자연 손실, 관리 비용 및 관리들의 횡령 문제 등 정신이 혼란해질 정도로 복합적인 원인으로 인해 환곡의 곳간은 좀처럼 정상적으로 운영되지 않았습니다.

두 번째는 절차적·행정적인 문제입니다. 빌려줄 땐 작은 계량기를 쓰고 받을 땐 큰 계량기를 쓰기, 질 낮은 곡식을 주었다가 질 좋은 곡식으로 돌려받기, 원치 않는 사람에게 강제로 빌려주고 이자를 받기, 환곡이 절실한 가난한 사람들은 외면하고 상환 능력이 있는 지주에게만 빌려주기, 혈연·지연을 보아 눈감아주기 등의 문제가 발생했죠.

무엇보다 지방관 및 일선 공무원의 횡령 문제가 극심했습니다. 초기 구상 당시의 환곡 운영 모델을 생각해보겠습니다.[14]

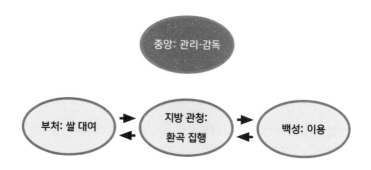

매우 단순하죠? 상급 기관이 원곡을 마련하여 대여하고, 지방 관청에서 원곡을 대여받아 백성에게 대출해주며, 백성은 관청으로부터 대출받고 후에 원곡에 이자를 더하여 상환하는 간단한 형태였죠. 그런데 시간이 지나자 이런 식으로 운영됩니다.[15]

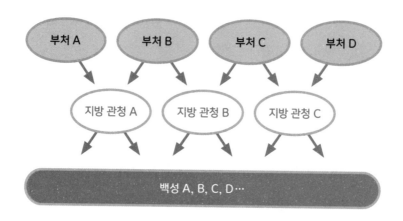

만성적인 재정 고갈 문제로 인해, 각 부처와 지방 관청 사이에 쌀이 복잡하게 오고갑니다. 쉽게 말하면, 중앙 기관과 지방 관청, 고을의 백성 모두 카드 빚을 돌려막듯 환곡을 이리저리 돌려막은 거죠. 이렇게 오가는 쌀이 많아질수록 중간에서 슬쩍 해먹을 가능성이 커집니다. 실제로도 그랬습니다. 이에 관한 에피소드는 앞으로 나눠 보겠습니다.

환곡을 국민연금 제도와 비교하는 의견이 많습니다. 둘 다 사회보장제도면서, 제도에 대한 불만이 적지 않다는 공통점이 있죠. 불만이 나오는 이유는 두 제도 모두 세금과 직접적으로 연관되기 때문입니다.

국민연금을 불신하는 이유는 다양하지만, 재정이 고갈되어 연금 수령이 불확실해질 수 있다는 우려가 가장 큽니다. 의무 가입이라는 특성 때문에 세금이 아님에도 세금과 같이 여기는 인식도 있죠. 소득재분배 효과보다 중산층이 더욱 큰 혜택을 받는 역진성 문제가 크다는 지적까지 있습니다. 결과적으로 그 모든 피해를 미래 세대의 서민이 짊어지게 될 것이라는 예측이 MZ세대를 중심으로 강하게 제기되고 있죠.[16]

환곡이 보여줬던 빛과 그림자 중 그림자의 역사를 통해 우리는 국민연금에 대한 우려가 현실이 되었을 때의 일을 추측해볼 수 있습니다. 조선은 환곡제도를 유지하기 위해 환곡의 이자를 지방 재정에 충당하는 정책을 시작합니다. 그런데 낮은 세율을 유지하면서 수입과 지출을 항상 맞추려 했던 조선 정부의 조세 정책 때문에 지방 재정은 만성적인 적자에 시달렸죠. 공무원들은 고생은 고생대로 하고 쥐꼬리만 한 월급을 받거나, 아예 '열정페이'로 때웠습니다.

자연스레 환곡은 세수 확보(a.k.a 밥그릇) 수단이 되었습니다. 이자율은 점점 높아지고, 받기 싫다고 해도 억지로 지급하는 사례가 빈번해지죠. 제도의 부작용으로 발생한 폐해가 서민들의 짐이 된 것입니다. 나아가 환곡이 축재 수단이 되면서, 심각한 역진성 문제도 뒤따릅니다. 자세한 이야기는 차차 소개하겠지만, 그 결과 조선은 우리가 잘 아는 '삼정의 문란'이라는 새드 엔딩을 맞게 되죠.

실제로 운영되었던 환경은 상당히 다르지만, 궁극적인 피해가 국민에게 돌아온다는 점에서 환곡은 국민연금과 공통점이 있습니다. 만약 국민연금의 재원이 고갈된다면 세금으로 메워야 하니까요. 우리 모두가 염려하는 상황도 그 지점이죠. 따라서 환곡은 사회보장제도의 장단점을 역사 속에서 비교할 수 있는 중요한 선례라 할 수 있습니다.

무료 급식소 사업: 시식

조선 조정은 시식(施食), 즉 무료 급식소를 운영했습니다. 당시 밥을 구걸하기 위해 떠돌아다니는 유민들에게 절이나 관청에서 무료로 음식을 나눠주는 아주 오랜 관습이 있었는데요, 조선은 이러한 관습을 정책으로 발전시켜 진제소(賑濟所) 또는 설죽소(設粥所)라는 임시 기관을 운영했습니다. 지방에서는 각 지역 관아를 중심으로 흉년이 들 때마다 무상 급식 사업을 진행했죠. 무료 급식소는 중대한 국가 사업이었습니다. 특히 숙종 시대에는 여러 차례 국무회의에 올라올 정도였죠.

그런데 시식 사업은 진행될 때마다 논란이 일었습니다. 몇 가지 흥미로운 논란을 살펴보겠습니다. 첫 번째는 부실 급식 문제입니다.

왕이 말했다.

"지난번에 무료 급식소에 사람을 보내서 굶주린 백성들에게 주는 죽을 가져오게 하였다. 그때는 죽에 밥알이 꽤 많아서 나쁘지 않았다. 그런데 계속 그렇게 주는지 궁금해서 이번에 사람을 또 보내어 죽을 받아 왔더니만, 물에 밥풀떼기가 스친 수준이었다. 계속 이따위로 하면 설죽소를 설치한 취지가 다 망가질 것이다. 또 백성들이 이런 걸 먹고 어떻게 기운을 회복할 수 있겠나. 설죽소 책임자들에게 내 말을 엄중히 전하라."

— 1696년 1월 25일 『숙종실록(肅宗實錄)』

숙종은 설죽소를 설치한 후, 직접 사람을 보내 죽을 받아 오게 합니다. 처음에는 그럭저럭 먹을 만했죠. 그런데 죽의 품질이 꾸준히 유지될까 걱정했던 숙종은 다시 몰래 사람을 보내는데요, 이번에 받아 온 죽은 죽이 아니라 밥알을 고명 수준으로 넣은 물이었습니다. 숙종은 이 죽을 받아들고 "내 이럴 줄 알았다, 쯧쯧." 하면서 불호령을 내립니다. 한 성깔 하던 숙종이었으니, 담당자들은 벌벌 떨었을 겁니다.

기록이 부족한 까닭에 이 사태의 원인을 명확히 알 수는 없습니다. 곡식이 부족했을 가능성도 있지만, 중간에서 누군가가 해먹었을 수도 있죠. 오늘날 군부대 부실 급식 문제가 제기될 때마다 예비역들이 '보나 마나 누가 해먹었을 것'이라고 추측하는 것처럼요.

그런데 이렇게 위에서 직접 감시하는 일이 비일비재하니, 이번에는 또 다른 폐단이 생깁니다. 바로 '무상 급식을 받는 것=거지 근성'이라는 인식이 발생한 것입니다.

진휼 담당자가 보고했다.

"가끔 중앙 부서에서 무료 급식소로 감찰이 내려오는데, 담당 관리들이 문책을 받을까 두려워 밥을 먹으려고 모여든 백성들을 오히려 막아서고, 나아가 그들을 죄인처럼 취급하기에 이르렀습니다. 그래서 백성들은 '굶어 죽는 한이 있어도 더러워서 안 얻어먹겠다'며 급식소로 나오지 않는다고 합니다."

— 1547년 5월 25일 『명종실록(明宗實錄)』

지금도 새로운 사회복지 법안이나 정책이 마련되면, 일선 동사무소의 사회복지 공무원에게 모든 업무가 몰리곤 하는데요, 이 과정에서 불미스러운 일이 생기기도 합니다. 누구보다 어려운 사람들을 챙겨야 할 담당자가 자신의 편의를 위해 일을 미루거나 제대로 살피지 않는 거죠. 1547년(명종 2년) 무료 급식소의 일부 관리들도 그랬던 것 같습니다. 툭하면 내려오는 감찰관에게 트집 잡히기 싫어 아예 일거리를 줄여버렸던 것이죠. 무상 급식이 필요해 찾아온 사람들을 범죄자나 거지처럼 막대하기도 했습니다. 자존심이 상할 대로 상한 백성들은 무상 급식을 거부하기에 이르렀고요.

조선의 무료 급식소 풍경은 우리 시대 정치권에서 벌어졌던 논의와 어딘가 유사한 맥락으로 흘러갔습니다. 그러나 왕과 신하들 모두 '배고픈 자에게는 마땅히 밥과 죽을 제공해야 한다.'라는 당위에는 적극적으로 동의했죠. 그것이 우리 시대와의 차이점이랄까요?

그러나 무상 급식 사업은 일시적이었다는 한계를 지닙니다. 모든 왕대에 걸쳐 꾸준히 집행되었지만, 실효성을 판단할 수 있는 근거가 부족하죠. 아사 문제를 해결하는 근본적인 대책이 되지도 못했습니다. 오히려 전염병 집단감염의 진원지가 되거나, 서울의 식량난을 심화하는 원인이 되기도 했죠. 그래서 무료 급식소 사업은 점차 마른 곡식을 지급하여 집으로 돌려보내는 방향으로 변화합니다. 대신 사찰이나 넉넉한 양반가가 직접 죽이나 밥을 제공하는 역할을 맡게 되었고요. 이후에는 무료 급식소가 국가사업으로 더 확대되거나 하지는 않았습니다.

가장 낮은 곳에 사는 사람들을 위해
: 취약 계층 지원 정책

환과고독, 즉 사회 취약 계층을 대상으로 한 지원 정책은 엄격한 선별적 복지의 성격을 띠고 있습니다. 진휼과 환곡이 수혜 희망자를 대상으로 하는 '선 신청 후 검토' 체계로 운영됐다면, 환과고독을 위한 복지 정책은 관청에서 대상자를 조사하여 추진했죠.

전국에 관리를 파견해 환과고독 가운데 가난하여 스스로 자립할 수 없는 사람들을 모두 찾게 하였다.

— 1413년 12월 21일 『태종실록(太宗實錄)』

왕이 말했다.

"환과고독과 가난한 백성 중에는 지금 같은 흉년에 반드시 굶어 죽는 사람이 있을 것이니, 고을마다 살살이 조사하여 대상자 수를 보고하도록 하라." — 1419년 2월 7일 『세종실록(世宗實錄)』

조선 초기에는 중앙정부에서 인구 통계를 만들면서 환과고독의 비율을 직접 조사하고 조치했습니다. 1413년(태종 13년)에는 전국의 환과고독을 조사하고 다음 해 1,156명을 대상자로 선정하여 혜택을 주었지요.[17]

수혜 대상자들에게는 쌀, 콩, 면포와 같은 현물을 지급했습니다. 당시 조선에서는 이러한 현물이 곧 돈과도 같았죠. 지금으로 치면 기초생활수당을 지급한 것과 유사합니다. 때에 따라서 별도의 지원금을 지급하기도 했습니다. 나아가 각종 공납(현물로 납부하는 세금), 부역(국가에 대한 노동력 제공), 군역(군 복무 의무)을 면제받거나 감면받을 수 있었으며, 종종 이들을 도와주는 보조인에게도 이러한 혜택이 제공됐습니다.[18]

환과고독을 위한 복지 정책은 대상자의 환경과 성격에 따라 달랐습니다. 어떤 부분은 법제화되었고, 어떤 부분은 관습적으로 행해졌죠. 오늘날의 복지 정책이 대상자의 성격에 따라 구분되는 것처럼, 조선의 복지 정책도 비록 기초적인 수준일지라도 대상자의 환경을 파악하는 것이 중요함을 인지하고 있었다는 것입니다. 이 점은 매우 중요합니다. 대상자의 환경을 파악하고, 그에 맞는 대책을 실시하여, 대상자가 사회적으로 자립할 수 있게끔 돕는 정책을 고민했다는 뜻이니까요.

환과고독, 그들 각각의 상황에 맞는 정책은 어떻게 구성되었을까요? 현대의 복지 정책 분야처럼 아동복지, 노인복지, 여성 복지, 장애인 복지 그리고 특수 계급이었던 노비 복지까지 다섯 개 영역으로 나누어 간략하게 살펴보겠습니다.

아동복지

집을 잃은 아이는 양육하기를 원하는 사람에게 책임을 지워서 맡기고 관아에서 옷감을 지급한다. 10세가 넘어서도 돌려달라고 신고한 자가 없는 경우에는 양육하기를 원하는 사람이 노비로 삼는 것을 허락한다. (1458년부터 시행.)

— 『대전통편(大典通編)』 「혜휼(惠恤)」

조선의 아동복지 정책은 주로 유기아(遺棄兒), 즉 부모를 잃은 아이를 대상으로 했습니다. 아이에 대한 1차적인 복지 책임은 가족에게 있으니, 가족을 잃은 아이에 한해서만 국가가 책임지겠다는 의도였죠. 따라서 아이가 탄생한 순간부터 어린이집에 가고 교육기관을 다니기까지 등 성장 과정 전반에 걸쳐 있는 현대의 아동복지 정책과 비교하면 약소해 보이기까지 합니다. 그러나 시대를 고려하면 유기아에 대한 복지 체계가 있었다는 것 자체가 매우 혁신적이죠.

물론 현대인의 시선으로는 '노비로 삼는 것을 허락한다'는 규정을 과연 복지 정책으로 볼 수 있을지 의심스럽습니다. 그러나 당시 조선 사회는 '개똥밭에 굴러도 이승이 낫다'고 생각했던 것 같아요. 가족을 잃고 노비조차 되지 못한 아이들이 길거리를 헤매다 굶어 죽거나 각종 전염병으로 안타깝게 생명을 잃는 사례가 부지기수였기 때문입니다.

유기아를 개인이 보호하다가 노비로 삼는 것은 조선 이전부터 내려오던 관습이었습니다. 그런데 1418년(세종 1년)에 이를 금지했습니다. 대신 정부에서 보호하며 아이의 부모 또는 친척을 찾아 양육 책임을 맡기는 정책을 시행했지요. 그러나 당시 조정의 능력으로는 전국에서 발생하는 유기아를 모두 보호할 수 없었고, 결국 아이들은 굶주려 죽었죠.[19] 민간에서 유기아를 보호하다가 노비로 삼는 것을 허용하는 법 조항은 쓰디쓴 실패의 경험 끝에 나온 타협안이었습니다.

조선의 왕들이 유기아 문제를 진지하게 생각했다는 사실은 다음과 같은 정책 변천 흐름에서도 드러납니다.

- 1485년 『경국대전(經國大典)』: 유기아들은 나라에서 의료와 식량을 지급한다.
- 1671년(현종 12년): 유기아를 거둔 자는 관청에 알리거나, 수양을 원하는 사람에게 수양을 허가한다.
- 1695년(숙종 21년): 흉년에 한해 관청에서 유기아를 임시 보호하고, 수양을 원하는 사람이 있다면 아이의 친족 관계를 철저히 조사한 후 허가한다.
- 1783년 『자휼전칙(字恤典則)』: 유기아는 각급 관청에서 직접 보호한다.

조선의 유기아 보호 정책은 시간이 흐름에 따라, 재난이 심화함에 따라 조금씩 보완되었습니다. 최초에는 아주 간단한 간접 복지로 출발했지만, 유기아 문제가 대두될 때마다 차츰 친족 부양의 책임, 입양 절차, 입양 이후의 관리 감독, 국가의 직접 복지 등 다양한 상황을 고려한

맞춤형 정책이 구현되었죠. 길게는 수백 년의 터울이 있긴 하지만, 조선의 유기아 보호 정책의 변화 과정은 장기적으로 정책을 보완해나가는 흐름을 보여줍니다.

특히 아동복지 정책에 각별히 관심을 기울인 왕이 있었으니, 바로 정조입니다. 정조 시기에는 그 어느 때보다 아동복지 정책이 강화되었는데요, 정조가 관심을 가지고 국책사업으로 밀어붙였던 덕분에 관련 자료가 조선왕조의 그 어느 시기보다 상세히 남아 있습니다.

흉년과 기근 등으로 버려진 아이, 구걸하는 아이가 급증하던 시기였습니다. 이러한 아동들을 구조해야 한다는 지방관의 의무가 법률에 분명히 명시되어 있었음에도, 여전히 길거리에는 부모를 잃고 구걸하는 아이들이 많았죠. 법조문이 형식으로만 남아 공무원들이 적극적인 행정을 펼치지 않았기 때문입니다. 이 소식을 들은 정조는 1783년(정조 7년) 유기아 보호 매뉴얼 『자휼전칙』을 발표했습니다. 한글로도 배포하여 공공 부문뿐 아니라 민간에서도 적용할 수 있게 했지요. 몇 가지 지침을 소개하면 이렇습니다.

- 흉년에 구걸하는 아이는 10세까지, 길거리에 버려진 아이는 3세까지 담당 부서에서 발견하는 대로 진휼청에서 보호한다. 구걸하는 아이는 추수 때까지만 보호하되, 버려진 아이는 흉년과 관계없이 지침에 따라 보호한다.
- 구걸하는 아이는 먼저 부모 등 보호자를 조사한 뒤, 보호자가 없

는 것이 확인되었을 때 보호한다. 담당 공무원 등이 허위로 신고했을 때는 강력히 징계한다. 만약 보호하고 있는 아이를 찾으러 오는 보호자가 있다면, 보호자가 맞는지 상세히 조사한 후 아이를 데려가는 것을 허가한다. 그러나 다시 아이를 내보내 구걸시킨다면 보호를 재개한다.

- 구걸하는 여성 중 수유(授乳)할 수 있는 여성들을 모집하여 버려진 아이들을 두 명씩 맡기고 곡식을 제공한다. 가난하지만 구걸하지 않는 여성들 가운데서도 찾아 아이를 맡기고 곡식을 제공한다.

- 아이들을 맡아 키우고자 희망하는 사람은 심사 후 허가하되, 단순히 임시 보호가 아니라 장기 입양을 원하는 자와 노비로 두길 원하는 자는 곧바로 허가한다. 단 보육 책임을 다하지 않는 자, 권력을 동원해 아이를 빼앗으려는 자는 엄중히 벌한다. 임시 보호를 맡은 여성들 가운데 책임을 다하지 않는 자도 엄중히 문책한다.

- 지방에서는 각 동네의 이장 등이 보호해야 할 아이들을 지방관에게 보고하고 지방관이 심사하여 지방의 보호 기관에서 보호한다.

간단히 요약한 것이지만, 현장의 상황을 꼼꼼하게 반영하면서도 실효성 있는 정책을 집행하기 위한 고민을 엿볼 수 있습니다. 먼저 수혜 대상자의 환경을 판단했습니다. 무엇보다 아이가 버려졌는지, 아니면 단순히 부모를 잃어버렸는지 판단하는 것을 중요하게 여겼죠. 부모를 잃어버린 아이인데 숨겨놓고 노비로 키우는 사례가 적지 않았고, 남의 집 아이를 자신의 아이라고 주장하는 일도 종종 있었거든요. 그래서 아이가 성장한 후 친권 또는 노비 소유권을 두고 소송도 적잖게 벌어졌습니다. 이러한 사회적 문제를 막기 위해서라도 아이의 친권을 확인하는 작업은 중요했죠.

복지 혜택은 수혜 대상자에 따라 다르게 정했습니다. 가령 똑같이 구걸하는 아이라도 부모가 양육을 포기한 아이인지 부모가 있지만 가난한 아이인지에 따라 혜택이 달랐죠. 심지어 아이의 나이에 따라 급식하는 양이나 지급하는 옷도 구분했습니다. 또한 일종의 '임시 보호' 제도를 만들어 가난하지만 수유할 수 있는 여성을 책임자로 선발했습니다. 이들에게 곡식과 의복을 제공함으로써 아이와 여성을 모두 돕는 일석이조의 효과를 기대했죠.

보호 이후의 삶도 고려했습니다. 거리의 아이를 노비로 두어 가혹하게 대하거나, 공방(工房)의 기술자 또는 승려로 키우는 것이 당시 민간의 풍습이었는데요, 정조는 보호 중인 아이가 일반 가정에서 자라날 수 있도록 최대한의 노력을 기울였습니다. 임시 보호 중인 아이나 입양된 아이, 노비가 된 아이가 적절히 보살핌 받고 있는지 지속적으로 확인하고 피드백하도록 지시했죠.

여기서 그치지 않고 재원을 탄탄하게 확보하여 매뉴얼이 실효성 있게 추진되도록 조치합니다. 또 전 부처에 걸쳐 유기 아동 보호를 중요한 일로 여길 것을 강조하였습니다. 어사의 중요한 업무 중 하나도 유기 아동 조사였습니다.

『자휼전칙』이 발표된 후, 1783년부터 1784년까지 1년간 다리 밑, 길거리, 시장통, 관청의 창고, 고갯길, 남의 집 대문 앞 등에서 발견된 아이들이 한양에서만 138명이었습니다.[20] 이들은 모두 아동복지 정책에 따라 보호받을 수 있었죠. 그렇지만 아쉽게도 정책이 전국에까지 미치지는 못했던 것 같습니다. 우리가 잘 아는 정약용도 어사로 파견되었을 때 이러한 상황을 보고한 바 있죠.

〈임금님의 지침〉

지난번 발표한 매뉴얼에 따라 지방관이 유기 아동을 제대로 보호하고 있는지, 지역 관아에서 아동에게 지급할 곡식을 누군가 횡령하고 있지는 않은지 각별히 조사하고 처벌할 것.

〈경기도 어사 정약용의 보고서〉

제가 직접 살펴봤습니다만, 시골의 풍속이 서울과는 달라 애초에 아이를 유기하는 일이 드물었습니다. 그래서 수령들도 꼼꼼히 찾지 않고, 그저 월말에 형식적으로 보고할 뿐이었습니다. 일부 수령은 "열심히 찾아보았지만, 유기아를 발견하지 못했습니다."라고 하였습니다. 그래서 "단순히 길가를 돌아보고 말 것이 아니라, 마을 안에서 꼼꼼히 유기아를 조사하라. 특히 부모가 모두 죽거나 보살펴줄 친척이 없어 마을 안에서 기르는 아이가 있다면, 보호 대상자로 편입하여 지침에 따라 보호하라."라고 지시했습니다.

— 『다산시문집(茶山詩文集)』 「계(啓)」

지방에서는 정조가 꼼꼼히 만든 매뉴얼이 제대로 집행되지 않고 있었습니다. 서울과 달리 지방에서는 유기아가 발생하는 일 자체가 드물었기 때문인데요, 서울에 유독 유기아가 많았던 까닭은 유랑민 문제와 맞닿아 있습니다. 흉년이 들면 식량이 떨어진 사람들은 가족 단위로 서울에 몰려들었습니다. 이때 부모가 죽거나 부모를 잃어버리거나 부모에게 버려지는 등 여러 사정으로 유기아가 생겼고요. 즉 공동체 붕괴가 유기아 발생으로 이어진 것입니다. 하지만 공동체가 잘 유지된 지방에서는 유기아 자체가 드물었을 뿐 아니라, 발생하더라도 마을이나 사찰 등에서 기르는 것이 오래된 '국룰'이었습니다. 정조는 매뉴얼을 통해 그 국룰까지 개선하고자 했지만, 굳게 자리 잡은 관습을 깨지는 못했죠.

이러한 현상은 정조의 아동복지 정책이 매우 혁신적인 조치였다는 방증입니다. 조선이 설계한 아동복지 정책은 처음엔 매우 소극적이었습니다. 특히 유기아를 양육할 책임을 무조건 가족 또는 친족에게 돌렸다는 한계가 명확했습니다. 아이는 아이대로 좋은 환경에서 자라나기 어려웠고, 성인은 성인대로 처벌받는 것이 두려워 유기아를 거두지 않았죠. 그래서 흉년 때마다 도성의 거리에는 부모를 잃고 식량을 구걸하는 아이들이 넘쳐났습니다. 지방관의 아동 보호 의무를 법률로 규정하긴 했으나, 그 중요도가 높지 않았던 탓에 관청에서도 유기아를 적극적으로 보호하지 않았죠. 이와 관련하여 『자휼전칙』이 발표되기 이전인 영조 시대의 유기아 보호 사례를 보겠습니다.[21]

1726년 9월 11일.

강악봉은 원래 자녀가 없는 사람이었다. 올해 봄에 길가에 버려진 한 여자아이를 거둬 길렀다. 그는 아이의 이름을 '원지'로 지었는데, 지금 아이의 나이는 2~3세 정도 되었다. 그러나 이번 달 그가 병이 들었다. 무당은 그에게 "당신네 여자아이에게 귀신이 따라붙고 있어! 지금 당신 병은 귀신이 주는 재앙이야!"라고 말했다.

그는 그 말을 믿고 결국 아이를 다른 집에 버렸고, 그 집에서는 자식 없는 이웃에게 아이를 보냈다. 그러나 이웃 부부 또한 왜 남의 애를 받았냐며 서로 싸워댔다. 아이는 시장 바닥에 버려져 계속 울어댈 뿐이었다.

삼 일 밤이나 지나서야, 한 공무원이 아이를 발견하고 마을 책임자를 소환했다. 책임자는 처벌받을 것이 두려워 처음 아이를 거두었던 강악봉을 소환했고, 강악봉 역시 처벌이 두려워 다시금 그 아이를 거두었다.[22]

— 『승총명록(勝聰明錄)』

경상도 고성에 살던 가난한 지식인 구상덕(仇相德, 1706~1761)은 일기에 유기아에 관한 에피소드를 남겼습니다. 공무원이 버려진 아이를 발견하지만, 그는 아이를 보호하지 않고 양육 책임자를 소환합니다. 결국 아이는 자신을 버렸던 강악봉에게로 돌아가죠. 이때도 유기아를 보호할 의무가 법률로 제정되어 있었지만, 공무원은 유기아를 발견해도 마을 안에서 '처리'되도록 조치했습니다.

물론 이렇게 부정적인 사례만 있는 것은 아닙니다. 구상덕은 직접 유기아를 거둬 기르기도 했습니다. 그 기록을 보시죠.

1732년 12월 28일.

마을에 윤삼이라는 소년이 살고 있다. 윤삼이는 5살 무렵, 부모를 잃고 밥을 동냥하며 돌아다녔다. 정칠봉이라는 사람이 그런 윤삼이를 거두어 10년 동안 같이 살았다. 그런데 흉년을 만나 굶어 죽을 위기에 놓이자, 윤삼이를 쫓아내버렸다.

윤삼이는 어디로, 누구에게로 가야 하는지 알지 못하고 그저 들판에서 울부짖을 뿐이었다. 그 소리를 듣고 찾아가 보니, 아이의 성품이 순하고 정직하게 느껴졌다. 그래서 윤삼이를 우리 집으로 데려왔고, 윤삼이는 자신을 노비로 받아달라고 부탁했다. 윤삼이의 사정이 너무나 안타깝다.[23]

— 『승총명록』

구상덕은 사정을 듣고 윤삼이를 거뒀고, 윤삼이는 스스로 노비가 되기로 결정합니다. 친척이라면 입양하여 호적에 등록했겠지만, 생판 남을, 그것도 다 큰 아이를 호적에 올리기는 어려웠겠죠. 윤삼이처럼 전국의 수많은 유기아가 노비가 되어 생을 이어갔습니다. 관청에서도 구상덕처럼 선의를 갖고 양육을 희망하는 자가 있다면 이를 적극적으로 허가했죠.

하지만 정조의 정책이 아무런 효과가 없지는 않았던 것 같습니다. 『자휼전칙』이 발표된 이후, 지방의 유기아 대응 정책이 다음과 같이 바뀐 사례도 있습니다.

1837년 6월 17일.
보고합니다. 부여 관아에서 전부터 보호해온 유기아 1명(3살로 추정)은 1월부터 보호하기 시작했으며, 지금까지 매일 쌀과 간장, 미역을 지급해오고 있습니다. 이러한 물품을 마련한 담당자는 노비 칠록이입니다. 또한 각 고을에서 유기아를 발견하지 못했다고 보고하기에, 다시금 세심하게 찾아보라고 지시하였습니다.

1837년 9월 27일.
지난번에 보고한 바 있는, 부여 관아에서 보호하는 유기아 1명에 관련하여 다시금 보고합니다. 해당 유기아가 갑자기 전염병에 걸려 여러 날을 시름시름 앓았습니다. 관아에서 아이를 구하기 위해 약을 썼지만 끝내 14일 세상을 떠났고, 정성껏 묻어주었다고 합니다.

— 『각사등록(各司謄錄)』「충청감영계록(忠淸監營啓錄)」

『자휼전칙』이 발표된 이후, 순조와 헌종 등 정조의 뒤를 이은 임금들은 이따금 유기아 구휼 지시를 내렸습니다. 1837년(헌종 3년) 충청 감사가 지시를 받고 지역 내 유기아를 조사하다가 부여 관아에서 보호하던 유기아에 대해 보고받습니다. 3살쯤 되는 유기아를 관아에서 1월부터 9월까지 보호했는데, 안타깝게도 아이가 전염병에 걸려 사망했다는 것입니다. 비록 1명이라도 관아에서 책임지고 보호했다는 것은 장족의 발전입니다. 이전 같았으면 유기아가 발견되어도 민간에 그 책임을 미뤘을 테니까요. 이러한 사례가 그리 많이 발견되지는 않습니다만, 실제로는 적지 않은 유기아가 혜택을 받았을 것으로 추정합니다.

정조의 아동복지 정책은 유기아 대책의 책임을 마을 공동체에 맡겼던 이전보다 한 발 더 나아가 국가의 적극적인 개입을 천명했다는 점에서 선구적이었습니다. 물론 유기아 대책을 언급한 이전의 법률도 시대상을 고려하면 '복지적'이었습니다만, 정조는 그보다 훨씬 더 발전된 복지 마인드를 가진 사람이었던 것 같습니다. 아쉽게도 정조의 매뉴얼은 이후의 조선 사회에서 깊게 뿌리내리지는 못했습니다. 하지만 비록 작은 규모로나마 선구적인 유기아 복지 정책이 수립되고 실현됐다는 점에서 의미가 있습니다.

노인복지

효(孝)의 나라 조선은 노인에 대한 공경을 사회 전방위적으로 가장 강력하게 강조했습니다. 따라서 정책적·관습적으로 다양한 노인복지가 이루어졌죠. 특히 효행을 장려하는 정책을 통해 노인을 공경하는 문화가 사회 전반에 뿌리내리도록 유도하고, 직접 지원책을 통해 노인의 삶의 질을 높이는 투 트랙 전략을 왕조 내내 구사합니다.

이러한 정책의 기틀을 마련하고 본보기를 제시한 왕은 세종입니다. 국가 전반에 걸쳐 큰 그림을 그렸던 세종은 '가정의 복원'에 큰 관심을 기울였습니다. 여말선초는 가족해체가 빈번히 발생하는 시기였습니다. 세종은 효를 '시대정신'의 수준까지 끌어올림으로써 가족 공동체를 복원하고 안정시키려 했죠.

먼저 전국에서 타의 모범이 되는 효행자들을 표창하는 제도를 대폭 확대합니다. 재위 기간 내내 태조는 12명, 태종은 8명에게만 효행자 표창을 했는데, 세종 시기에는 표창 대상자가 109명에 이르죠.[24] 또한 오늘날 직장인과 공무원에게 출산휴가가 있듯, 이 시기에는 이른바 '효도휴가'가 있었습니다. 나이 드신 부모님을 일정 기간 봉양할 수 있도록 휴가를 주는 등 관직자들에게 각종 제도적인 배려를 제공했죠. 관리뿐 아니라 일반 백성들도 나이 드신 부모님을 제대로 모실 수 있도록 병역이나 부역에서 빼주거나, 범죄자의 경우는 '일찍 돌아가서 효도하라'는 명목으로 감형해주기도 했습니다.[25]

효행 장려 정책이 계층과 관계없이 모든 사회 구성원을 대상으로 하는 반면, 직접적인 수혜가 이루어지는 노인복지 정책은 다소 폭이 좁습니다. 조선은 70세 이상의 관료를 위해 기로소(耆老所)라는 명예 복지 기구를 만들고 연회를 열었습니다. 은퇴한 고위 공직자에게는 궤장(机杖), 즉 가지고 있는 것만으로도 '간달프'나 '덤블도어'급 명예를 얻게 되는 초레어템 의자와 지팡이를 내려주면서 연금을 지급했죠. 큰 범죄를 저지르지 않는 한, 생을 다할 때까지 꾸준히 지속적으로 혜택을 받을 수 있었습니다.

평범한 노인들을 위한 직접 복지 정책은 왕과 왕비가 80세 이상 노인을 초청하여 여는 양로연(養老宴)과 이따금 음식과 의복을 제공하던 것이 있었습니다. 대부분 한시적 정책이었지만 왕조 내내 집행되었죠.

양로연에 신분과 관계없이 지역의 모든 노인을 초청한 것은 큰 의미가 있습니다. 이 역시 세종의 아이디어였는데, 신분제를 위협하는 정책이라며 반대가 적지 않았습니다. 1432년(세종 14년) 세종이 '서민 남녀 노인도 양로연에 초청하는 정책을 만들라'는 지시를 내리자, 국왕 비서실인 승정원(承政院)에서 즉각 반대합니다.

승정원에서 "신분이 천한 노인을 양로연에 초청하는 것에 반대합니다."라고 하자, 임금님은 "양로(養老)는 노인을 귀하게 여기라는 뜻이지, 신분의 높고 낮음을 헤아리라는 뜻이 아니다. 비록 신분이 천한 사람이라 하더라도 모두 초청해야 한다."라고 하였다.

— 1432년 8월 17일 『세종실록』

노인을 귀하게 여기라는 뜻이지, 노인의 신분을 따지라는 뜻이 아니라는 세종의 말이 압권입니다. 덕분에 신분을 초월한 양로연이 표준 모델로 자리 잡았고, 성종·중종·영조·정조 등 양로연을 많이 열었던 왕들은 세종의 사례를 참고하여 그대로 시행했죠. 그러나 "수령이 노인의 아내에게까지 절하는 것은 예법에 적절하지 않습니다. 이들에게는 지원금만 지급하시죠."라는 목소리는 세종 역시 받아들일 수밖에 없었던 것 같습니다. 신분을 초월했지만, 성별은 초월할 수 없었던 시대적 한계가 드러나는 대목이죠.

양로연이 열리면 명예직 벼슬 또는 각종 지원금이 지급되었습니다. 1794년(정조 18년) 정조는 왕실의 장수를 경축하는 잔치를 엽니다. 이 잔치를 기록한 『어정인서록(御定人瑞錄)』에 의하면, 각종 관직자의 아버지들에게는 명예직 벼슬을 내리거나, 벼슬의 품계를 올려주었습니다. 70세나 80세가 넘도록 함께 산 부부들에게도 명예직 벼슬이나 지원금을 지급했죠. 양반도, 관직자도 아니라 해도요. 『어정인서록』은 이러한 혜택을 받은 자가 전국에 7만 명이 넘었다고 기록하고 있습니다.[26]

그러나 이는 복지 정책이라기보단, 정치적 이벤트에 가까웠습니다. 복지 정책의 목표는 삶의 질을 높이는 데 있지만, 조선의 노인 정책은 어디까지나 경로, 즉 노인들을 우대하고 공경하는 문화를 만드는 것에 중점을 두었거든요. 조선 시대 노인복지 정책은 직접적인 지원책보다 노인을 위한 사회 안전망을 강화하는 효행 장려 정책에 초점을 맞추고 있었다고 볼 수 있습니다. 그리고 유기아 대책과 같은 직접적인 복지 정책보다 수백 년 동안 이어진 효행 장려·노인 우대 정책이 사회적으로 더 강력한 영향력을 발휘했습니다. 공동체 내에서 연장자의 발언권이 강화되는 사회적 흐름을 만든 것이죠. 노인은 가족과 마을 공동체 내에서 여론 형성을 주도하는 스피커이자 리더의 역할을 하게 되었고, 공동체 내에서 발생한 문제를 중재하는 재판관의 역할까지 맡게 됩니다. 노인을 공경하는 사람들은 국가나 공동체로부터 인정받고, 진학·진급·시험·관직·부역·군역·납세 등 다양한 영역에서 혜택을 받았습니다. 이렇

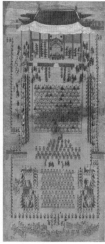

〈낙남헌양로연도(洛南軒養老宴圖)〉(© 국립중앙박물관)

1795년 정조의 화성 행차는 매우 중요한 정치적 사건이었습니다. 어머니인 혜경궁 홍씨의 육순 잔치가 열렸기 때문입니다. 불행을 딛고 인고의 세월을 보낸 어머니의 장수를 축하하는 정조의 마음은 그 어느 때보다 지극했을 테죠. 이때 장수한 백성들을 위해 양로연을 베풀었는데, 그 현장을 당대 최고의 화가들이 모여 그림으로 담았습니다. 맛있는 음식이 제공되고 음악이 울려 퍼지는 가운데, 노인들은 춤을 추며 만세를 불렀다고 합니다. 왕이 베푸는 행사에 초대받은 것만으로도 참석자들에겐 가문의 영예였을 겁니다.

그 현장에서 정조는 이러한 시를 남깁니다.

지팡이 든 학 발의 노인들, 앞뒤로 모여드니(鶴髮鳩筇簇後前)
해동의 낙남헌에는 화목한 기운이 넘치는구나(海東和氣洛南筵)
바라노니 노인들은 백 세의 장수를 가지고(願將耋老期頤壽)
우리 자궁(혜경궁 홍씨)께 만만 년을 절하고 바쳐주오(拜獻慈宮萬萬年)

— 『홍재전서(弘齋全書)』 제6권

듯 조선이 건설한 사회는 명예로운 행동이 곧 사회·경제적인 이득과 연계되는 사회였습니다.

결국 양로연은 작은 정치적 이벤트였지만, 노인의 사회·경제적인 지위와 입지를 끌어올리는 분기점이 되었다고 할 수 있습니다. 노인이 양로연을 통해 왕과 왕비의 존경을 받는 의례를 거쳤거나 비록 명예직이라 할지라도 벼슬을 받았다면, 공동체 내에서 발언권이 더욱 강화되는 효과가 있었거든요. 그래서 조선 중기에 이르면 나라에 돈을 바쳐서 노인직을 따내는 사례도 심심치 않게 발견됩니다. 명예와 권력은 늘 돈과 거래되는 법이니까요.

사회 취약 계층에 대한 직접 복지 정책에서도 노인은 늘 우선순위였습니다. 홀로 사는 노인은 환과고독 중에서도 복지 최우선 순위였죠.

노인에게 지원금을 지급했다. 호조에서 보고했다.

"각도의 민생 담당관이 보고한 바에 따르면, 홀로 생계를 이어가기 어려운 환과고독이 1,156명입니다. 이 중 101세의 2명에게는 쌀과 콩 7석씩을, 90세 이상의 노인 7명에게는 쌀과 콩 5석씩을, 80세 이상의 노인들에게는 쌀과 콩 3석씩을 지급하는 것이 어떻겠습니까?"

— 1414년 5월 7일 『태종실록』

위 사료에서 볼 수 있는 것처럼, 천여 명이 넘는 사회 취약 계층 중에서도 노인을 더욱 신경 썼습니다. 환과고독을 취합할 때도 노인을 최우선으로 조사했죠. 그런 점에서 조선이 가장 심혈을 기울였던 복지 분야는 노인복지라고 할 수 있습니다. 모든 노인이 가정, 마을 공동체, 국가 등 자신이 속한 울타리 안에서 각종 복지 혜택을 받을 수 있었으니까요. 노인을 위한 나라가 있다면, 그곳은 바로 조선일 겁니다.

여성 복지

삼종지도(三從之道)라는 말이 있습니다. '여성은 결혼하기 전에는 아버지를, 결혼 후에는 남편을, 남편이 죽으면 자식을 따라야 한다'는 뜻을 담고 있는 말이죠. 이 말은 하나의 통념이 되어 수천 년 동안 유교 문화권에서 가족 내 여성의 지위를 결정지었고, 여성이 스스로 자기 삶을 만들어나갈 수 있는 권리를 제한했습니다. 남편이 사망하면 갓난아기 아들이 호주(戶主)가 되던 시절이 그리 오래전 일이 아닙니다.

가족 공동체는 조선이 꿈꿨던 이상 사회의 가장 핵심적인 구성 요소였습니다. 가족 공동체의 구성과 유지, 재생산이 국가를 존속하게 하는 원동력이라고 생각했기 때문입니다. 가족 공동체가 잘 유지되어야만 개인의 평안한 삶도 지속될 수 있다고 믿었습니다. 그리고 그 책임은 1차적으로 가족 공동체의 책임자, 즉 가부장(家父長)과 현모양처(賢母良妻)에게 주어집니다.

자연스럽게 여성에게 있어 결혼과 출산은 삶 전체를 관통하는 중대한 이벤트가 됩니다. 그 결과 능력을 키울 기회가 제약되었고, 능력이 있더라도 자신의 삶을 선택할 수 있는 가능성은 희박해졌죠. 여성의 삶의 질은 배우자와 자식이 누구인가에 따라 결정되었습니다. 이처럼 종속적인 여성의 사회적 지위는 복지 정책에서도 드러나는데요, 조선 시대 여성 복지 정책은 다른 복지 정책에 비해서 매우 소극적이고 범위도 좁습니다. 여성은 가장이 부양해야 하며, 여성의 삶의 질은 가족 공동체에서 다뤄야 하는 문제라고 생각했거든요. 이러한 인식은 조선왕조의 모든 사회정책에 디폴트로 깔려 있지만, 여성 복지 분야에서는 더욱 강하게 드러납니다. 여성에 대해서는 복지 정책보다 규제 정책이 훨씬 더 많죠.

복지 정책도 이른바 독녀(獨女), 즉 '홀로 사는 여성'에 한해 있습니다. 독녀는 아버지도, 남편도, 아들도 없는 여성을 이릅니다. 아버지가 있지만 남편과 자녀가 없는 여성은 '처녀', 남편은 없으나 자녀가 있는 여성은 '과부(寡婦)'로 규정했죠. 삼종지도라는 테두리 그 어디에도 해당하지 않는 여성은 유학적 세계관에서 '적절하지 않고 바람직하지도 않은 상태'로 인식되었습니다. 당시의 시각장애인이나 걸인과 같이 '국가의 절대적인 보호가 필요한 존재'로 여겨졌죠.

> "종묘(宗廟)의 담장을 쌓는 사업에 시각장애인과 독녀들까지도 모두 부역하게 하였는데, 저희 생각에 환과고독을 배려하는 정치는 최우선 업무이며, 불성인(不成人)을 가엾게 여기는 것은 아주 오래전부터 당연히 여겨온 일이기에 모든 부역 의무를 면제했습니다."
>
> ― 1489년 6월 26일 『성종실록(成宗實錄)』

불성인이란 '신체 또는 정신적인 문제를 겪어 온전치 못한 사람'을 이릅니다. 단순히 홀로 산다는 사실 하나만으로 온전치 못하다고 여기는 사회적 인식이 강력했던 것이죠.[27] 물론 이러한 인식은 경제적 자립 능력을 기준으로 삼은 결과물입니다. 실제로 조선에서 홀로 사는 여성은 경제적 자립 능력이 부족했습니다. 아니, 부족할 수밖에 없었죠. 홀로 사는 여성이 선택할 수 있는 생계 해결 수단이 그다지 없었으며, 있다 하더라도 밀주(密酒)처럼 음성적인 영역의 일이었거든요. 그러한 시선이 여과 없이 드러난 사료를 볼까요?

1748년 윤7월 27일.

내가 외출하여 다룡동 논에 이르렀을 때, 멀리서 한 여성의 모습이 보였다. 그녀는 시냇길 주변의 논을 지나가면서, 떨어진 이삭을 주워 치마에 싸고 있었다. 나와 눈이 마주치자, 그녀는 황급히 놀라며 도망쳤다. 마을로 들어가서 살펴보니, 거지가 아니라 평범한 마을 사람이라는 것을 알 수 있었다. 하지만 내 마음은 슬펐다. 만약 그 집의 가장(家長)이 살아 있었다면, 어떻게 이런 일이 있을 수 있겠는가. 과부로 어렵게 살다 보니 수치도, 예의도 없어진 것이다. 너무나 가련하다.[28]

— 『승총명록』

이 사료에서는 '과부'에 대한 조선 사대부들의 인식이 나타납니다. 과부, 즉 '부족한 여성'이라는 꼬리표는 그녀들의 모든 행동에 따라붙었습니다. 악한 행동을 하면 '남편이 없어서 저런다'는 보호 내지 비난을 받았고, 선한 행동을 해도 '남편도 없는데 대단하다'는 어딘가 석연찮은 칭찬을 받았죠. 그녀들이 가졌거나 가질 수 있었던 능력은 그다지 진지하게 받아들여지지 않았습니다.

그런데 조선은 이들이 노동을 통해 경제적으로 자립할 수 있도록 사회적 장치를 만드는 것이 아니라, 이들을 '보호 대상'으로 편입하여 기존 체제에 순응시키기를 바랐습니다. 홀로 사는 여성의 사회·경제적인 자립은 체제를 강력하게 뒤흔들 수 있는 리스크였거든요. 조선 공동체의 핵심은 어디까지나 가족이었는데, 가족을 벗어난 사람이 '무사히 살아가는 것'은 곧 공동체의 균열 혹은 모순을 의미했으니까요.

이들에게는 각종 면세와 지원금의 최우선 순위가 보장되었습니다. 기존의 세목에서는 물론 새로운 세목이 만들어질 때도 항상 면세 대상자로 고려되었으며, 특수한 경우가 아니라면 부역도 면제되었죠. 누구보다 먼저 재난지원금을 받았으며, 평시에도 생계에 어려움이 생기면 정부에 요구하여 적절한 생계 지원을 받을 수 있었습니다. 심지어 이들을 돕는 보조인도 면세나 면역 혜택을 받을 수 있었죠. 즉 이들은 '나라에 무언가를 요구할 권리가 있는 계층'이었습니다.

나아가 아직 출산이 가능한 나이라면, 결혼 지원도 받을 수 있었습니다. 드라마 〈백일의 낭군님〉은 국가 주도 혼인 사업(?)이 대대적으로 펼쳐지는 모습을 그렸습니다. 조선 최고령 '원녀' 주인공 홍심(남지현 분)은 관아의 성화로 원득(도경수 분)과 얼떨결에 결혼하게 되죠. 실제로도 비슷했습니다. 조선은 혼기가 찼으나 아직 결혼하지 못한 미혼 남녀를 여러 차례에 걸쳐 조사한 후, 국가가 직접 '커플 매니저'가 되어 이들의 혼인을 추진했죠. '독녀' 상태가 해소되고 '일반적인' 가정환경을 구성하는 것을 이상적으로 여긴 것입니다. 이는 일시적인 대책이 아니었습니다. 법률로 규정할 만큼 엄격한 요구였지요.

- 전국의 담당 공무원에게 엄격히 요구하여, 결혼하지 못한 사람들을 방문하여 돌봐주도록 한다. 그중 사정이 심각한 자는 관계 부처에서 더욱 특별히 돌봐주어야 한다.
- 양반가의 딸임에도 서른 살 넘도록 결혼하지 못한 여성은 국가에서 결혼 지원금을 지급한다. 만약 집안이 가난하지 않은데도 결혼을 못했다면, 그 집안의 가장을 엄히 벌한다. (이상 1485년 시행.)
- 결혼할 때가 지나도록 결혼하지 못한 사람들을 3년마다 조사하여 왕에게 보고하며, 재난 중에는 연차에 상관없이 조사한다. (1786년 시행.)

—『대전통편』「혼가(婚嫁)」「혜휼」

전국의 미혼 남녀들을 주기적으로 조사·보고하여 이들의 결혼을 도왔고, 특히 양반가의 미혼 여성에게는 결혼 지원금을 지급했습니다. 심지어 특별한 이유 없이 자녀의 결혼을 제대로 챙기지 않은 가장은 처벌받을 수도 있었습니다. '이상적인 가족 공동체'를 유지·보수하기 위해, 조정은 쿨타임이 돌 때마다 혼수 지원 정책을 집행해나갔습니다.

조선 시대의 여성 복지 정책을 우리 시대의 기준으로 살펴보면 매우 부족하기만 합니다. 숨 쉬는 공기조차 가부장적이었던 나라니, 긍정적인 점을 찾기 어려운 것이 당연합니다. 우리는 조선 시대 여성들이 경제적으로 자립하지 못했던 것은 의지가 없거나 양심이 부족해서가 아니라, 두터운 사회적 제약 때문임을 인지해야 합니다. 이 시대 여성들은 마땅한 직업 교육을 받을 기회가 없었으며, 혼자서는 떳떳한 사회 구성원으로서 존재하기도 어려웠죠. 조선은 이들을 단순히 '보호'하며 결혼을 통해 보호 상태에서 '해소시키는' 방편만을 고민했습니다. 경제적으로 자립할 수 있도록 보장하는 것이 아니라요. 여성에게 새로운 지위를 부여하고 정당화하는 것은 생각하지도, 바라지도 않았습니다.

　우리 시대의 여성 복지 정책은 이 점을 깊이 고민해야 할 것입니다. 지원금이나 할당제도 물론 중요하지만, 때로는 일회성 정책처럼 느껴지기도 합니다. 특정 정치인의 성과를 내기 위해, 혹은 법률이 요구하는 기준을 맞추기 위해서 작동하는 것처럼 느껴지죠. 조선 시대에 비하면 여성의 지위는 월등한 수준으로 상승했지만, 여전히 여성의 새로운 역할을 받아들이지 못하는 경우가 많은 것 같습니다. 그 역할을 보장하는 제도도 부족한 점이 있죠.

　한편 '홀아비'에게도 결혼 장려 정책이 시행됐는데요, 이 역시 국가의 출산 장려 정책이라고 볼 수 있습니다. 혼기가 찼으나 결혼하지 못한 '홀아비'와 '독녀'를 짝지어주자는 주장이 꾸준히 제기되었죠. 나라의 근본은 백성이니, 백성들이 한 사람도 빠짐없이 '건전한 가정'을 구성하는 것이 곧 국가의 건전성을 확보하는 길이라는 믿음이 있었기 때문입니다. 결혼하지 못한 사람은 '온전치 못한 사람'이라는 프레임도 그 믿음에 근거하죠.

이러한 가정주의적 출산 장려 정책은 시대 통념이 변화하고 있는 현대에 적용하기에는 한계가 명백합니다. 그러나 자신들이 세운 기준에 도달하지 못한 사람들을 배제하고 타자화하는 것이 아니라, 공동체 안으로 들어올 수 있게 품어주려 노력했다는 점에는 의의가 있습니다.

장애인 복지

조선에 살던 사람들에게 장애란 어떤 의미였을까요? 인류 역사를 통틀어 장애인이 일말의 사회적 차별도 받지 않고 살았던 적은 없습니다. 조선 시대에도 마찬가지였습니다. 장애인은 크고 작은 차별 아래에서 살아가야 했죠. '문둥이' '병신' 등의 어휘에서 우리는 장애인을 차별적으로 인식했던 흔적을 여전히 찾아볼 수 있습니다.

사료는 잔질(殘疾), 폐질(廢疾), 독질(篤疾)이라는 용어로 장애인을 규정했는데요, 민간의 언어에서는 장애 유형에 따라 그들을 부르는 명칭이 세분됩니다. 20세기 초 개화기의 자료를 통해 장애인을 가리키는 조선 민중의 언어를 유추할 수 있는데요. 시각장애인을 맹인(盲人)·장님·소경, 신체 장애인을 외팔이·절름발이·꼽추·난쟁이, 청각장애인을 벙어리·귀머거리, 정신장애인을 지랄병·광질·미치광이 등으로 표현합니다.[29] 열거하는 것만으로도 숨이 막힐 만큼 차별적이고 비하적인 말들입니다. 조선 사회에도 장애인에 대한 차별적 인식이 있어, 가문의 수치로 여겨지거나 교육받을 기회를 박탈당하기도 했습니다.[30]

그런데 장애인을 보호해야 한다는 인식도 강했습니다. 사료에서는 환과고독과 잔질, 폐질, 독질을 가장 먼저 보호해야 한다는 논의가 자주 발견됩니다. 장애인이 적절한 보호를 받으며 살아나갈 수 있도록 다양한 제도가 도입되었죠. 우선 직접 지원책이 있습니다. 재난 발생 시 재난지원금을, 생계가 곤란해졌을 때 생계지원금을 지급했죠. 주거 지원 정책도 있었습니다. 주거지가 없는 장애인이나 시각장애인을 위해 명통시(明通寺)를 설치하고, 청각장애인이나 신체 장애인을 위해 활인원(活人院)도 운영했죠. 이러한 기관들에 공적 기금을 투입하여 지원하는 것도 잊지 않았습니다.[31] 그러나 안타깝게도 일부 기관은 연속성 있게 유지되지 않았으며, 시간이 지나면서 해체된 것으로 보입니다.

장애인에게 무엇보다 중요한 복지는 의료 복지일 것입니다. 법전은 적잖은 분량을 할애하여 의료 복지 정책에 대하여 서술하고 있습니다.

- 병을 앓는 사람이 관청에 신고하면, 곧 의원을 보내 치료하게 한다. 가난하여 약을 살 수 없는 사람에게는 관청에서 약을 준다. 지방이면 해당 고을에서 의원과 약을 보장한다.
- 의금부, 성균관, 전옥서(감옥)에서는 의원 1명을 두어, 병이 있는 유생들과 죄수들을 치료하게 한다.
- 병을 앓고 있는 사람이 의원에게 치료를 요청하면, 의원은 곧바

로 찾아가 치료해야 한다. 그러지 않는 경우에는 환자가 신고하여 처벌하게 한다.

- 매월 의원들의 치료 결과를 조사해 평가에 참고한다. (1485년 시행.)

ー『대전통편』「혜휼」

이러한 의료 복지 정책은 특별히 장애인을 위한 것이라기보다는 모든 백성에게 적용되는 것이었습니다. 그런데 조선 사람들은 의료 정책에 기대기보다는 민간 의원을 이용하거나 스스로 의학을 배워 해결하는 방법 등을 더 자주 사용했습니다. 장애인들도 그렇게 병을 다스렸죠. 전근대 보건 의료라는 한계가 명확했기 때문에, 의료 복지 정책이 장애인들에게 큰 실효성이 있었다고 보기는 어렵습니다.

장애인을 위한 보다 직접적인 복지 정책은 군역 면제였습니다. 이 역시 법률로 정한 정책입니다.

- 중증 환자, 간질 환자, 시각장애인, 손가락 두 개를 잃은 장애인, 지적 장애인, 난쟁이, 꼽추 등은 모두 군역을 면제한다.
- 장애를 겪는 70세 이상의 부모를 모시는 아들 중 1명을 역에서 면제한다. 장애를 겪는 90세 이상의 부모를 모시는 모든 아들을 역에서 면제한다. (1485년 시행, 1786년 개정.)

ー『대전통편』「면역(免役)」

군 복무가 괴로운 것은 과거나 지금이나 마찬가지입니다. 조선에서는 비록 직접 군에 복무하지는 않더라도, 그에 상응하는 세금은 모두가 내야 했죠. 이러한 부담을 덜어주는 군역 면제는 상당한 특혜였는데, 장애인에 대한 면역 혜택을 법률로 정함으로써 국가가 이들을 어느 정도 책임져야 한다는 의식을 강하게 가졌습니다. 또한 장애인에게는 보호자 내지는 조력자가 필요하다는 점을 깊이 이해하여, 비록 제한적이지만 이들을 모시는 자녀들에게도 군역을 면제해주었죠.

무엇보다 의미 있는 정책은 일부 장애인의 사회 진출을 국가가 책임지는 것이었습니다. 시각장애인들은 일종의 '특성화 직업'을 가질 수 있었습니다.[32] 먼저 점치는 일, 이른바 '점복업(占卜業)'에 종사했죠. 시각장애인은 눈이 보이지 않기 때문에 더욱 순수하고 신묘한 능력을 갖고 있다고 믿었기 때문입니다. 이러한 인식은 조선 멸망 후에도 짙게 남았는데요, 1960~1970년대까지도 시각장애인들이 지나가는 사람들의 점을 봐주는 풍습이 남아 있었습니다.

점을 볼 수 있는 시각장애인들에게는 제한적이나마 관직에 진출할 수 있는 길도 열려 있었습니다. 명과학(命課學)이라는 분과를 통해 풍수지리와 역학(易學) 전문가들을 공무원으로 채용했는데, 이는 시각장애인이 주로 진출하는 전문직이기도 했습니다. 제도상으로는 종6품까지 오를 수 있는, 꽤 괜찮은 직렬이었죠.

독경업(讀經業)에도 종사했습니다. 시각장애인들을 위해 조정이 설치한 기관, 명통시 소속의 장애인들은 경문(經文)이나 축문(祝文)을 외우는 '스페셜리스트'들이었습니다. 민간에서는 병에 걸리거나 재난이 닥쳤을 때 이들을 불러 경문을 외우게 하고 대금을 지불하는 풍습이 있었지요. 왕가에서도 기우제를 지낼 때 명통시의 시각장애인들을 초빙하고 포상을 지급했습니다. 일부 시각장애인은 조선의 국립교향악단 장악원(掌樂院)에 들어가 연주자의 삶을 살았습니다. 특히 세종 시기에는 시각장애인 연주자만 18명을 뽑았지요.[33]

이렇게 국가가 나름대로 다양한 장애인 채용 정책을 폈지만, 그 대상이 주로 시각장애인에 한정되었다는 한계도 있습니다. 또한 장애인들의 삶의 질을 향상하기 위해서는 장애 인식 개선이 반드시 선행되어야 하는데, 이 부분에서의 노력이 부족했죠. 왕과 관료들은 장애인을 보듬어야 한다고 역설했지만, 일시적인 구휼책에 그치는 경우가 많았습니다. 무엇보다 시각장애인에게 '신묘한 능력'이 있다고 믿으며 신뢰 반, 두려움 반으로 대했던 것은 그들을 타자화한 것이기도 합니다.

그럼에도 불구하고 장애인이 특수한 직렬이나 조건에 의해서가 아니라 오직 직무를 수행할 능력만으로 선발된 사례가 적지 않습니다. 뇌전증으로 고생했던 권균(權鈞, 1464~1526), 왜소증에 히키코모리였던 이원익(李元翼, 1547~1634), 지체 장애인 심희수(沈喜壽, 1548~1622), 척추 장애로 고생한 김재로(金在魯, 1682~1759) 등은 고위 공무원으로서 공무를 수행했습니다.[34]

고위 공무원 이하 장애인 관료는 더 많습니다. 언어장애가 있던 양성지(梁誠之, 1415~1482), 다리를 저는 지체 장애인 황대중(黃大中, 1551~1597), 청각장애가 있던 이덕수(李德壽, 1673~1744), 시각장애인이

스페셜리스트와 아웃사이더 사이
그 어딘가의 시각장애인

점을 치거나 독경하는 시각장애인에게 벼슬을 내리던 것은 고려 때부터 이어져온 일입니다. '소경'은 종4품, 심 봉사로 유명한 '봉사'는 종8품의 벼슬명이었죠. 민간에서 제사나 독경을 할 때 관직에 종사하는 사람들을 초빙하며 관직명을 부르던 것이 그대로 명칭으로 굳어졌다고 볼 수 있습니다. 벼슬이 곧 권력이 되던 고려와 조선의 사회적 권력관계를 엿볼 수 있는 대목입니다. 한편 황해도나 경기도의 굿에서는 아이들이 점치는 시각장애인을 놀리는 〈장님타령〉 〈맹인놀이〉 등이 전해집니다. 조선 사람들은 점치는 시각장애인을 한편으로는 신묘한 능력자로, 또 한편으로는 명백한 타자로, 어쩌면 그 경계 어딘가에 있는 존재쯤으로 인식한 것 같습니다.

김홍도 작, 〈지팡이를 든 두 맹인〉 (ⓒ 공유마당)

었던 이람(李覽, ?~?)과 원욱(元彧, ?~?), 네 손가락이 붙어 있던 지체 장애인 권절(權節, 1422~1494) 등은 정승 이하의 관료였습니다.[35] 조선에서 장애인은 국무총리와 장·차관급 인사, 9급 공무원에 이르기까지 폭넓게 존재했습니다.

그럼에도 불구하고 여전히 부족했던 것이 사실입니다. 윤이후(尹爾厚, 1636~1699)는 자신의 일기에서 "나라가 생긴 이래 장애인을 장원으로 뽑았던 적이 없다. 한심하기 짝이 없다."라며 비판하기도 합니다.[36] 이 말은 뒤집어보면, 장애인의 급제길이 완전히 막혀 있지는 않았다는 뜻이기도 합니다. 그만큼 장애인에 대한 인식이 우리 생각보다 훨씬 더 열려 있던 사회가 조선 사회였습니다.

노비 복지

이부자리에서 일어나는 순간부터 다시 베개를 베고 잠드는 순간까지 죽어라 일했던 노비. 이들의 처우는 열악했습니다. '머슴살이를 해도 대감 집에서 해라.'라는 속담이 있지요. 이처럼 노비의 삶의 질은 복지 시스템이 아니라, 어떤 주인을 만나냐에 따라 결정되었죠. 국가는 이들을 위한 복지 시스템을 고민하지 않았고, 양반 계급의 이해타산과 직결되는 문제만 고민했습니다. 이를테면 '노비 신분을 결정할 때 어머니의 신분을 따를 것인가, 아버지의 신분을 따를 것인가.'와 같은 문제들이요.

공식적인 휴가도 연중 단 하루, 음력 2월 1일뿐이었습니다. 이날은 노동을 쉬며 배불리 먹고 취할 수 있었지만, 이외에는 노비들에게 '공식적인 휴가'라는 개념이 없었습니다. 노비가 개인적으로 요청하여 주인의 허락을 받거나, 주인이 아량을 베푸는 경우가 아니라면요.

한 차례 노비를 위한 복지 정책을 논의하던 시기가 있었습니다. 바로 세종 시기였죠. 관례적으로 여성 노비의 출산휴가는 7일이었는데요, 세종은 여기에 과감히 100일을 덧붙여 총 107일의 휴가를 줍니다.

"전국 관청에 소속된 여성 노비가 아이를 낳으면 100일 동안 휴가를 주는 규정을 만들도록 하라."

— 1426년 4월 17일 『세종실록』

여기서 그치지 않았습니다. 누가 먼저 제안하지도 않았는데, 세종은 어느 날 신하들에게 노비 출산휴가에 대한 법령을 보완하라고 지시하죠. 그 내용은 이렇습니다.

"옛날부터 관청의 노비가 아이를 낳을 때는, 출산 후에 반드시 7일간 휴가를 줬다. 아이를 홀로 방치했다가 아이가 해를 입을까 봐 걱정했기 때문이다. 지난번에 이미 100일간의 휴가를 도입한 바 있다. 그러나 출산이 임박한 시기까지 복무하였다가 집에 돌아가는 도중에 아이를 낳는 사례들이 있다. 그러니 출산 1개월 전부터 휴가를 주는 것이 어떤가. 관련 법 제정을 고민하라."

— 1430년 10월 19일 『세종실록』

세종은 출산휴가가 도입되었음에도 격무에 시달려 유산하거나 준비되지 못한 상태에서 출산하는 사례를 보고, 산전 휴가의 필요성을 느꼈던 것 같습니다. 적당한 보완 법령을 만들라고 지시하죠. 여기까지만 해도 대단한데, 한 발 더 나아갑니다.

"앞서 전국 관아에 소속된 여성 노비에게 출산 전후 휴가를 주는 법령이 제정되었다. 그러나 그 남편에게는 전혀 휴가를 주지 않고 계속 일을 시키는 바람에 산모의 산후조리를 도울 수 없다. 이는 부부가 서로 도와야 한다는 윤리에 어긋날 뿐 아니라, 산모가 적절한 조치를 받지 못해 목숨을 잃는 안타까운 사례도 있다. 지금부터 여성 노비가 아이를 낳으면, 그 남편에게도 산후 30일의 휴가를 주도록 하라."

— 1434년 4월 26일 『세종실록』

남성 출산휴가는 우리 시대에도 뜨거운 이슈입니다. 아이를 양육할 의지가 있어도 직장 눈치를 보느라 출산휴가를 쓰지 못하는 남성들이 수두룩하죠. 이러한 비공식적 제재는 '독박육아'라는 사회문제의 해소를 방해하는 장벽 중 하나입니다. 세종은 적절한 도움을 받지 못하고 혼자 방치되어 있다가 목숨을 잃는 산모들의 사례를 보고받습니다. 그래서 남성 노비에게도 산후 30일간 휴가를 주도록 하죠. 이 법령이 가장 파격적인 조치로 보이죠?

세 법령은 4년 터울로 발효되었습니다. 첫 번째 법령을 제정한 뒤,

그 법령의 시행 효과와 부족한 점을 꾸준히 확인하여 보완해나갔다는 것입니다. 이 법령을 논의한 다른 사료는 보이지 않습니다. 이는 곧 이러한 법령들이 오직 세종의 의지로 관철되었다는 뜻이기도 합니다.

그렇다면 왜 세종은 이토록 출산휴가 제도를 밀어붙였을까요? 두 가지 이유를 추측할 수 있습니다. 첫 번째는 인간적인 공감입니다. 세종은 노비에 대한 처벌을 규제하면서 "노비 역시 하늘이 낸 백성이다. 그런데 어찌 제멋대로 체벌하여 한 사람이 다른 사람의 목숨을 빼앗는단 말인가!"[37]라고 호통친 바 있습니다. 세종은 비록 천한 신분일지언정 노비 역시도 사람임을 인정하는 왕이었습니다.

두 번째 이유는 효율적인 재생산과 관계되어 있습니다. 공노비든 사노비든, 노비의 재생산은 곧 부의 재생산과 관련됩니다. 양반 집안에서도 아이와 산모의 사망률이 매우 높은 시대였습니다. 출산 과정에서 적절한 조처를 하지 못해 아이와 산모가 죽는다면 큰 손해라고 할 수 있죠. 세종은 지속적인 피드백을 통해서 정책의 효과를 세심하게 관찰했고, 이것이 노비뿐 아니라 국가와 민간의 재생산과도 관련 있음을 통찰했던 것 같습니다.

그렇다면 이 조항은 후대의 법조문에서도 살아남았을까요? 약간 절충하여 다음과 같은 형태로 남았습니다.

전국 관청에서 노동력을 제공하는 여성 노비에게는 출산 전 1개월, 출산 후 50일의 휴가를 준다. 그 남편에게는 출산 후 15일의 휴가를 준다. (1786년 제정.)

— 『대전통편』 「공천(公賤)」

세종이 이야기했던 바에는 한참 못 미치지만, 조선 후기의 법전인 『대전통편』에는 공노비 산모에게 산전 1개월과 산후 50일, 남편에게는 산후 15일의 휴가를 준다는 조항이 삽입되어 있습니다. 조선 후기까지도 이 법령이 살아 있었다는 의미겠죠. 실제 시행 여부를 확인할 기록은 없지만, 어느 정도는 지켜졌을 것입니다.

그러나 이 법령은 사노비에게는 거의 적용되지 않았습니다. 물론 재산의 재생산과 직결되는 만큼, 양반은 노비의 산후조리를 힘써 배려했습니다. 산모가 따뜻한 방에서 출산할 수 있게 했으며, 출산 후에 아이와 산모에게 직접 약을 지어 줬다는 기록도 쉽게 찾아볼 수 있죠. 턱없이 부족하지만, 19세기 일기에선 출산한 여성 노비가 15일간 휴가를 받았다는 기록도 여럿 발견됩니다.[38]

그러나 산전 휴가는 거의 시행되지 않았습니다. 이문건(李文楗, 1494~1567)의 『묵재일기(默齋日記)』를 보면, 만삭의 몸으로 무리하게 노동하다가 유산하거나 심지어 죽기까지 하는 사례가 종종 발견됩니다.[39] 세종이 출산 전 휴가 제도를 도입하게 된 배경과 같은 사례죠. 심지어 만삭의 몸으로 심한 체벌을 받고 그 충격으로 양수가 터져 조산을 하는 위험천만한 상황이 연출되기도 합니다. 남편을 위한 출산휴가는 당연히 찾아볼 수도 없고요.

출산 후에는 주인집 자녀의 유모 역할까지 겸임해야 했습니다. 주인집 자녀를 먹이느라 정작 자기 자녀에게는 모유를 충분히 주지 못하기도 했죠. 이러한 실정을 보다 보면, 정말이지, 세종의 출산휴가 도입이 얼마나 시대를 앞서간 정책이었는지 깊이 체감하게 됩니다.

이 밖의 노비 복지 정책도 관노비, 즉 나라에 소속된 노비에 한해 있었습니다. 이를테면 영조는 관노비의 신공(身貢), 즉 소속 관청에 바치는 상납금을 지속해서 덜어주었는데, 이는 사노비에게는 해당하지 않는 정책이었죠.

조선의 법전에서 노비와 관계되는 조항은 주로 범죄와 소송과 관련되어 있습니다. 누군가 범죄를 저질렀을 시 노비로 만드는 처벌 조항, 노비의 소유권과 관계된 판결 조항 및 판례들을 굉장히 꼼꼼하고 상세하게 정리해놓았죠. 조선의 정치인들이 관심을 가졌던 문제는 노비의 삶의 질이 아니었습니다. 체제 유지 수단으로서 노비 통제 방법과 부의 재생산과 관련된 노비 소유 문제였죠.

그렇지만 세종의 선견지명만큼은 분명히 울림을 줍니다. 매우 제한적인 법 조항이었고 폭넓게 적용되지도 않았지만, 천부인권이라는 개념이 없던 시대에도 세종은 지속적으로 정책을 보완해나갔죠. 출산휴가가 기업의 생산성을 저해한다는 인식이 아직도 팽배한 지금, 출산휴가가 곧 권고사직과 동의어로 쓰이는 사례가 빈번합니다. 아직도 남편의 출산휴가는 공무원이나 공기업 직원 정도가 아니면 받을 길이 요원하죠. 이토록 복지 제도가 세밀해진 시대에도, 여전히 500년 전 임금의 말도 따라가지 못하고 있는 우리의 현실. 모두의 반성이 필요하지 않을까요?

단 한 사람도 포기하지 않는 나라를 꿈꾸며

실록에 기록된 환과고독 지원 정책 집행 사례는 약 80여 건입니다.[40] 시대적인 흐름을 살펴보면, 시스템이 완전히 정비되지 않았던 조선 초기에는 일시적인 진휼에 그쳤습니다. 관계 법령이 정비된 조선 후기에 이르러서야 복지 체계가 지방 관청 또는 복지 관련 담당 부처로 이관되고 정비되었죠. 그러나 이들에게 지원금을 일상적으로, 꾸준히 지급하는 것이 아니라, 구휼이나 환곡, 면세 정책이 집행될 때마다 최우선 순위로 선정하여 혜택을 주는 방향으로 집행됩니다. 직접 지원 정책은 여전히 일시적인 정치 이벤트였으며, 그마저도 주로 서울 사람들만 혜택을 받을 수 있었다는 한계도 있습니다.

그런데 한 가지 의미 있는 사실이 있습니다. 이들은 휼전(恤典)이라 하는, 재난지원금이나 사망지원금을 최우선 순위로 받을 수 있는 '자격'이 있는 사람들이었습니다. 조선에서는 천재지변으로 집을 잃거나 사망한 사람들, 또는 호랑이나 표범에게 물려 죽은 사람들을 위한 지원금이 상당히 많이 집행되었는데, 환과고독은 피해 조사가 이루어지고 지원 계획이 수립될 때마다 최우선 지급 대상자가 되었죠. 따라서 휼전 지급 사례까지 포함하면, 실제로는 80여 건보다 훨씬 더 많은 지원이 이루어졌을 것입니다.

이렇듯 비록 덜 체계적이었다 하더라도, 취약 계층에게 사회적인 배려가 필요하다는 공감대가 충분했고, 그것이 실제 정책에서도 꾸준히 반영되었다는 것이 조선 복지 정책의 특징이라 할 수 있습니다. 물론 제도의 혜택을 받지 못하는, 이른바 '사각지대'가 많긴 했습니다. 하지만 반대로 부역 면제 혜택을 악용하는 사람들도 많이 나타났다는 것을 보면 이들을 위한 지원 정책이 꽤 실효가 있었다는 뜻이겠죠.

무녀나 승려처럼 아주 특수한 신분을 가진 사람들만 제외하고 거의 모두를 공동체 안으로 끌어당겨 함께하고자 했던 나라가 조선이었습니다. 환과고독을 위한 지원 정책은 조선 사람들이 그들이 꿈꾸는 이상 사회를 건설하기 위해 얼마나 애썼는지 보여주는 상징적인 사례입니다. 그 과정에서 일어나는 공동체 강요와 획일화라는 부작용 때문에 '꼰대'처럼 묘사되어왔지만, 타자화와 혐오가 만연해지고 공동체의 기능이 상실되어가는 요즘에는 그들이 '꼰대'가 아니라 도리어 '선생'처럼 느껴집니다.

지금까지 살펴본 조선의 복지 정책은 기본적으로 '가장 어려운 자'를 위해 설계된 선별적 복지 시스템이었습니다. 진휼, 환곡, 환과고독을 위한 지원 정책이 모두 이러한 인식 위에서 수립되고 집행되었죠. 인권에 대한 인식이 없고 체계가 불명확했다는 시대적 한계와 유학이라는 학문의 틀에서 발생한 이념적 한계가 있었지만, 어떤 정책은 시대를 앞서 나가 백성의 가려운 부분을 긁어주는 '착한 정책'이었습니다.

다음 장에서는 좀 더 자세히, 특히 결정권자·복지 공급자·복지 수요자 각각의 입장에서 조선의 복지 정책이 어떻게 수립되었고, 현장에서 어떻게 집행되었으며, 어떻게 받아들여졌는지 살펴보고자 합니다. 법보다 무서운 것이 주먹이라는 말처럼, 복잡한 관계 속에서 법 조항은 그저 휴지 조각으로 전락할 때가 많습니다. 따라서 왕, 지방관, 아전, 백성의 눈을 통해 조선의 복지 정책을 살펴보고, 현실 속에서 얼마나 실효성 있었고, 또 어떠한 부작용이 있었는지 알아보겠습니다.

또 하나의 재난지원금, 휼전

이 책에서는 환곡과 진휼에 집중하고 있지만, 조선의 복지 정책에서 휼전이 차지하는 비중도 상당히 큽니다. 휼전은 진휼과는 다소 성격이 다른데요, 진휼이 천재지변, 흉년 등으로 인한 식량 부족 및 생계고를 해결하기 위해 지원하는 정책이었다면, 휼전은 천재지변으로 피해를 입었을 시 위로금을 지급하는 정책이었습니다. 물론 공이 많은 신하 등에게 지급하는 휼전도 있었습니다만, 대부분은 호랑이에게 물려 죽은 사람, 화재나 수해로 사망하거나 집을 잃은 사람들에게 지급되었습니다. 요즘으로 치면, 특별재난구역을 선포하고 특별법을 제정해 지원금을 지급하는 것과 비슷하죠.

구체적인 지급 사례를 볼까요? 1842년(헌종 8년) 6월 26일, 경상 감사는 국지성 호우로 인한 김천 지역의 피해 사례를 보고받습니다.

지례 현감 최종준이 보고서를 올리기를,
"본 지역에서 갑자기 비가 미친 듯이 쏟아졌고, 계곡물이 여러 마을을 덮쳤습니다. 홍수에 휘말려 급사한 사람이 19명이고, 무너진 민가가 59호입니다. 심지어는 마을 전체가 폐허가 되었거나, 온 집안 식구가 산사태로 매몰되어 시신을 찾으며 물가에서 통곡하는 사람들도 있고, 집을 잃은 사람들은 산에 올라 떠돌고 있으니, 그 광경이 정말로 비참합니다."

금산 군수 장조가 보고서를 올리기를,
"본 지역에서도 갑자기 비가 쏟아져 대항면(代項面) 지역은 물에 그대로 잠겼습니다. 이때 무너진 민가가 26호, 사망한 사람이 13명입니다. 또한 금천면(金泉面) 지역에서도 물이 갑자기 불어나 떠내려간 민가가 33호이며, 사망한 사람이 1명입니다."

이러한 보고를 받고 실제로 조사해보니, 무너진 집이 총 118호이고 사망한 사람이 33명이나 되어, 너무나 놀랍고 참혹하였습니다. 그 즉시 휼전을 이전에 하던 것처럼 지급하고, 여러 관아의 비축 곡식을 모아 추가로 지급하였습니다. 또 우선 천막을 쳐서 이재민을 불러 모았고, 장례를 지원했습니다. 나아가 벌목을 허가하고 노동 인력을 제공하여 이재민이 빠르게 자신의 보금자리를 되찾을 수 있도록 지원하라고 해당 읍에 지시했습니다.

―1842년 6월 26일 『각사등록』 「경상감영계록(慶尙監營啓錄)」

지금의 경상북도 김천시에 갑자기 국지성 호우가 쏟아졌습니다. 계곡과 하천이 넘치며 인근 마을은 쑥대밭이 되었습니다. 피해 보고를 받은 경상 감사는 규정 이상으로 지원금을 지급하고, 이재민에게 임시 거처를 제공하며, 장례를 지원하고, 마지막으로 그들이 집을 되찾을 수 있게 도울 것을 지시합니다. 이 보고는 서울까지 올라가는데요, 그 기록 또한 남아 있습니다.

경상도 김천 지역에서 민가가 물에 떠내려가고 사람에 물에 빠져 죽는 등의 일이 발생했다는 경상 감사의 보고를 듣고 왕이 지시했다.
"한창 농사를 지어야 할 때에 많은 민가가 떠내려가고 적지 않은 사람들이 물에 빠져 죽었다니, 매우 안타깝고 참혹한 소식이다. 정말로 불쌍하고 측은하니, 원래 지급되던 휼전 이외에 추가로 지원금을 지급하고, 물에 빠져 죽은 사람들이 생전에 내지 못한 각종 세금이나 환곡은 모두 탕감하라. 또한 즉시 집을 지어 살 수 있게 지원하라."

―1842년 7월 5일 『승정원일기(承政院日記)』

종종 왕실에서 직접 휼전을 지원하는 경우도 있었지만, 휼전을 마련하고 지급하는 일은 대개 지방관의 책임이었습니다. 지방관이 현장에서 피해 복구를 지휘하면, 상부에서는 유가족들이 체납 문제로 힘들어지지 않도록 세금을 면제했죠. 피해 복구 프로세스나 세부 지원책이 요즘의 홍수 피해 지원책과 정말 유사하죠?
더 유사한 것도 있습니다. 오늘날에도 지원금이 지급될 때마다 현장에서는 항상 "비슷한 처지인데 누군 받고 누군 받지 못했다."라는 불만이 나오는데요, 조선에서도 형평성이 맞지 않는다는 볼멘소리가 나왔었나 봅니다. 다음은 정조의 발언입니다.

"휼전을 지급하는 규정이 도(道)마다 일정하지 않아, 신청하지도 않았는데 지급하거나, 이미 지급했는데 중앙에서 추가 지급을 결정하거나, 신청하지도 지급하지도 않았는데 결재가 완료된 경우도 있었다. 또는 한 도 안의 사망자가 100여 명이나 되는데도, 한 고을에 사망자가 3명 이상 발생하지 않았다는 이유로 지급되지 않는 일도 있었다. 똑같은 백성인데 휼전을 지급하기도 하고, 지급하지 않기도 하니, 이것을 어찌 공정한 일 처리라 할 수 있겠는가? 앞으로는 규정을 강화하여, 형평성 있게 지급하라."

— 1778년 10월 23일 『정조실록(正祖實錄)』

휼전은 임시적이었다는 점, 규모가 작았다는 점, 일정한 규정 없이 정무적 판단으로 지급되었다는 점 등의 한계가 있습니다. 하지만 휼전의 역사는 재난 앞에서 무력해지는 모습, 재난 이후에 일상을 되찾기 위해 노력하는 모습, 그 과정에서 크고 작은 불만이 생기는 모습 등을 통해 시대를 초월하여 사람 사는 일이 참 놀랍도록 비슷함을 보여줍니다.

2장.

복지 정책은 그들의 삶을
어떻게 바꿨을까?

시키는 자
: 다 나의 가엾은 백성이니라

복지 정책을 실행함에 있어 최종 결정권자의 정치철학은 매우 중요한 의미를 지닙니다. 국가는 시스템으로 운영되지만, 정책의 이정표를 제시하고 정책이 현장에서 어떻게 집행되고 있는지 피드백하여 정책 의도를 실현하는 것은 통치권자의 의지에 따라 달라질 수밖에 없죠. 이점은 앞서 세종의 출산휴가 정책 사례에서도 확인할 수 있었습니다.

그래서 조선의 최종 결정권자인 왕과 정책을 기획하고 조율하던 고위 공무원인 신하들의 모습을 찾아봤습니다. 그들은 인간을 어떻게 바라봤고, 자신들의 책임을 어디까지로 보았으며, 복지 정책을 어떻게 도출했는지 살펴보도록 하겠습니다.

조선의 국가철학은 유학이었습니다. 유학에서 국가는 왕과 사대부, 백성들로 구성됩니다. 유학의 이상 사회인 '모든 백성이 평화롭게 공존하는 대동(大同) 사회'는 이 세 요소가 모두 각자의 역할을 충실히 잘 수행해야만 가능하다고 보았죠. 왕은 지속적인 자기 수양을 통해 성군(聖君)이 되어야 했고, 사대부들은 욕심을 버리고 오직 국가를 위해 왕을 보필해야 했으며, 백성들은 이들이 이끌어나가는 정치를 믿고 자신의 생업 현장에서 최선을 다해야 했습니다. 단순하게 표현하면 이렇습니다. '모두가 도덕적으로 완벽하다면, 이 세상은 아름답고 살맛 나지 않을까?'

그들은 세계가 움직이는 본질적 이치인 천명(天命)과 인간의 본질인 성(性)이 다르지 않다고 보았습니다. '한 명의 인간은 그 자체로 우주'라는 말처럼, 한 명의 인간은 개체이면서, 본질적으로는 전체적 존재가 될 수 있다고 믿었죠. 결국 이들이 바라본 인간의 본질적 모습은 도덕적으로 완벽을 이룰 가능성을 무한히 품고 있는 존재였습니다.[41]

그러나 인간의 지각과 인식은 후천적으로 나와 타인을 분별하는 방향으로 발달합니다. 나와 타인이 다르지 않다면, 즉 모두가 그 자체로 세계라면, 인간 사이에서 일어나는 모든 문제는 사라질 것입니다. 다르게 말하면, 모든 문제는 '나와 타인의 분별' 때문에 일어난다고 해석할 수 있죠. 그렇기에 끊임없는 자기 수양을 통해 우리의 본질이 원래 갖고 있던 '천명을 회복하는 것'을 개인의 목표로 두었습니다.[42] 그리고 이러한 개인적 목표가 국가 단위의 목표로 확장된 나라가 바로 조선이었습니다.

하지만 세상은 그리 만만하지 않죠. 인간은 과연 선한가 심각하게 의심해보게 하는 추악한 사례들이 수없이 많습니다. 삶을 고통의 바다로 만드는 민생 문제도 지속적으로 일어납니다. 그런데 조선 사람들의 사고방식에 의하면, 이러한 문제의 제1원인은 '도덕적으로 완벽하지 않은 사람들'입니다. 물론 왕도 포함해서요.

그래서 현실에서 일어난 문제, 특히 민생 문제는 군주의 책임이라는 책기론(責己論)이 자리 잡습니다. 백성이 고통받는 것은 군주가 부덕(不德)하기 때문이라는 것이죠. 심지어 천재지변과 같은 자연재해까지도 군주의 부덕으로 돌리게 됩니다. 마치 우리가 "이게 다 대통령 때문이야."라고 말하는 것처럼요. 그렇지만 책기론은 왕이 백성들이 고통받는 모습에 진심으로 가슴 아파하면서 책임 의식까지 느끼게 하는 중요한 동기로 작동했습니다. 이렇게요.

㉮ "나라의 근본인 백성이란 존재는 먹을 것을 하늘과 같이 우러러본다. 요즈음 천재지변으로 해마다 흉년이 들어, 환과고독을 비롯한 궁핍한 자들이 가장 먼저 그 고통을 받으며, 자신의 맡은 바 일을 다하던 백성까지도 굶주림을 면치 못하니, 너무나 안타까울 따름이다. 재정부에 명령하여 나라의 곳간을 열고, 연달아 감사관을 보내 백성의 쓰라림을 돌보지 않는 수령들을 징계한 바 있다. 슬프다. 부덕한 나로서는 한 많은 백성들이 굶어 죽는 모습들을 모두 다 알 수 없으니, 수령과 같이 백성과 가까운 공무원들은 나의 이 진심 어린 뜻을 새겨, 관할 구역의 백성들이 굶주려 떠돌아다니지 않게끔 유의하라. 또한 궁벽한 시골까지도 직접 다니며 세심히 보살피도록 하라. 나는 앞으로 다시금 감사관을 파견하여 공무원들의 행정 조치를 평가할 것이다. 만약 한 명의 백성이라도 굶어 죽게 둔 자가 있다면, 모

두 왕의 지침을 위반한 것으로 여겨 처벌할 것이다."

— 1419년 2월 12일 『세종실록』

㉯ "어느 시대인들 천재지변이 일어나지 않았겠냐만, 지금처럼 심한 적은 없었을 것이다. 나라는 부덕한 사람이 외람되게도 국가를 이끌게 되었다. 명령을 내리는 가운데 반드시 하늘의 뜻을 거스르는 점들이 있었기 때문에, 하늘이 이러한 벌을 내려 경고하는 것이 분명하다. 옛사람들이 말하기를, '사람의 일이 아래에서 잘못되면, 하늘의 변화가 위에서부터 시작된다'고 하였다. 스스로 잘못한 점이 없었나 고민해보니, 정말로 부족한 점이 있으므로 온종일 반성하고 두려워한다. 백성들이 괴로워하는 원인이 바로 나에게 있으니, 어떻게 그 마음을 어루만질지 짐작도 어렵다. 다만 많은 사람의 비판을 귀담아 듣고 그대로 실행하는 것만이 재변을 그치는 방법일 것이다. 비서관들은 나를 대신하여 많은 사람의 비판을 최대한 널리 구하도록 하라. 조정의 대소신료들도 각자의 개인적인 감정은 접어두고 함께 힘을 합쳐 이 어려움을 극복하도록 노력하라."

— 1680년 10월 3일 『숙종실록』

㉮와 ㉯는 흉년과 천재지변이 심각해지자, 세종과 숙종이 각각 조정과 백성들에게 선포한 '대백성 국왕 메시지'입니다. 두 개의 메시지에서 백성들의 고통을 마주하는 왕들의 태도를 느낄 수 있습니다. 먼저 ㉯에서는 "천재지변이 왜 일어나는지는 알 수 없지만, 내가 뭔가를 잘

못했으니 이렇게 된 거겠지."라면서 나름대로 원인을 분석하죠. 이러한 태도는 천명이란 그 자체로 완벽하여, 어떠한 이유나 조건 없이 작동하지 않는다는 사고방식에 기인합니다. 뭔가 원인이 있으니까 일어났겠지, 라고 생각하는 거죠.

책임 의식은 정책 입안의 동기로 작용합니다. ㉮에서 세종은 백성들의 상황을 정확하게 파악하고 있습니다. 고통은 가장 낮은 곳에 있는 백성들에게 먼저 닥치며, 땅을 파서 먹고살 길이 요원해지면 백성들은 결국 땅을 떠날 수밖에 없다는 것을 제대로 인지하고 있죠. 그래서 백성들이 살던 땅에서 떠나지 않게 각 지역 관아에서 곳간을 열도록 조치합니다. 나아가 이 조치에 대한 피드백도 확실히 예고하고 있습니다. 문제의 원인 분석(군주의 부덕함에서 발생한 자연재해) → 예상되는 문제점 추론(백성들의 유민화) → 해결 방법 마련(각 지역에서 재난지원금 지급) → 정책 피드백(행정 조치에 대한 평가 예고)까지 매우 합리적인 정책 결정 방식입니다.

그런데 문제의 원인을 왕의 부덕함으로 돌리는 것은 통치자의 책임 의식을 명확히 한다는 장점도 있지만, 현실 문제의 원인 분석을 등한시하게 된다는 부작용도 있죠. 그래서 왕은 부덕함이라는 프레임에 스스로 갇히지 않도록 지속해서 의제를 던졌습니다.

㉯는 그 대표적인 예입니다. 숙종은 자신의 부덕함을 인정하며 반성하고 있음을 분명히 언급하지만, 동시에 '정치의 잘못' 역시 그 원인임을 명확히 했습니다. 어려움이 닥친 것은 왕뿐 아니라 모든 정치하는 사람의 책임이라는 메시지를 대소신료들에게 던진 것이지요. 그래서 홍

년은 기존에 시행하던 정책의 전 분야를 재점검하는 계기가 되었습니다. 즉 '인간의 오류'를 바로잡는 일을 진행한 것이죠.

숙종이 언급했듯, 오류를 바로잡는 일은 비판을 수용하는 데서 시작합니다. 자연히 신하들은 이때다 하고 조목조목 그간의 정치를 비판하는 보고서를 올리죠. 때로는 왕을 향한 비판이, 때로는 최근 상황에 대한 비판이 종합적으로 제기됩니다.

'백성의 목숨은 수령에게 달려 있습니다. 그러나 인자한 수령에 대한 소문은 듣기가 힘들고 욕심이 가득한 수령들에 대한 소문만 들려옵니다. 백성들에게서 밥 한 그릇까지 모두 징발하고 단 하나의 공물이라도 빠지면 사골까지 우려내므로, 백성들은 울부짖습니다. 그러나 깊은 궁궐까지 호소할 방법이 없어 계속 이런 일이 발생하니, 백성의 한탄은 최고조에 달했습니다.

옛날에 백성을 부역에 징발하는 일은 1년에 3일을 넘기지 않았습니다. 모든 토목공사도 농사를 쉬는 계절에만 했었습니다. 그런데 요즘은 부역이 너무 많아 노동하는 소리가 땅을 울릴 정도입니다. 더욱이 이러한 부역을 농사철이 다 끝날 때까지 진행하니, 백성들의 원망이 깊습니다. 정치의 폐단과 인사(人事)의 오류가 조정에서 출발해 전국 방방곡곡으로 영향을 끼치니, 백성의 근심과 눈물이 끊이지 않습니다. 이러한 잘못된 점을 개선해야만 재앙을 멈출 수 있을 것입니다.'

왕이 답하였다.

"지금 상소를 보건대, 지극히 당연한 비판이다. 요즘엔 해마다 천재지변이 일어나고 있는데 올해는 유독 심하다. 사람의 마음이 선하면 천심(天心)도 선하고, 사람의 마음이 선하지 못하면 천심도 선하지 못하니, 하늘과 사람의 이치는 이처럼 같다. 이 상소를 보고 그 내용을 유념하지 않을 수 있겠는가?"

— 1529년 6월 25일 『중종실록(中宗實錄)』

이처럼 정치의 폐단을 바로잡는 일이 무엇보다 시급함을 왕과 신하들 모두가 인식하고 있었죠. 왕 또한 비상시국에 올라온 상소는 비록 글에 날이 서 있더라도 대체로 수긍하려 노력했습니다.

한편 천재지변과 흉년이 닥쳐서야 부덕함을 돌아보았다는 점은 조선의 복지 정책이 일상적이고 장기적인 측면에서는 부족했다는 사실을 시사합니다. '환과고독'과 '진휼'이라는 키워드로 대표되는 조선의 복지 정책은 전체 국민 중 매우 소수의 대상자만을 고려하거나, 비상시국이 발생해야만 가동됐죠. 왕의 책임 의식을 강조하는 정치철학은 위험이 피부에 와닿지 않는 순간에는 마치 태평성대인 것처럼 착각하게 한다는 단점도 내포하고 있습니다. 지지도가 떨어져야만 민생을 부르짖는 우리네 정치처럼 말이죠.

다행인지 불행인지, 조선 시대에는 수없이 많은 재난과 전쟁, 흉년과 기근이 불어닥쳤습니다. 민생과 관련된 논의를 꾸준히 이어갈 수밖에 없는 역사적 환경이 있었다는 것입니다. 그래서 이따금 획기적인 정책이 도입되기도 했습니다.

단기적인 종합 대책 역시 광범위하고 진지하게 마련되었습니다. 문제 보고, 원인 진단, 사후 대책, 예방 대책, 정책 피드백 등 당시 조정이 짜낼 수 있는 모든 대책이 총망라되었죠. 조선 중종 시기, '재난 극복 프로젝트'를 위해 조정에서 논의된 정책을 정리해봤습니다.

- 토지 보유 면적을 제한하여 부자와 가난한 자에게 고르게 분배
- 과도한 세금 쥐어짜기 금지
- 환곡 상환 기한 연장
- 수해 예측 시스템 개선
- 가뭄 극복 매뉴얼 도입
- 관계 부처 협력 강화
- 진휼을 위한 곡식 비상 운송 시행
- 진휼 시 선 조치 후 보고 강조
- 진휼사(賑恤使)를 파견하여 작황 조사, 세수 확보, 진휼 지원, 수령 감독
- 유랑민의 농토 복귀 유도
- 왕실에서부터 민간에 이르기까지 절약 강화
- 임시 시장을 개설하여 생업을 잃은 백성들을 지원[43]

논의된 정책의 면면을 살펴보면, 요즘의 재난 종합 대책과 닮은 부분도 적지 않죠. 나라의 힘을 영혼까지 끌어모아 흉년을 타개하고자 노력했습니다. 백성이 곡식이 없어 농토를 떠난다는 것은 그 자체로 농업 기반 국가 조선의 존망을 위협하는 일이었습니다. 구휼에 진심이 될 수

밖에 없죠.

이들의 정책 결정 프로세스를 더욱 자세히 살펴보기 위해, 숙종 재위기인 1703년 3월 2일에 열린 국무회의 현장을 살펴보겠습니다. 안건은 '한양 안 유민 대책'입니다.

국왕 특보 김구: 제가 진휼청 책임자 중 한 명이므로, 보고하겠습니다. 지금 한양에 유랑민이 너무나 많아 어떤 대책을 세워야 할지 막막합니다. 한 차례 그들에게 식량을 줘서 고향으로 돌려보내려 했지만, 그들은 식량만 받고 돌아가지 않았습니다. 게다가 한양 거주자들도 유랑민 흉내를 내면서 쌀을 받아내고 있는데, 주민과 유랑민을 식별하기 어렵습니다. 그들 모두에게 죽을 제공하는 것은 식량 공급 차원에서 효과가 의심될뿐더러, 전염병 유행이 매우 염려됩니다. 이 점에 관해서는 현장 담당자 이인엽이 보고하겠습니다.

현장 담당자 이인엽: 서울 안의 유랑민 다수를 만나봤습니다만, 그들 중 대다수가 원래 유랑하던 자가 아니라 평범한 백성이었습니다. 그러나 이전에는 가족 중 한두 사람만 유랑했다면, 이번에는 온 가족이 모두 떠돌아다니고 있으며, 그중에는 목숨이 위험한 사람도 있었습니다.

"이미 각 지역에서 구휼 정책이 집행되고 있으니 고향으로 돌아가라. 돌아가는 자들에게는 식량을 주겠지만, 돌아가지 않으면 모두 다 죽을 뿐이다. 돌아가서 나라의 구휼을 받으며 생업에 종사하라."라고 설득했더니, 돌아가는 자들이 많았습니다. 그래서 음식을 주어

보냈는데, 과연 실제로 돌아간 자가 몇이나 될지는 모르겠습니다.

결국 근본적인 해결책은 그들을 고향으로 돌려보내는 것이라고 생각합니다. 돌아갈 때 식량을 지급하고 각 지역 관청에서 구휼을 책임지게 하여 생업으로 복귀시켜야만 이 사태를 해결할 수 있을 것입니다. 혹은 급한 대로 가까운 경기도 지역으로 분산시키는 것도 하나의 방법입니다.

숙종: 다른 대신들의 생각은 어떠한가?

국무총리 신완: 임시 대책으로는 문제를 해소하기 어려울 것 같습니다. 아무래도 고향으로 돌려보내는 것이 좋을 듯하나, 돌아가다가 다시 도망갈까 걱정됩니다. 또한 경기도로 분산시키는 대책은 경기 지역의 백성까지 어려워질 수 있을 것 같아 적절하지 않은 듯합니다. 결국 진휼의 일차 책임자는 지방관입니다. 유랑민이 많이 발생한 지역의 지방관에게 구휼의 책임을 물어 징계하는 절차가 있어야 할 것 같습니다.

국왕 특보 김구: 지난번엔 죽을 제공하여 유랑민을 통제할 수 있었는데, 지금은 마른 곡식만 지급하고 있으니, 그들이 곡식을 받고 다시 흩어져버립니다. 그러니 어떻게 그들을 통솔하고 인도할 수 있겠습니까?

일단 전수조사하여 그들을 원 거주지에 따라 나눈 뒤, 인솔자를 뽑아 인솔 책임을 맡겨야 할 것 같습니다. 그리고 백성들이 돌아가면서 거쳐 가는 지역마다 그들에게 음식을 공급하게 한다면, 서울로 다시 돌아오지 않을 것 같습니다.

최종적으로는 대상자 명단을 각 지역으로 이관하여 구휼하게 하고, 이들의 생존 여부를 정기적으로 중앙에 보고하게 해야 합니다. 그래야 그들이 다시 유랑민이 되었을 때 곧바로 파악해서 조치할 수 있기 때문입니다.

국방부 장관 이유: 김구의 의견에 일리가 있으나, 아무리 거쳐 가는 지역에서 식량을 지급한다 해도 먼 길을 가는 유랑민에겐 턱도 없을 것입니다. 게다가 고향에 도착해도 해당 지역에 비축해둔 곡식이 없으면 방법이 없습니다. 뾰족한 묘안이 없습니다.

국왕 특보 김구: 현재 한성부의 규모로는 유랑민들을 모두 보호하기가 어렵습니다.

기획재정부 장관 김창집: 저도 지난번에 직접 보았습니다만, 모두를 돌려보내는 것은 적절하지 않을 것 같습니다. 백성들이 먹을 것이 없어 서울까지 왔는데 그냥 돌려보낸다면, 돌아가는 와중에 수많은 사람이 죽을 것입니다. 우선 건강한 자들부터 돌려보내고, 노약자들은 서울에서 보호하는 것이 어떻습니까?

국왕 특보 김구: 지난번에 유랑민을 모두 섬에 모이게 했던 조치를 두고 지금까지도 원망을 듣고 있습니다. 그들을 한곳으로 모으든, 보내든 똑같이 비판을 받을 수밖에 없습니다. 돌아가는 유랑민 중에 사망하거나 낙오하는 자가 발생하는 것은 불가피합니다. 노약자들은 서울에 머물게 하고, 낙오자는 해당 지역에서 보호하였다가 고향으로 돌려보내면 될 것 같습니다.

법무부 장관 민진후: 이 분야는 제 관할 업무가 아니라 잘 몰랐습니

다만, 여러 의견을 들어보니 우선 한성부에서 그들을 모두 보호하는 것은 불가능한 일입니다. 무엇보다 전염병이 우려됩니다. 저는 인솔자를 뽑아 고향으로 돌려보내자는 김구 특보의 의견에 찬성합니다. 다만 반드시 돌아가서 농사를 지을 수 있는 자들로 한정해야 할 것입니다. 경기도에 분산시키자는 의견도 일리가 있습니다.

국왕 특보 김구: 여러분의 의견은 노약자들만이라도 한양에서 보호하자는 것으로 좁혀지는 듯한데, 저는 반대합니다. 노약자들도 그 수가 적지 않습니다. 이들에게 모두 식량을 지급하면, 그 소문을 듣고 전국에서 유랑민이 더욱 몰려들 것입니다. 나라 곳간도 한계가 있습니다. 그들에게 곡식을 지급하다가 곳간이 바닥나면, 그들은 사방으로 흩어져 곡식을 훔치거나 전국을 떠돌게 될 테고, 각 지역은 피폐해질 것입니다. 따라서 저는 건강한 자들은 고향으로 보내고, 노약자들은 경기도로 분산시켜야 한다고 생각합니다.

정책 고문 김진규: 저는 반대합니다. 어린아이가 부모에게 음식을 요구하는 것처럼, 그들도 국왕을 믿고 서울로 올라왔습니다. 그런데 나라의 곳간이 부족하다는 이유로 그들을 포기한다면 정말 도리가 아닙니다. 물론 고향에 땅이 있는 자들은 음식을 지급하여 설득하면 조정을 원망하지 않고 돌아갈 겁니다. 그러나 모든 유랑민을 예외 없이 돌려보내면 엄청난 원망을 사게 될 겁니다. 그들이 고향에서 생계를 이어나갈 수 있는지 확인해보지도 않고 돌려보내는 것은 왕이 해서는 안 되는 정치입니다.

숙종: 지난번 유랑민에게 죽을 지급한 정책은 큰 실효가 없었다. 유

랑민은 오직 서울만을 믿고 늙고 어린 가족들을 이끌고 왔다. 그러나 그들 모두에게 곡식을 주면, 사방에서 유랑민이 몰려들 것이라는 의견은 타당하다. 유랑민을 포기한다는 것이 아니라, 사실상 손쓸 도리가 없다.

그러므로 이인엽의 의견이 적절하다. 건강한 자들은 고향으로, 노약자들은 경기도로 보내 각 지역에서 구휼하도록 하라. 또한 각 지역에서 구휼이 종료된 후에는 돌려보냈던 유랑민의 생존 여부를 조사하여 보고하도록 하라.[44]

— 『비변사등록(備邊司謄錄)』

숙종 재위기는 수년간 이어진 역대급 대기근으로 유랑민 문제가 끊이지 않던 시기입니다. 숙종은 이를 해결하기 위해 무료 급식소도 설치하고 여러 조치를 시행해보았지만, 근본적인 해결책이 되지는 못했습니다. 1703년(숙종 29년) 또다시 서울로 유랑민이 모여들자 모든 대신이 한자리에 모여 국무회의를 펼칩니다. 크게 '유랑민 강제 송환파'와 '유랑민 서울 보호파'로 나뉘어 입씨름하고 있는 것 같아 보이지만, 자세히 들여다보면 정책의 효과와 부작용에 대해 진지한 논의가 오가고 있는데요, 송환 대상자 선정, 송환 과정에서의 낙오자 문제, 지급하는 곡식의 양, 전염병 우려, 사후 피드백 등 고려할 수 있는 모든 요소를 테이블 위에 올려놓고 토론합니다. 정책 효과에 대한 판단을 차치하더라도, 의사결정 과정 자체는 전제군주 국가의 정책 회의장이라고 보기 어려울 정도로 합리적입니다.

그러나 조정에서 내놓는 종합 대책의 한계는 명확했습니다. 수해 예측 시스템이나 토지 분배와 같은 정책은 조정의 역량 부족으로 큰 실효성을 거두지 못했습니다. 하나의 정책을 집행할 때 너무 많은 관계 부처가 협력해야 하는 구조적 문제로 인해, 수많은 백성이 사망한 후에야 정책이 집행되어 사후 약방문이 되어버리는 문제도 있었죠. 조정에서 논의한 정책이 현장을 따라가지 못해 역효과가 나는 때도 있었습니다. 오늘날 사회복지 공무원에게 그러하듯이 소수의 지방관들에게 모든 정책이 하달되다 보니 벌어진 크고 작은 문제들이었죠. 복지 정책의 고질적인 문제인 재원 확보도 어려웠습니다. 나라 곳간을 열다가 비축분이 다 떨어져, 복지 분야뿐 아니라 국방 분야 예산까지 부족해지는 사태도 일어났습니다. 그야말로 어느 하나 쉬운 문제가 없어서 대충 답을 찍고 싶을 정도의 난이도였죠.

정책의 최종 결정권자인 왕은 조정에서 최대한 노력해도, 현장의 문제들이 좀처럼 사라지지 않는다는 것을 알고 있었습니다. 정조가 공시생들에게 낸 논술형 시험문제에는 그러한 현실에 대한 왕의 마음이 잘 드러나죠.

나는 알 수 없다. 굶주린 백성에 대한 공무원의 농간은 없는지, 곡식을 나눠줄 때 백성들이 과연 혜택을 받는지, 지급하는 음식은 먹을 만한지, 질병을 앓는 자가 제대로 치료를 받고 있는지를. 그저 초지일관 조마조마하는 마음으로, 마치 내가 직접 겪는 일인 것처럼 마음 아파하고 있다.[45]
— 『홍재전서』「책문(策問)」「진휼(賑恤)」

구중궁궐에 있는 몸이기에, 민중의 소리가 닿기엔 너무나 멀기만 합니다. 다만 마치 내 일처럼 생각하고 고민하는 것만이 백성들의 입장을 조금이나마 정책에 반영하는 방법이죠. 한 번도 서민인 적 없는 왕이 어떻게 서민의 마음을 대변할 수 있겠냐만, 중앙에 보고되는 수많은 사례를 통해 간접적으로 접하는 것도 직접 경험을 어느 정도 대신할 수는 있었을 것입니다. 그래서 정조는 평소 눈여겨본 지방관이 서울로 올라오면 그의 입을 통해 직접 백성의 소리를 듣고자 했습니다.

통행금지를 알리는 종소리가 울린 지 오래된 깊은 밤, 아버지는 임금님을 알현했다. 궁궐에는 촛불이 가득했고, 임금님 곁에는 비서관과 기록관밖에 없었다. 임금님께서는 아버지께 안의현의 농사가 어땠는지, 서울로 향하는 동안 지켜본 농사 현황은 어땠는지, 도내 백성들의 살림살이는 어땠는지 계속해서 물어보셨는데, 말씀하시는 듯이 따스하고 사려 깊었다. 아버지께서는 안의현과 도내의 사정을 보고드리고 지나오면서 발견했던 농민들의 재난 피해 상황을 말씀드렸다.[46]

정조의 호 중 하나는 만천명월주인옹(萬川明月主人翁)입니다. 세상의 구석구석을 비추는 달처럼, 정조는 만백성에게 훌륭한 아버지이자 롤모델이 되고자 했죠. 그래서 역사 속 성군이 늘 그러하듯, 자신과 신하들에게 높은 기준을 제시하며 백성들의 삶이 나아지는 방법을 고민했습니다. 신하들에게는 차갑지만, 백성들에게는 따뜻한 도시 남자랄까요?

연암 박지원(朴趾源, 1737~1805)의 아들은 아버지 박지원과 정조의 대담 현장을 서술합니다. 모두가 깊이 잠든 시각, 아마도 밤 11시나 12시쯤 되었을 것입니다. 숙직을 제외한 모든 공무원이 퇴근했지만, 왕은 야근을 합니다. '워커홀릭 부장님' 같은 정조 덕분에 덩달아 퇴근하지 못하는 비서관과 기록관이 지켜보는 가운데, 박지원은 백성들의 삶을 묻는 정조의 물음에 열심히 대답합니다. '말씀이 따스했다'고 하지만, 늦은 밤 갓 지방에서 올라온 지방관 입장에서는 왕과의 개인 면담 시간이 꼭 유쾌하지만은 않았겠죠.

하지만 이러한 꼼꼼함 덕분에 정조는 현장의 모습을 정확하게 파악하고 있었습니다. 정조가 직접 출제한 공무원 시험의 논술형 문제입니다.

> 우리나라의 환곡은 곡식이 흔해도 내주고, 곡식이 귀해도 거두어들인다. 또한 곡식값이 올라도 거두어들이고, 곡식값이 내려도 내준다. 이렇게 매해 그 이익을 취하면서도 기근과 풍년 여부는 전혀 고려하지 않는다. 입법 취지와 전혀 다른 이러한 현상이 발생하는 이유는 어째서인가?[47]
>
> ─『홍재전서』「책문」「환향(還餉)」

환곡은 흉년을 대비하기 위한 사회보장제도입니다. 따라서 본래 취지를 생각하면, 풍년에 많이 비축하고 흉년에 많이 내줘야 합니다. 그런데 환곡의 이자를 지방 재정에 보태게 되면서, 이것이 지방 재정을 정해진 것보다 더 많이 확충하는 수단이 되었습니다. 견제 장치조차 없어 자연히 부정축재의 수단이 되었죠. 이 현상의 1차적인 책임은 정책을 집행하는 담당자들에게 있음을 정조는 알고 있었습니다. 정조는 폐단을 고칠 다양한 개선책을 듣고 싶다는 마음으로 출제하면서, 한편으로는 본인 나름의 해법을 내렸을 것입니다.

정조의 해법은 전국에 내린 윤음(綸音), 즉 담화문을 통해 알 수 있습니다.

들판을 순시하면서 가난한 백성을 살펴보는 것, 농사가 잘될 수 있도록 지원하는 것, 농번기에 토목공사를 일으키지 않는 것, 백성들이 공무원들로 인해 동요하지 않게 하는 것, 적법한 세금만 걷는 것 등은 모두 수령의 책임이다. 내가 조만간 어사를 파견할 것이다. 연초의 의례적인 말이라 여기지 말고, 구중궁궐이 깊고 멀다고도 여기지 말라.

― 1783년 1월 1일 『정조실록』

정조는 꾸준히 신하들을 압박하면서 복지 현장에서 행정 처리 문제로 벌어지는 폐단이 사라지기를 기대했습니다. 마지막 말이 인상 깊습니다. "연초의 의례적인 말로 여기지 말라." 국왕의 권위가 지엄한 시대였어도, 저 먼 지방의 공무원들은 때때로 국왕의 말을 그저 단순한 정치적 수사 정도로만 받아들였나 봅니다. "너희가 그럴 줄 알고 어사를 준비했어."라고 말하는 정조의 치밀함에 공무원들은 적잖은 위기감을 느꼈을 것입니다.

정조의 윤음 정치

정조는 매우 많은 윤음을 던졌습니다. 현전하는 한글 윤음 30여 편 중 25편이 정조대의 것일 만큼, 그는 스스로 만백성의 아버지임을 강력히 어필하면서 민심을 위로했고, 그렇게 얻은 민심으로 정치적 정당성을 확보하는 데 심혈을 기울였습니다. 다음의 사진은 1782년(정조 6년) 호서 지역에 내린 윤음인데요. 아주 재미있는 말이 있어 요약해보았습니다.

호서의 백성들이 이번 재난 평가에서 영남보다 낮게 받았다고 불만인 것은 잘 안다. 그런데 작년에 감사가 미납된 곡식을 탕감해달라고 요청하지 않길래, 나는 속으로 '과연 그렇단 말인가? 분명 호서의 백성들은 비축곡도 없고, 터무니 없이 비싼 곡식값에 고통받으며, 환곡 빚과 각종 세금에 시달리고 있을 터인데, 탕감을 요청하지 않으면 불쌍한 백성들이 어떻게 살아간다는 말인가.'라고 생각했다. 결국 지금 이 지경이 되었으니, 이렇게 된 것은 감사가 제대로 정무를 살펴보지 않아서인가, 아니면 전례 없는 요구를 하기 송구스러웠기 때문인가. 그러나 어찌 감사를 꾸짖을 수 있겠는가? 모두 나의 허물이다.

—『홍재전서』제27권

자신의 허물이라고 하면서도, 교묘한 말솜씨로 책임을 지방관에게 돌려놓았습니다. 이렇게 사과 아닌 사과를 한 후, 진휼, 탕감, 세금 면제 등의 혜택을 시원하게 쏘면서 '골든벨'을 울리죠. 그리고 마지막 한 방을 날립니다. "서럽고 괴로워도, 오직 내가 있다. 나를 믿고 걱정하지 말고 편안히 있도록 하라. 의지할 곳이 없는 자는 진휼하는 곳으로 찾아가고, 농토가 있는 자는 밭갈이하러 나아가, 영원히 나의 태평한 백성이 되어라. 하늘이 우리 백성을 도우시니, 흉년이 어찌 해마다 있겠는가." 정조 시대 현실 정치의 속 모습이 어떠했을지, 윤음에서 느껴지지 않나요?

쉽고 피로옴이 이셔도 오직 내 잇ᄂᆞᆫ지라 밋
고 근심을 마라 각각 제 집을 편안이 ᄒᆞ야 의
지 업슨 쟈ᄂᆞᆫ 진휼ᄒᆞᄂᆞᆫ 덕으로 나아오ᄑᆞ 젼토
잇ᄂᆞᆫ 쟈ᄂᆞᆫ 밧갈기로 나아가기라 나의 태평
효 빅셩이 될지여다 ᄒᆞ놀이 빅셩을 도으시
ᄂᆞᆫ지라 흉년이 엇지 히마다 이시리오 이련
곤로 닙으노라

『윤음언해(綸音諺解)』(ⓒ 서울대학교 규장각한국학연구원)

동시에 정조는 백성들에게도 자신의 목소리가 널리 퍼지도록, 각 지역에서 한글로 옮겨 게시하게 했습니다. 다른 윤음에서 정조는 백성들에게 말합니다.

전국의 재해를 입은 백성들에게는 내가 있으니, 백성들은 나를 믿고 두려워하지 말라. 멀리 궁벽한 곳에 사는 사람도 내 백성이고, 가까운 도시에 사는 사람도 내 백성이다. 나의 전전긍긍하는 마음은 가깝고 먼 모든 백성에게 향하고 있으니, 마치 열 손가락이 한 곳을 가리키는 것과 같다. 만약 평범한 사람들이 살 곳을 잃고 굶주리게 된다면, 내 마음이 편하겠는가, 불편하겠는가? 전국 백성들의 신세가 물이 새는 배처럼 위태로우니, 그들을 구원할 책임은 오직 지방관에게 달려 있다. 그들을 안전하게 구원하는 일을 조금이라도 제대로 하지 못한다면, 나중에 조정에 돌아와 무슨 낯짝으로 나를 만날 수 있겠는가. 이 점을 그대들은 단단히 알아야 한다.

— 1783년 9월 7일 『정조실록』

이러한 윤음과 함께, "굶어 죽은 백성이 보고되는 순간, 가만두지 않겠다."라며 지속적으로 엄포를 놓죠. 우리는 정조의 이 말을 세 가지로 나누어 곱씹어볼 필요가 있습니다. 이어서 계속 살펴보겠습니다.

복지 정책의 목표와 국가 책임

복지 정책의 목표가 '나라 안에 굶어 죽은 백성이 없는 상태'라니, 오늘날의 우리에게는 너무 소극적으로 느껴집니다. 어쩔 수 없는 일입니다. 이미 선진국 반열에 오른 우리나라에서는 굶어 죽는 사람을 찾아보기 어려우니까요.

일반적으로 복지라는 단어는 '삶의 질을 향상한다'는 확장적인 뉘앙스를 품고 있습니다.[48] 그런 의미로 보면 굶어 죽는 사람이 없게 하라는 명령은, 복지 정책이라기보다는 최소한의 빈곤 정책으로 해석하는 것이 더욱 적절해 보이기도 합니다. 앞에서 살펴본 사회적 약자 계층, 즉 환과고독에 대한 복지도 그들의 경제적 자립이 아닌, 최소한의 빈곤 해결에 초점을 두고 있었으니까요.

하지만 시대적 환경을 고려해볼 필요가 있습니다. 지금으로부터 100년 전, 아니 50년 전만 해도 전쟁, 흉년, 기근, 전염병 등으로 굶어 죽는 사람이 속출했습니다. 그러므로 그들에게 있어서 '굶어 죽는 사람이 없는 나라'란 상상하기 어려운 태평성대였습니다. 조선 지식인들이 상상했던 요순시대의 복원이란, 흉년과 기근 같은 천재지변이 닥쳐도 덕치(德治)로써 이를 극복하고, 무사히 평화로운 일상을 복원하는 것을 뜻했습니다. 그것이 '굶어 죽는 사람이 없는 나라'라는 표현으로 구체화된 것이죠.

어떤 면에서 이러한 표현은 조선이라는 나라의 프로파간다이기도 했습니다. 조선은 중국으로부터 수차례 '약해빠진 군대를 키울 생각은 안 하고 백날 공자 왈이나 하고 있다'[49]는 비판을 받았죠. 조선의 지식인들도 이 점을 모르지 않았습니다. 그래도 그들은 군사력을 증강하거나 거대한 토목 사업을 추진하는 대신, 환곡으로 대표되는 복지 정책에 집중하기로 합니다.

그 결과 백성들 사이에 '우리가 죽을 위기에 처했을 때는 임금님께서 어떻게든 우리를 구원해주실 것이다.'라는 강력한 믿음이 자리 잡습니다. 부모님이 자식을 먹이는 것처럼, 만백성의 아버지인 왕이 백성을 먹이는 것은 당연하다는 인식이 모두에게 공유되어 있었죠. 임진왜란 시기 선조가 도성을 버리고 피신했을 때, 백성들이 '임금이 우리를 버렸다'며 분노한 것은 그 강력한 믿음이 배신당한 데서 온 충격과 공포 때문이었을 것입니다. 남한과 북한이 1970~1980년대까지 '흰 쌀밥'을 두고 경쟁했던 것 역시 조선 시대로부터 내려온 이러한 믿음에 뿌리를 두고 있지 않나 싶습니다.

현대의 복지 정책은 '국가의 책임을 어디까지로 보아야 하는가'를 가지고 날마다 논쟁합니다. 조선의 사례를 살펴보면, 국가 책임을 인정한 것 같긴 한데 그 범위와 수준을 판단하기가 다소 모호합니다. 케인즈적 복지국가는 무거운 세금 부담에 동의한 확장적 복지국가를 목표로 합니다. 경제 정책에서도 정부의 적극적인 역할을 중요시하죠. 이와는 반대로 신자유주의 국가는 개인의 가능성과 책임을 명확히 하며, 가벼운 세금 부담과 최소한의 복지국가를 목표로 합니다. 정치와 복지에 관심이 많은 우리나라 사람들은 이제 어떠한 모델을 택했을 때 기대되는 효과와 부작용은 무엇인지 잘 알고 있는 것 같습니다.

겉으로 보면, '최소한의 세금'과 '최소한의 빈곤 정책'을 지속해서 강조해온 조선의 복지 정책은 신자유주의적인 것 같습니다. 하지만 실상은 달랐습니다. 백성들은 여러 명목으로 만들어진 과중한 세금에 시달렸습니다. '굶어 죽는 사람이 없는 상태'라는 정책 목표도 이전 시대보다 매우 확장된 것이었죠. 그래서 국방비를 비롯하여 다른 부처의 예산까지 복지 정책 집행에 투입하는 사태가 빈번하게 발생했습니다. 자연히 복지 예산이 국가 전체 예산에 차지하는 비율이 상당히 높아졌죠. 나아가 경제 정책에서도 정부가 시장의 모든 영역을 통제하고자 했습니다. 이러한 점들을 보면 조선을 케인즈적 복지국가로 해석할 여지도 충분합니다.

조선왕조가 표방한 국가 책임의 강도도 이중적으로 해석할 수 있습니다. 굶어 죽는 사람이 없게 하라는 말만 들으면 최소한의 복지를 지향하는 것 같지만, 실제로는 상당히 많은 사람이 복지 혜택을 받았습니다. 환곡과 구휼은 양반에서 노비까지 만백성에게 지급되었고, 환과 고독을 위해 지급한 곡식과 세금 면제 혜택은 '기초생활수급자' 제도와 비슷한 면이 있죠.

이외에도 지방관에게 백성을 구제할 책임을 무겁게 지웠다는 점, 여러 차례 왕의 책임을 인정했다는 점, 수혜 대상자를 체계적으로 선정하기 위해 노력했다는 점을 미루어보아 조선은 1601년 영국의 〈구빈법〉보다 앞서 빈곤 구제에 대한 국가 책임을 인정했다고도 평가할 수 있을 것입니다. 어떤 점에서는 생존권, 즉 국민이 국가에 대해 적극적으로 구제를 요구할 권리가 포함된 1919년 〈바이마르 헌법〉보다 몇 세기 앞선

것이라고 할 수 있죠.[50]

그렇지만 영국의 〈구빈법〉보다 덜 체계적이었다는 점에서 국가 책임의 강도가 약하다는 평가도 있습니다. 구빈법은 빈민을 처우가 매우 열악한 보호 시설에 강제로 입소시켰고, 거부하는 자는 감옥에 보냈죠. 장기적으로는 빈민이 노동자로 거듭나 복지 대상자에서 제외되는 것을 목표했습니다. 복지를 위한 독립적인 재원 마련 수단으로서 지역 주민들에게 걷는 이른바 '구빈세'가 존재했고, 구빈세를 징수하기 위한 세부 기구가 마련되어 있었습니다. 조선왕조의 정책은 이보다 훨씬 더 포괄적이고 덜 체계적이었기에, '근대적 의미의 국가 책임이라 볼 수 없다는 지적입니다.[51]

그런데 사실 '근대적'이라는 기준은 〈구빈법〉이 세워놓은 것이기도 합니다. 문화도 토양도 달랐던 조선에 그러한 잣대를 들이대면, 근대적이라고 평가할 수 있는 영역이 쪼그라들죠. 문제는 '근대적'이라는 평가가 쉽사리 가치 평가처럼 여겨질 때가 많다는 데 있습니다. 예컨대 '조선왕조의 복지 정책에서 국가 책임의 정도는 근대적이지 않았다'고 평가하는 말이 마치 '조선왕조의 노력과 고민이 〈구빈법〉에 비해 부족했거나 효과적이지 않았다'고 하는 것처럼 느껴질 수 있거든요. 하지만 조선왕조의 노력은 수천 년간 쌓인 고유의 문화적 토양 위에서 이루어진 결과물이기 때문에, 당연히 〈구빈법〉과는 다를 수밖에 없습니다. 따라서 서구와 조선을 일대일로 비교할 땐 매우 조심스럽게 접근해야 마땅합니다.

그럼에도 불구하고 조선왕조의 정책에서 '국가 책임'의 정도를 살펴보고, 나아가 그것이 덜 체계적이었다고 비판하는 것이 유의미한 까닭은 이렇습니다.

'책임질 수 있으면서 국가 책임을 표방한 것과, 책임질 능력도 없으면서 국가 책임을 표방한 것은 다르지 않은가? 후자는 오히려 국민에 대한 우롱이나 사기, 혹은 포퓰리즘에 가까운 것이 아닌가?'

꿈은 높은데 현실은 시궁창이야?

조선의 복지 정책이 효과적이었다고 말하기 위해선, 지금보다 훨씬 더 많은 사료가 필요합니다. 이를테면 시기별로 아사자와 아사 위험자, 정책 수혜자 등을 전수조사하여 체계적으로 구분한 집계가 있어야 하죠. 투입한 재원과 그 이후의 상황에 대한 매우 정확한 통계도 필요합니다. 그러나 현재 남아 있는 사료로는 그 정도까지 파악하기가 어렵습니다.

반대로 조선의 복지 정책이 효과적이지 못했다고 말하기는 매우 쉽습니다. 굶어 죽는 사람이 없게 하겠다며 정책을 폈지만, 정책이 집행되는 와중에도 굶어 죽는 사람이 속출했으니까요. 가능한 모든 수단을 썼음에도 백성들의 고통이 줄어들지 않자, 왕이 무력감이나 분노를 터뜨리는 장면도 여러 곳에서 보이죠.

내가 즉위한 후 온갖 천재지변이 몰려와 밤낮으로 두려워했다. 이번에도 경기도와 함경도의 흉년이 너무 심해 굶어 죽는 사람이 길가에 널렸다. 그러나 어떻게 그들을 구할 수 있을지 도저히 방법이 떠오르지 않는다. 그들을 구하는 일도 중요하지만, 재난 대비가 더 중요할 것이다. 그래서 내가 즉위한 후 여러 번 재난 대책을 구하였음에도 어째서 제대로 된 안이 하나도 올라오지 않는 것인가?

— 1513년 5월 12일 『중종실록』

앞의 중종 재위 시기 마련된 종합 재난 대책에서 볼 수 있듯, 중종과 신하들은 최대한의 노력을 다했습니다. 그럼에도 좀처럼 아사자 발생을 막을 수는 없었죠. 복지에 대한 요구가 상당히 높은 우리의 시선으로 볼 때, 조선왕조의 복지 정책은 '아사자 제로'라는 아주 소극적인 목표조차 달성하지 못한, 실패한 정책으로 보입니다. 게다가 우리는 이미 환곡제도에 얽힌 각종 부패 사례를 인지하고 있습니다.

따라서 조선의 역량 부족을 의심할 수밖에 없습니다. 국가의 의지와 노력은 충분했지만, 그럴 만한 기반을 만들어내지 못했다는 것이죠. 문제의 진단과 해법이 근본적인 해결과는 거리가 멀었다는 추측도 가능합니다. 다음의 사료는 그 두 가지 가능성을 모두 뒷받침합니다.

농사에 힘쓰는 것은 근본이다. 그런데 지금 백성들은 농사에 힘쓰지 않고 오로지 말단인 상업만을 숭상하니 지극히 부당하다. 요사이 대신이 아뢰는 말을 들건대, 지난해에 비록 흉년이 극심했으나 때맞추어 씨 뿌리고 김맨 곳은 모두 먹을 수 있었다고 한다. 이로 보면 틀림없이 수령들이 부지런히 농사를 챙기지 않았기에 이런 흉년이 든 것이다.　　　　　　　　　　 － 1528년 2월 14일 『중종실록』

　중종은 흉년의 원인을 두 가지로 분석합니다. 첫째는 백성들이 농사 대신 '근본 없는' 장사에만 매달리고 있기 때문이고, 두 번째는 지방관들이 열심히 농사를 독려하지 않았기 때문이죠.

　조선이 상공업을 매우 강하게 억제했다는 것은 널리 알려진 사실입니다. 그런데 중종 재위기 도입된 종합 대책 중에 '임시 시장 개설'이 있습니다. 임시 시장이 개설된 덕분에 백성들이 스스로 먹을 것을 구했다는 기록도 있죠.[52] 다시 말하면, 조선의 상공업 억제 정책은 유통망과 교통의 발달을 저해했고, 결과적으로 시장의 기능으로 해결할 수 있는 기근조차 매번 국가가 개입하지 않으면 해결 불가능한 지경으로 몰고 갔음을 암시합니다.

　18~19세기의 상황은 그러한 암시를 뒷받침합니다. 환곡이 본래의 기능을 거의 상실하자, 백성들은 환곡을 거부하거나 되도록 적게 받으려 했습니다. 하지만 농사용 종자로 쓰거나 기근에 대처하기 위해 쌀이 필요하다는 사실은 여전했죠. 백성들은 그 필요를 환곡이 아니라, 시장을 통해 해결하려고 했습니다. 그러나 강력한 억제 정책 아래에서 비정상적으로 발생한 조선의 시장은 그 자체로 거대한 불균형 덩어리였고, 규모 면에서도 큰 기근에 대처하기에는 역부족이었습니다.

　결국 기근이 발생할 때마다 가장 먼저 내놓는 대책이, 흉년이 들지 않은 지역에 있는 곡식을 흉년이 든 지역으로 옮기는 것이었습니다. 그러려면 해당 지역에 거주하는 백성들을 동원해야 했기에 백성들이 정말로 싫어했죠. 곡식을 내주는 지역의 반발도 있었습니다. 그런데 조선에 상업이 살아 있었다면, 국가가 개입하지 않아도 시장이 알아서 곡식을 옮겨와 내다 팔았을 것입니다. 물론 조정의 적절한 개입은 필요했겠지만요. 그러나 조선의 시장은 흉년에 폭발적으로 느는 수요를 감당할 수 없을 정도로 작았고, 나라가 아니면 곡식 나올 곳이 없는 백성들은 결국 터전을 떠날 수밖에 없었습니다.

환곡을 중요하게 생각하여 한때 보유 수량이 천만 석에 이르렀지만, 그중 절반이 장부에만 존재하는 곡식, 즉 '허류곡(虛留穀)'이었다는 사실도 의미심장합니다. 19세기 초반 환곡 보유량은 장부상으로 천만 석에 달했지만, 1862년의 환곡 장부를 보면 허류곡이 54%에 달합니다.[53] 장부만 맞춰놓는 것은 기형적으로 유지되는 조직에서 나타나는 대표적인 현상입니다. 이러한 면면을 보면, "꿈은 높은데 현실은 시궁창이야."라는 밈이 절로 떠오릅니다.

그런데 반대의 해석도 가능합니다. '조선의 복지 정책이야말로 조선을 500년이나 지탱하게 한 최후의 보루였다'고 주장하는 거죠. 안타깝게도 지난 역사에서 문제점을 찾아내기는 쉽지만, 어떤 제도가 어떤 성과를 냈는지 정합성 있게 찾아내는 것은 매우 어렵습니다. 어쩔 수 없이 해석과 추측을 빌려 올 수밖에 없습니다. 이를테면, 비록 정책 집행 과정에서도 아사자가 속출했으나, 정책이 없었다면 아사자의 수는 기하급수적이었으리라는 추측이 가능하죠.

결국 모든 제도가 그러하듯, 조선왕조의 복지 정책 또한 빛과 그림자를 다 품고 있을 것입니다. 어떤 이는 혜택을 받아 국가의 큰 은혜에 감사했을 것이고, 어떤 이는 부작용으로 인해 끔찍한 고통에 시달렸을 것입니다. 보다 자세히 알기 위해서는 제한적이나마 세부 사례를 중심으로 전체를 조망해나가는 수밖에 없습니다. 이 점은 앞으로도 계속 살펴보겠습니다.

"바보야, 문제는 지방관이야!"

'농사에 힘쓰지 않아서 흉년이 발생했다.'라는 실록 기사의 뒷부분에서 중종은 말합니다.

"전국의 수령들에게 현장에 나가 농사를 독려하게 하라. 제대로 하지 않는 수령은 처벌할 것이다."

그리고 정조는 윤음에서 이렇게 말하죠.

"만약 고을에서 굶어 죽은 사람이 발생한다면, 나중에 서울에 돌아와 내 얼굴을 어떻게 보려 하는가?"

세종은 더욱 노골적으로 말합니다.

순조 재위기의 '쌀 파동'과 무력시위

조선 후기에는 곡식, 특히 쌀을 주로 거래하는 시장이 한양에 들어섭니다. 이를 '싸전'이라 하죠. 그런데 1833년(순조 33년) 3월 8일, 흥분한 군중이 쌀가게 여러 곳을 부수고 불태우는 난리가 일어납니다. 어떻게 된 일일까요?

18세기 후반, 한양의 상인들은 한강의 무역이나 숙박업 등을 독점하기 시작했고, 호쾌한 규모의 경제를 보여주며 쌀을 잔뜩 사들였다가 지역 간 시세 차이를 이용해 이윤을 내기 시작했습니다. 나라의 쌀값을 상인들이 지배하기 시작한 것입니다. 백성들은 어린아이도 다 아는 이러한 불공정을 참다 참다 못해 "한양의 쌀값이 폭등한 것은 모두 저 장사꾼놈들 때문이다!"라고 외치면서 무력시위에 돌입했습니다. 소규모로 시작한 시위는 점차 한양 지역의 군대를 투입해야 할 정도로 확대되죠. 시위 진압 후 52명이 체포되고 7명이 사형에 처해집니다.

그런데 '왜 시위 참여자에게만 벌을 주냐. 따지고 보면 다 상인놈들 때문 아니

〈일제강점기 인천의 곡물 시장 사진엽서〉 (ⓒ 국립민속박물관)

냐.'라는 여론이 확산하자, 조정은 일부 상인에게 벌을 주면서 최소한의 '기계적 평등'만 갖추는 결정을 내립니다. 즉 근본적인 불평등·독과점 문제를 해소하려고 하지는 않았습니다. 일부 관료는 이들 상인과 긴밀한 커넥션이 있다며 탄핵되었는데도 불구하고, 처벌받지 않고 넘어갑니다.

이때 조정은 시장의 발달과 함께 필연적으로 자리한 불균형 문제를 제대로 관리하려고 하지 않았습니다. 사실 이때 이미 민간 부문의 미곡 유통 규모는 조정의 체급으로는 완전히 통제하기 어려울 정도로 커졌습니다. 그럼에도 조정은 서울의 미곡 유통 독과점 문제에 적절하게 개입하려고 노력했는데요, 19세기 이후로는 '독과점 단속이 원활한 미곡 유통을 저해한다'는 논리를 내세워 아예 방관합니다. 이미 그전부터 차근차근 진행되어온 상인과 정치인의 '운명 공동체화'의 결과였죠. 상인은 권력과 결탁하여 이윤을 축적했고, 정치가는 그러한 상인들의 펀딩을 받아 권력을 공고히 해나가는 사회. 당시 조선 사회에 대한 백성들의 비판에서 2011년 미국에서 있었던 '월가 시위'가 떠오릅니다.[54]

"만약 굶어 죽은 사람이 발생한다면, 왕의 지침을 어긴 죄로 해당 고을의 수령을 처벌할 것이다."

이렇듯 조선의 왕들은 복지 정책과 관련된 정치적 메시지에서 항상 일선 지방관에 대한 처벌을 언급했습니다. 왜였을까요? 아마도 법과 제도의 취지가 제대로 구현되지 않는 가장 큰 이유는 '일선 지방관의 자질 문제'라고 생각했던 것이 아닐까요?

지방관의 자질 문제에 집중한 사람은 왕뿐만이 아니었습니다. 복지 제도의 부작용을 비판하던 지식인들 역시 한목소리로 지방관의 실정과 현장의 부패를 공격하고 있죠. 환곡제도에 고통받는 백성의 참상을 가까이서 지켜본 정약용의 비판을 읽어보죠.

처음 환곡제도를 만든 것은 반은 백성의 양식을 위함이었고, 반은 나라의 재정을 충당하기 위함이었다. 결코 백성을 쥐어짜기 위한 제도가 아니었던 것이다. 그러나 지금은 부작용이 겹겹이 쌓여 엉망진창이 되어버렸다. 환곡제도로 나온 쌀의 10분의 1만 나라의 재정으로 들어오고, 10분의 2는 각 관청에서 자신들 몫으로 떼가며, 나머지 10분의 7은 지방 공무원들이 장난을 쳐서 이득을 취하고 있다. 이러니 정작 백성들은 쌀 한 톨도 보지 못하는데, 거저 가져다 바치는 곡식이 천 석이니 만 석이니 하고 있다. 이것이 어떻게 백성을 위한 제도인가. 백성을 쥐어짜는 제도지.

― 『목민심서(牧民心書)』「곡부(穀簿)」

다산의 진단대로 지방의 공무원, 즉 아전들의 부패는 심각한 수준이었죠. 아전이 부패하지 않도록 감독하는 것은 지방관의 소임이니, 결과적으로 모든 폐해의 일차적인 책임은 지방관에게 있다는 것이 왕과 지식인의 인식이었습니다. 백성을 위한 복지 정책이 잘 돌아가냐, 안 돌아가냐는 오직 지방관 하기에 달려 있다고 본 것이죠.

조정은 지방관의 자질을 높이기 위해, 백성들을 위한 복지 정책을 법조문이나 시행령으로 만들 때도 항상 수령에 대한 처벌 규정을 삽입했습니다.

- 수령으로서 백성을 구제하는 일을 대충 하는 자는 장(杖)을 치거나 파직한다. 그 정도가 심한 자는 가중 처벌한다. 진휼 대상자를 누락시킨 경우 수령은 파직하고, 담당 공무원은 모두 체벌한다. 굶어 죽은 사람의 시신이 매장되지 않고 길에 있는 경우에는 즉시 매장하도록 하되, 대충 하는 자는 모두 그 죄를 묻는다.
- 부모에게 버려진 아이나 구걸하는 아이를 보호하고 양육하는 일을 대충 하는 관원은 규정에 따라 처벌한다. 시행령을 위반한 수령도 처벌한다.
- 각 고을의 진휼용 곡식은 매년 최대한 비축한다. 연말마다 비축량을 조사해서 우수한 자와 그렇지 않은 자의 상벌을 논한다. 진휼용 곡식을 개인적으로 사용하거나 빌리는 경우도 처벌한다. (1485년 시행, 1786년 개정.)

— 『대전통편』「혜휼」「비황(備荒)」

특히 환곡의 경우 수령에 대한 처벌 조항이 굉장히 많습니다. 규정된 저장량을 지키지 못해도 처벌하고, 빌려준 곡식과 이자를 가장 많이 거두지 못한 수령도 처벌하며, 보고서를 늦게 제출해도 처벌하고, 장부만 올린 경우에도 처벌하고, 자기 마음대로 곡식을 옮겨도 처벌하며, 절차를 지키지 않고 백성의 빚을 면제해줘도 처벌합니다. 이건 뭐, 거의 "답은 정해져 있어. 너는 처벌만 받으면 돼." 말하는 게 아닌가 의심스럽습니다.

자질 있는 지방관을 선발해내기 위해 과거 시험을 치르고, 지방관을 평가하는 관찰사와 감사, 어사 제도를 꾸준히 유지하였음에도 왜 조선왕조 내내 지방관의 자질 문제가 거론된 것일까요? 어쩌면 지방관이 충분히 일할 수 있는 여건을 만들어주지 않은 채로 복지 정책의 책임만 속된 말로 '짬 때린' 건 아닐까요? 과연 그 속사정이 어떠했는지는 다음 절에서 살펴보도록 하겠습니다.

주는 자
: 진흉미 채우다가 내 모가지가 날아가겠네

수령(守令), 현감(縣監), 현령(縣令), 목사(牧使), 사또, 원님. 지역의 규모나 불리는 사람의 신분에 따라 다르게 사용되긴 하지만, 이 명칭들은 모두 지방관을 이르는 말입니다. 이들은 왕의 메시지를 포함한 중앙의 메시지를 지방에 전파하고, 농사를 지원하며, 지역에 필요한 토목 사업을 추진하고, 다양한 사건의 수사와 재판을 맡았죠. 다양한 업무 중에서도 백성을 구휼하는 복지 정책 집행은 매우 중대한 업무였습니다.

왕에 의해 임명된 지방관들은 각 지역에서 왕의 대리인 역할을 했습니다. 따라서 지방관에 대한 반역은 왕에 대한 반역처럼 무겁게 다뤄졌고, 왕의 권위를 등에 업은 지방관들의 노력으로 조선의 중앙집권이 이루어졌죠. 그런 면에서 지방의 복지 책임을 수령에게 전가하는 조정의 논의도 논리적으로는 타당합니다. 왕은 만백성의 아버지이므로 자식을 챙기듯 백성을 챙겨야 하는데, 먼 지역까지 왕의 보살핌이 닿을 수 없으므로 왕의 대리인인 지방관이 아버지처럼 지역의 백성들을 챙겨야 하는 것이니까요. 이러한 인식은 앞서 살펴보았던 유학 이념이 확장된 것입니다. '지방관이 지역을 구휼해야 한다.'는 '백성을 구휼해야 한다.'처럼, 사상적으로 지극히 당연한 명제였죠.

자연히 지방관은 모든 복지 정책의 담당자로 지정됩니다. 따라서 지방관의 노력을 살펴보는 것은 곧 조선의 복지 정책이 어떻게 집행됐는지에 대한 단서를 찾는 것과 같습니다. 조선이 시행했던 복지 정책의 면면들을 지방관의 입장에서 뜯어보겠습니다.

녹봉까지 털어서 진휼미를 채워도…

크고 작은 재난과 기근이 끊이지 않았던 중종 재위기, 조정은 1541년(중종 36년)「진휼청절목(賑恤廳節目)」, 지금으로 치면 '재난구제 복지센터 매뉴얼'을 제작합니다. 이 매뉴얼은 아홉 가지로 구성되어 있지만, 핵심은 다음의 두 가지 조항입니다.

- 올해 흉년은 전국구급이므로, 다른 도의 곡식을 옮겨올 수 없다. 재해가 심각한 고을은 해당 고을의 수령이 곡식을 많이 저축한 민가를 상세하게 조사한 후, 여유분을 상부 기관에 보고할 것. 그 후 관아의 창고가 동나면 민가의 곡식 여유분을 백성들에게 나눠주되, 가을에 수령의 책임 아래 빌려 간 백성이 빌려준 백성에게 직접 상환하도록 할 것. 이에 관하여 지급 대장을 철저하게

작성하도록 하며, 여유분이 있어도 숨기는 자와 빌려 간 후에 갚지 않는 자는 엄히 다스릴 것.

- 농사가 망한 각 고을의 백성에게 지금부터 곡식을 나누어주면, 관아의 창고도 금방 동날 것이다. 그러나 가난이 심각한 자들에게 곡식을 나누어주지 않으면, 그들은 유랑하다가 굶어 죽고 말 것이다. 따라서 각 고을의 수령이 책임지고 장년·노년·어린아이를 구분하여 곡식을 절약하면서 지급할 것.

— 1541년 5월 14일 『중종실록』

1541년에 불어닥친 기근이 더욱 심각했던 이유는 몇 해 동안 이어진 기근으로 나라의 곳간이 텅텅 빈 상황이었기 때문입니다. 군용미로 모아놓은 상당한 분량마저 이미 투입해 더 이상 쌀 나올 곳은 없었고, 전국적인 흉년이어서 기근이 든 지방을 위해 다른 도에서 곡식을 옮겨오는 것도 불가능했죠. 그러자 조정은 지방관에게 진휼곡을 마련할 책임을 맡깁니다. 특히 '부유한 민가의 곡식을 이용하라'는 지시는 중앙정부의 포기 선언으로 읽히기까지 합니다. 이렇게 수령이 '알아서, 잘' 마련한 진휼용 곡식을 '자비곡(自備穀)'이라고 합니다. 이밖에도 곡식 나눠주기, 곡식 납부 감독, 대상자 선정, 재원 절약 등 모든 임무가 수령에게 주어졌죠. 물론 늘 그랬듯 수령에 대한 각종 처벌 규정은 플러스 알파였고요. 매뉴얼을 읽어본 당시 지방관들은 머리 깨나 아팠겠죠?

중앙의 매뉴얼이 하달되자, 지방관들은 나름대로 각 지역에 맞는 세부 매뉴얼을 구성합니다. 그 자료 중 하나가 남아 있는데, 당시 충주 목사였던 안위(安瑋, 1498~1563) 등이 만든 『충주구황절요(忠州救荒切要)』라는 책입니다. 충청도의 가장 큰 고을이었던 충주는 교통과 농사의 요지였음에도, 당시 기근이 가장 심각한 지역 중 하나였죠.

사실 이러한 상황이라면, 불평불만을 내뱉으면서 임기가 종료될 때까지 적당히 처벌받지 않을 정도로만 일하는 지방관도 적지 않았을 것입니다. 그러나 안위는 생각합니다. '우리가 임금님의 걱정을 나눠 고을을 관리하는 일을 맡았으니, 어떻게 백성들이 구렁텅이에 빠지는 것을 대책 없이 앉아서 보고 있을 수만 있겠는가?' 그리하여 만든 27개 조목은 이렇습니다.

1조. 죽을 만들어 먹거나 거친 곡식으로 풀죽을 끓여 먹을 것

2조. 굿이나 불공(佛供)에 곡식을 낭비하지 말 것

3조. 빈민의 노숙자 생활을 금지하고, 부유한 자는 사회적 책무를 다할 것

4조. 도토리, 뽕잎, 풀잎, 나무껍질, 곡식 뿌리 등과 솔잎 가루를 섞은 죽으로 연명할 것

5조. 도라지로 약물을 만들어 질병을 예방하고 치료할 것

6조. 굶주린 자에게는 반드시 식은 죽을 먹일 것

7조. 동상에 걸린 사람은 뜨거운 곳에 바로 취침시키지 말고, 따뜻한 먹거리를 제공한 후 숙면토록 할 것

8조. 흉년에는 곡식을 곱게 빻지 말고, 거칠게 빻아서 풀을 섞어 같이 먹을 것

9조. 자활이 어려운 백성은 관아에서 죽을 지급하여 구휼할 것

10조. 담당자는 떠도는 백성을 전수조사하여 보고하고 구휼할 것

11조. 고을 내 농지 중 3년 넘게 방치된 땅은 농사를 시작할 것

12조. 지난해 겨울 거둔 재판 수수료 예산으로 곡식을 구입하고 앞으로는 수수료를 곡식으로 받을 것

13조. 굶주린 자, 부양자가 없는 노인은 이웃의 친족이 관아에 보고하여 곡물을 받도록 할 것

14조. 부유한 자가 비축한 곡식을 대여하여 사람들을 구제할 것

15조. 걸인이나 유랑하는 사람을 보호하는 집은 관아에 보고하여 구휼하고 사망자를 유기하지 말 것

16조. 유기아를 돌보는 집은 관아에서 양육비를 지급하고 생존 여부를 파악할 것

17조. 지식인이나 공무원은 개인적으로 구휼하거나 관가에 알려 굶는 사람을 살릴 것

18조. 충주의 관공서에서는 술 저장고를 없애 사치를 금할 것

19조. 담당자가 제대로 일하지 않는 경우, 상급 기관에 보고하여 징계할 것

20조. 소를 팔지 말고 다음 해 농사를 위해 잘 기를 것

21조. 노비를 데리고 있는 공무원이나 부유한 자는 함부로 내쫓지 말 것

22조. 담당자가 구휼을 빙자해 비리를 저지르면 엄중히 징계할 것

23조. 관아에 관계된 자들이 고을을 돌아다니며 술과 음식을 받으

면 징계할 것

24조. 담당자가 굶주리는 사람을 보고하지 않는 경우 엄중히 징계할 것

25조. 곡물을 훔치는 도적조차도 구호받을 수 있도록 조치할 것

26조. 지침에 포함되지 않는 사안은 여러 의견을 받아 조치할 것

27조. 담당자가 이상의 내용을 백성들에게 널리 알리고, 수령은 내년 봄 고을을 직접 순찰할 것[55]

이 매뉴얼은 조정에서 내려보낸 「진휼청 매뉴얼」의 확장팩입니다. 지금 보면 일부 조목, 특히 죽에 관련된 조항들은 좀처럼 와닿지 않지만, 당시에는 모든 조항이 나름대로 실효성이 있었던 듯합니다.

먼저 진휼곡 마련 방안이 있습니다. 관청의 다른 예산을 돌리고, 지역의 부유한 자에게서 곡식을 빌리는 대책이 언급되죠. 다음으론 곡식을 아끼는 방법입니다. 적은 양으로도 많은 음식을 만들 수 있는 죽, 특히 솔잎 가루를 넣은 죽을 장려하죠. 안위는 솔잎 가루를 직접 먹으면서 그 효과를 확인하기까지 합니다. 또한 동상자(凍傷者), 노숙자, 굶주린 자 등에 대해 각각의 상황에 맞는 상세한 지침을 마련해놓습니다. 이밖에도 유기아 대책, 인접 고을에서 들어오는 유랑민에 대한 대책이 포함되어 있죠.

특히 지역사회 구성원들에게 사회적 책임을 요구하는 조항이 인상 깊습니다. 굶주린 자나 부양자가 없는 노인, 걸인이나 유랑하는 사람, 유기아를 발견하는 사람은 관아에 보고하도록 하였죠. 또한 '부유한 자

나 공무원은 개인적으로 구휼하라'고도 합니다. 이러한 조항은 단순한 권고가 아니라, 강제성을 띤 의무 조항이었습니다. 따라서 위반 시 수령이 판단하여 처벌할 수도 있었습니다.

여기서 한 가지 깊게 생각해볼 지점이 있습니다. 중앙정부는 지방관에게 구휼 책임을 지워주면서, 구휼에 필요한 재원은 '알아서' 마련하라고 합니다. 지시를 받은 지방관은 그 책임을 민간과 나누려 하죠. 선한 행위가 강요로 이루어지면 대체로 부작용이 발생하지만, 안위의 경우는 큰 부작용 없이 잘 통했나 봅니다. 그는 "부지런하고 검소하였고, 일 처리가 꼼꼼하고 능숙해서, 모든 방안을 짜내 진휼한 덕분에 충주의 백성들이 굶어 죽지 않았다."[56]라는 칭찬을 들으며 왕으로부터 포상을 받습니다.

안위의 사례는 점차 모범 기준이 됩니다. 지역의 수령이 갖은 아이디어를 짜내서 자비곡을 마련하는 것이 권장되고, 자비곡을 얼마나 비축했느냐가 인사 평가의 기준이 되죠. 특히 숙종과 영조 대에 이르면, 자비곡을 비축하는 것이 지방관의 중요한 의무가 됩니다. '흉년을 대비해 지방관이 재량껏 곡식을 비축하라'는 취지였습니다만, 절약만으로는 모든 걸 해결할 수가 없다는 심각한 문제가 있었습니다.

자비곡을 마련하는 방법은 다양했습니다. 여러 지역의 곡식 시세 차이를 이용하는 방식이나 예산 절약 등의 '건전한 방식'도 있었지만, 그렇지 않은 방식도 있었죠. 예컨대 공명첩(空名帖) 판매가 있었습니다. 공명첩이란 명예직 벼슬을 파는 문서입니다. 처음에는 나라 곳간이 텅 비어버린 까닭에 채택한 임시방편이었지만, 나중에는 공장에서 찍어내듯 공명첩을 남발하게 되죠. '그깟 명예직 벼슬이 뭐가 대수냐.' 싶지만, 명예직 벼슬이라도 조세나 부역 면제 혜택을 받을 수 있었기에, 한때는 '인싸'라면 반드시 가져야 할 '필수템'이었죠.

하지만 공명첩 발행의 여파는 큰 눈덩이가 되어 돌아왔습니다. 조선 사대부들이 굉장히 예민하게 대해왔던 신분제가 흔들리는 계기가 되었고, 신분제의 위기는 곧 공동체 해체와 이어집니다. 그 심각성을 인지한 조선 후기에는 공명첩을 통해 얻은 벼슬에 조세 면제 혜택을 주지 않거나, 매우 제한적으로 제공하는 수준으로 판매합니다. 백성들이 공명첩을 살 메리트가 전혀 없던 것이죠. 하지만 여전히 재원을 마련할 의무를 지고 있던 지방관은 결국 공명첩을 거의 '강매'하게 됩니다. 공명첩 판매에 대한 규제가 있었음에도 말이죠.

공명첩마저 유명무실해지자, 사실상 남은 수단은 지역민들의 '아름다운 사회 환원'뿐이었습니다. 지방관들은 지역의 여유 있는 사람들을 설득하여 곡식을 빌리는 권분(勸分)이나 지역민들이 자발적으로 곡식을 기부하는 원납(願納)으로 자비곡을 마련했는데요, 이에 대해서는 설득이었는지 자원이었는지, 선의였는지 강요였는지, 의무였는지 거래였는지를 구분하기가 어렵습니다. 그러나 자비곡을 마련하지 않으면 징계대상이 되니, 지방관에게는 선택의 여지가 별로 없었죠.[57]

그래서 조정에서 말하는 '지방관의 자질 문제'란 이러한 상황에서의 위기관리 능력을 일컬었습니다. 지방관이 선정(善政)을 통해 백성들의 자발적인 참여를 이끌어내는지, 아니면 탈법적인 수단을 동원하여 뜯어내는지를 따지는 것이죠.

그런데 중앙정부가 공명첩뿐 아니라, 권분 또한 법률로 강하게 규제했다는 점이 아이러니합니다. 법전을 보면 '흉년 대비 곡식이라고 칭탁하여 민간에 권분하는 것을 엄히 금한다.'라는 규정이 들어 있죠.[58] 법률의 의도는 부정한 방법으로 곡식을 징발하는 일을 막는 것입니다. '흉년 대비' 명목으로 곡식을 거두어 모아뒀다가 개인적으로 착복하거나 거래를 통해 시세 차익을 얻는 등의 행위를 막기 위해서 마련된 법 조항이죠. 그러나 일단 지방관이 '흉년 대비 곡식'이라는 명분 아래 곡식을 모으면, 백성들이 무슨 수로 진실 여부를 파악할 수 있었을까요?

정리하면 이렇습니다. 자비곡 마련을 지방관의 자질을 평가하는 중요한 요소로 삼으면서, 자비곡을 마련하는 중요한 루트인 권분을 규제한 중앙정부로 인해 모순이라고밖에 표현할 수 없는 상황이 발생했습니다. 자비곡을 마련할 길이 없는데 어떻게 자비곡을 모으겠으며, 자비곡을 모을 수 없는데 어떻게 인사 평가에서 좋은 점수를 받겠습니까? 물론 자비곡과 권분 같은 제도의 발생과 규제는 각각의 시대적 맥락에 따라 등장한 조치이므로 상호 간의 충돌이 발생할 수는 있습니다. 그렇다 하더라도 교통정리는 필요했지요. 하지만 끝끝내 명확한 규정으로 정리되지 않았습니다.

결국 이러한 이중잣대와 명확하지 않은 법 조항은, 지방관들이 상부에서 내려오는 지침이나 새롭게 규정된 법을 소홀히 여기게 하는 원인으로 자리 잡습니다. '걸리면 그저 재수 없었던 것' 정도랄까요. 자연히 온갖 문제가 발생할 수밖에 없었습니다. 사료를 살펴보겠습니다.

흉년에 부유한 자들에게 곡식 기부를 권유하는 권분은 오래전부터 있던 일입니다. 특히 부유한 백성이 곡식을 저축하면서 곡식값이 폭등하기를 기다린다면 수령은 마땅히 그들의 사회적 책무를 일깨워 굶주리는 사람을 돕도록 타일러야 합니다. 그러나 권분이라는 명분 아래 백성의 곡식을 억지로 빼앗고, 심지어 여유 있는 백성이라 우기면서 곡식을 추가로 징수하니, 일부 백성들은 세금 납부를 거부하거나 도망가는 일도 있습니다. 심지어 탐관오리들은 오히려 흉년을 기다리고 있다고 합니다. 구휼을 마친 후에는 이렇게 뜯어낸 곡식을 통해 자비곡이 몇 석이라고 말하면서 포상까지 받으니, 어처구니가 없을 따름입니다.

— 1762년 11월 10일 『비변사등록』

영조에게 올라간 권분 악용 사례 보고입니다. 권분을 빙자하여 부유하지 않은 백성에게까지 "넌 부유한 백성이야. 그렇지? 아니라고? 그럼 오늘부터 부유한 거로 해!"라고 우기면서 곡식을 뜯어냈다는 사례가 담겨 있죠. 이렇게 강제로 뜯어낸 곡식으로 포상까지 받았다니, 보고받은 영조는 황당해하죠.

이뿐이 아닙니다. 당초 권분은 부유한 집의 곡식을 백성들에게 빌려주는 것을 '권하는' 제도였는데, 50%에 이르는 이자를 붙여 빌려주는 고리대금 사채 행위로 변질됩니다.[59] 부유한 집안과 지방관이 합작한 결과죠.

물론 선의를 가진 지방관들은 제도의 틀 안에서 최선을 다해 백성들을 진심으로 구휼했습니다. 안위의 사례처럼, 그들은 그들 나름대로 모든 아이디어를 다 짜냈죠.

제주 지역에는 17세기부터 20세기 초까지 설립된 진휼비가 70개가 넘습니다.[60] 진휼비란 진휼을 잘한 수령에 대해 동네방네 소문내기 위해 세우는 비석인데요, 물론 딱히 공적이 없어도 반쯤 거짓으로 세우는 예도 있었지만, 대체로 백성들의 호의와 감사가 없으면 세워지기 어려웠죠. 그래서 진휼비에는 해당 지방관이 진휼을 위해 어떠한 노력을 했는지 담겨 있습니다.

제주 지역은 농토가 부족했고, 육지로부터 고립되어 있으므로 식량 수급도 열악했습니다. 태풍을 비롯한 자연재해도 빈번했죠. 따라서 제주 지역의 지방관들은 진휼 업무에 최선을 다해야만 했습니다. 76개 진휼비에 담긴 그들의 노력을 정리하면 이렇습니다.[61]

신분	사유	진휼비 수
어사, 목사	• 환곡 탕감 • 중앙으로부터 곡식을 지원받음 • 세금 면제 또는 감면 • 사재(私財) 출연 • 현장의 폐단을 바로잡음	64개
현감 등	• 사재 출연 • 환곡을 적절히 운영함 • 자비곡을 마련함	10개

중앙에서부터 파견된 어사와 도지사 격인 목사는 환곡을 탕감하고, 중앙으로부터 곡식 지원을 받아내며, 다른 세금과 특산품 진상을 면제하거나 줄이고, 현장의 폐단을 바로잡는 일을 했습니다.

그런데 그보다 지위가 낮은 시장 격의 현감들은 자기 녹봉을 털었다는 기록이 많습니다. 다른 백성들이 기부에 참여하도록 독려하기 위해서는 지방관이 솔선수범해야 했던 것이죠. 실제로 조정과 지식인들은 이러한 솔선수범을 칭찬하고 권장했습니다. 박지원의 이야기를 한번 들어보죠.

순찰사(巡察使)님께.

편지로 지시하신 일은 꼼꼼히 살펴봤습니다. 그런데 요즘은 구휼에 어려움이 너무나 많습니다. 특히 자비곡 제도는 제대로 운영하기가 어렵습니다. 관아에서 직접 농사라도 짓는 게 아닌 이상, 어디서 그 많은 곡식을 구하겠습니까? 곡식의 시세 차익을 이용하는 방법은 장부에 문제가 생겨 상급 기관에서 바로 감사가 들어옵니다. 게다가 권분 또한 법령에서 엄히 금하고 있죠.

오직 지방관의 녹봉을 터는 일만이 뒤탈 없이 깔끔한 해법입니다. 관리들의 녹봉이란 원래 이 땅에서 나온 것이니, 이 땅에서 나온 것으로 이 땅의 백성을 구휼하는 것이 가장 적절하죠. 그렇지만 이것도 문제는 있습니다. 남이 보기에는 꼭 명예를 구걸하는 모양새고, 녹봉으로는 모두를 구하기에 턱없이 부족합니다. 그래서 요즘 지방관들은 이러지도, 저러지도 못하는 형편입니다.

— 『연암집(燕巖集)』 「연상각선본(煙湘閣選本)」

노년에 지방관으로 부임한 박지원은 상사에게 자비곡을 마련하자니 온갖 규정에 걸리고, 녹봉을 털자니 턱없이 부족해서 이러지도 저러지도 못한다고 토로합니다. 중앙에서는 어떻게든 백성을 구하라고 강조하면서도, 그 방법은 알아서 하되 이것과 저것, 요것, 그 외 기타 등등은 하면 안 된다는 금지 조항을 달아 지방관이 움직일 수 있는 폭을 매우 좁혀놓았죠. 물론 문제가 발생했기에 금지 조항을 마련했겠지만, 이렇다 할 대책 없이 무턱대고 막아놓기만 한 것은 아닌가 하는 생각이 듭니다.

다른 시대의 명망 높은 학자도 뾰족한 수를 내지 못했습니다. 조선 중기의 지식인 윤증(尹拯, 1629~1714)은 해법을 달라는 편지를 받아도, 무력한 답만 내놓을 뿐이었습니다.

육촌 동생에게.

지금의 흉년은 한 고을에서만 벌어지는 것이 아니야. 그렇지만 네가 한 지역을 구제할 책임을 맡았으니 해법을 알려줘야 하는데, 마땅한 계책이 없네. 공무원들이 쌀값을 이용해 장사하는 것도 금지됐고, 굶주린 백성들을 닦달하여 곡식을 받아내는 것은 더욱 안 될 일이니, 아무리 고민해봐도 나도 영 뾰족한 수가 떠오르지 않는구나. 다만 내가 할 수 있는 말은, 오늘부터 너도 굶주린 백성들과 똑같이 생활하라는 권유뿐이야. 모든 불필요한 지출을 없애고, 먹고 자는 것을 굶주린 백성들처럼 하렴. 참 무모한 방법이지만, 백성들이 굶어 죽더라도 네가 원망을 듣는 것은 피할 수 있을 거야.

— 1697년 8월 30일 『명재유고(明齋遺稿)』

윤증은 지방관으로 부임한 육촌 동생 윤유(尹游)로부터 '흉년이 들었는데 어떻게 대처해야 할지 모르겠다'는 하소연을 듣습니다. 윤증은 나름대로 해법을 제시하려고 노력합니다만, 명쾌한 해답이 없죠. 그래서 기껏 꺼낸 말이 '너도 같이 굶주리는 코스프레를 해라.'였습니다. 그러면 그나마 원망은 듣지 않는다는 것이지요. 이처럼 이 시대 지방관들은 각종 규정을 준수하면서도 성과를 내야 하는 답답한 처지에 놓여 있었습니다.

물론 중앙에서 아예 대책을 마련하지 않은 것은 아닙니다. 환곡의 이자를 국가 재정에 충당하는, 이른바 '취모보용(取耗補用)'이라는 해법이 등장합니다. 특히 17세기 중반부터 조정은 환곡 이자를 중앙 재정에 적극적으로 당겨옵니다. 이내 지방 재정 또한 환곡의 이자가 '캐리하는' 현상이 벌어지죠.

그러자 복지 정책에도 중대한 변화가 발생합니다. 기존에는 평시의 유상 분배 제도인 환곡과 위기 시에만 진행되던 무상 분배 제도인 진휼 간의 경계가 있었습니다. 그런데 18~19세기에 이르면서 취모보용을 통해 환곡의 이자를 진휼미로 잡아놓게 되자, 환곡과 진휼의 경계가 흐릿해지기 시작합니다. 지방에서도 중앙에서도 환곡을 세수 확보 수단으로 이용하는 현상이 심화했고, 그에 비례하여 환곡의 실질 이자도 하늘 높은 줄 모르고 치솟습니다.[62] 백성을 구하기 위해 진휼미를 채우는데, 진휼미를 채우기 위해 백성을 쥐어짜는 기이한 현상이 벌어진 것이죠. 기막힌 악순환의 연쇄랄까요.

물론 그렇다고 중앙이 아예 책임지지 않았다고 볼 수는 없습니다.

조정에서는 연일 머리를 굴려 방책을 짜냈고, 이곳저곳의 예산을 굴려 현장으로 보냈으니까요. 상당수의 진휼 정책에 정부와 각 부처에서 마련한 진휼곡이 투입되었습니다. 그러나 실제 현장의 수요에는 턱없이 부족한 경우가 많았고, 이러한 상황이 자비곡과 권분으로 요약되는 이중 잣대를 초래하였습니다. 조선 조정이 꿈꿨던 이상 사회, 즉 '천재지변이 닥쳐오더라도 단 한 명도 굶어 죽지 않는 사회'를 이루기에 조선의 재정 상태는 근본적으로 너무나 취약했습니다.

복지 담당자는 예나 지금이나 월화수목금금금

사회복지 공무원이 격무에 시달리는 것은 어제오늘 일이 아닙니다. 특히 2020년과 2021년은 이들에게 더욱 힘든 해였죠. 코로나19 사태로 인해 이전에는 없었던 각종 복지 대책이 집행되었으니까요. 우리의 복지 체계는 모든 업무가 사회복지 공무원에게로 몰린다는 구조적 취약점을 안고 있는데요, 조선 시대에는 모든 복지 업무가 지방관에게로 수렴하였습니다.

그 막중한 업무 부담을 떠맡은 지방관이 어떻게 정책을 집행했는지 살펴볼 수 있는 사료가 있습니다. 1833년(순조 33년)에 간행된 『정산현필진성책(定山縣畢賑成冊)』, 즉 충청도 정산현(定山縣)에서 집행된 구휼 사업의 결과 보고서인데요, 이 사료를 통해 지방관이 시행했던 구휼 사업을 상세히 살펴보고자 합니다.[63]

1832년 여름, 충청도에 홍수가 몰려옵니다. 수마(水魔)는 모든 농산물을 삼켰고, 곧 심각한 기근이 닥쳐올 것을 어린아이라도 알 수 있었죠. 중앙정부는 즉각 재난 극복 컨트롤타워를 가동합니다. 충청 지역의 조세와 부역을 줄이고, 영남과 호남의 곡식을 이전하기로 하죠. 또한 공명첩을 발행하고 왕실의 곳간을 열어 진휼미를 구입합니다.

충청도 전 지역을 총괄하는 충청 감사는 진휼 업무를 총지휘합니다. 도내 각 지역의 기근 사정을 조사한 후, 중앙으로부터 받은 곡식을 지역별로 분배합니다. 중앙정부가 영남과 호남에서 곡식을 모아 충청도로 보내주기로 했지만, 곡식이 올라오기까지는 시간이 걸렸기에 자비곡 등을 확보합니다. 충청 지역 백성 15명이 곡식 3,878석과 돈 22,400냥을 나라에 기부하죠. 이들 중 일부는 이전에도 곡식을 내놓아 명예직 벼슬을 받았는데요, 다시금 나라의 부름에 응했습니다.

이렇게 확보한 곡식 중 일부가 지금의 충청남도 청양군 정산면, 당시의 정산현으로 할당됩니다. 이제 구휼 책임은 일선의 지방관, 정산 현감에게로 넘어옵니다.

정산현은 민가 31호가 무너지거나 물에 떠내려갔고, 홍수로 인해 농사 피해가 극심했습니다. 현감은 진휼곡을 마련하기 위해 공명첩 구매 희망자를 조사했지만, 놀라울 만큼 아무도 관심이 없었죠. 이미 공명첩이 아무런 유익도 주지 못하게 되었기 때문입니다. 그래서 공명첩 대신 권분을 통해 충청 지역의 유지에게서 이천 냥을 확보합니다. 이 이천 냥이 순수한 기부였는지, 아니면 모종의 거래가 있었는지는 알 수 없습니다.

11월, 예산이 확보되자 정산 현감은 구휼 대상자 선정에 주력합니다. 충청 감사는 각 지방에 대상자 선정 근거를 내려보냅니다. 이에 따라 토지 소유자, 농토를 임대해준 자, 젊고 건강하여 나무 팔이나 품팔이가 가능한 자, 친척에 도움을 구할 수 있는 자, 상전에게 기댈 수 있는 노비 등은 제외되죠. 이들에게는 무상 지급하는 진휼곡 대신 유상 지급하는 환곡을 이용하도록 했습니다.

또 연령에 따라 곡식 지급량을 달리하기 위해, 16세~50세는 장년층, 51세 이상은 노년층, 11세~15세는 청소년, 10세 미만은 아동으로 구분하였습니다. 여기에 굶주리는 정도에 따라 대상자를 3등급으로 나누죠.

12월, 정산 현감은 대상자를 전수조사하여 상급 기관에 보고합니다. 가장 심각한 1등 기민 835명, 2등 기민 325명, 3등 기민 135명 등 총 1,295명의 대상자를 선정하죠. 남녀가 비슷한 비율로 선정됐고, 장년층이 70%를 점유했습니다. 아동의 비율은 1%였고, 나머지는 노약자와 청소년으로 구성됩니다. 당시 정산현의 인구가 8천여 명이었던 것을 고려하면, 인구의 약 15%가량이 굶주림에 시달리고 있었던 것이죠. 또한 대상자로 선정된 사람들이 진휼곡을 혼자 먹는 것이 아니라 가족들과 함께 나눈다는 것을 고려하면, 당시 인구의 20~30% 정도가 기민이었다고 봐도 과언이 아닙니다.

대상자 선정이 완료되자, 1등 기민부터 곡식을 긴급 지원합니다. 매뉴얼에 따라, 증명서를 통해 대상자의 신분을 확인하고 신분과 남녀에 따라 대기열을 구성한 뒤 미리 준비해둔 곡식을 빠르게 지급하죠. 정산 현감은 굶주림이 가장 심한 사람들에게 직접 마련한 자비곡을 지급했습니다. 1등 기민 835명은 이 곡식으로 10일을 버틸 수 있게 됩니다. 물론 이들에게 지급한 곡식은 간신히 굶주림만 면할 정도였습니다. 말 그대로 '긴급 자금'이었죠.

진휼은 한 달에 세 번씩, 12월 말부터 다음 해 4월 말까지 총 13차례 진행됩니다. 지급된 곡식의 총량을 살펴보면, 현감이 알아서 마련한 자비곡 100석, 권분을 통해 얻은 2,000냥으로 산 곡식 500석, 중앙에서 지원받은 399석, 상급 기관에서 이관받은 305석, 왕실의 예산을 털어 나온 38석, 총 1,342석이었습니다. 곡식을 받은 누적 인원은 17,585명이었고요.

4월 말, 진휼 사업이 종료되자 정산 현감은 결과 보고서를 만듭니다. 대상자 선정 과정, 지급 기준 마련, 예산 확보 방법, 지급 대상자의 수, 지급 절차와 일정, 지급량, 지급된 곡식의 종류 등 그동안의 모든 진휼 사업 과정을 결산한 문서는 상급 기관의 검토를 거쳐 중앙정부에 최종 보고됩니다. 이 과정에서 한 차례 반려되기도 했지만, 무사히 결재를 받았죠. 중앙정부에서는 이렇게 올라온 보고서와 별도로 파견한 어사 등이 올린 보고서를 교차 검토하여 잘잘못을 가리고 포상 절차를 진행했습니다.

1832년~1833년에 집행된 정산현의 진휼 사업은 행정 시스템이 체계화되지 못한 전근대임에도, 조선이 진휼 사업에 얼마나 공을 들였는지 잘 보여줍니다. 지침은 꼼꼼하게 현장을 반영했고, 사업은 정책 의도인 '굶어 죽는 사람이 없는 나라'를 충실히 반영했으며, 결산은 다양한 자료를 바탕으로 정합성 있게 진행됐죠.

　이렇게만 해도 상당히 꼼꼼하게 서류 업무를 처리한 것으로 보이죠? 그런데 공무원들은 여기에 그치지 않고, 개인 일기에도 진휼 및 환곡과 관련한 업무 기록을 남겨두었습니다. 조선 후기의 학자 김매순(金邁淳, 1776~1840)의『전여일록(篆餘日錄)』을 볼까요?

　　1월 9일. 맑음. 1차 진휼곡을 지급했다. 대상자는 297명이었다.

　　1월 19일. 맑음. 2차 진휼곡을 지급했다. 대상자는 452명이었다.

　　1월 25일. 맑음. 환곡을 나눠주었다.

　　1월 29일. 맑음. 3차 진휼곡을 지급했다. 대상자는 508명이었다.

　　2월 4일. 밤에 눈이 내림. 환곡을 나눠주었다.

　　2월 5일. 눈이 내림. 4차 진휼곡을 지급했다. 대상자는 486명이었다.

　　2월 15일. 맑음. 5차 진휼곡을 지급했다. 대상자는 486명이었다.

　　2월 25일. 맑음. 6차 진휼곡을 지급했다. 대상자는 457명이었다.

　　3월 8일. 맑음. 7차 진휼곡을 지급했다. 대상자는 457명이었다.

　　3월 18일. 맑음. 8차 진휼곡을 지급했다. 대상자는 457명이었다.

　　3월 20일. 맑음. 특별 진휼곡을 지급했다. 대상자는 457명이었다.

　　3월 28일. 맑음. 9차 진휼곡을 지급했다. 대상자는 380명이었다.

　　3월 29일. 환곡을 나눠주었다.

　　4월 6일. 맑음. 10차 진휼곡을 지급했다. 대상자는 380명이었다.

　　4월 16일. 맑음. 11차 진휼곡을 지급했다. 대상자는 380명이었다.

　　4월 26일. 맑음. 12차 진휼곡을 지급했다. 대상자는 380명이었다.

진휼 사업을 마무리한 후, 보고서와 장부를 작성하여
상급 기관에 보냈다.[64]

1826년(순조 26년) 김매순이 지금의 강서구 일대인 양천 현령으로
재임하면서 시행한 진휼 및 환곡 업무 기록입니다. 정산현의 진휼 사업
과 비슷한 시기인데요, 김매순 또한 한 달에 세 번 진휼을 시행했고, 중
간에 환곡 업무도 병행했다는 기록을 남겼습니다. 즉 19세기 초반에 이
르면, 진휼 및 환곡 매뉴얼이 정해져서 전국 어디에서나 비슷한 프로세
스를 거쳤다는 것을 알 수 있죠. 당시 지방관들은 현장에 나가서 감독
하랴, 돌아오면 보고서 쓰랴 정신없는 하루를 보냈을 것입니다.

진휼은 비상시국에 진행되는 임시 업무였지만, 환곡은 1년 내내 처
리해야 하는 업무이므로 더욱 골 아팠을 것입니다. 더구나 환곡은 진휼
미뿐 아니라, 평상시 지방 재정을 충당하는 중요 수단이었으므로, 가장
중요한 업무였죠.

18~19세기 조선 전체 재정의 30% 이상이 환곡 수입에서 들어왔
습니다.[65] 중앙에서도 환곡을 엄격하게 관리하는 데 신경을 곤두세웠
죠. 환곡에 관련된 법 조항도 상당히 많아집니다. 그중 지방관과 관련
된 법 조항을 단순화하면 이렇습니다.

• 여러 고을에서 저장한 각종 곡식은 절반은 창고에 저장하고, 나
  머지 절반은 봄에 백성들에게 빌려주고 가을에 거두어들이며
  10%의 이자를 받는다. 제대로 상환받지 못하면 징계한다. 장부

를 허위로 기록한 경우 엄중히 조사한다.

- 환곡을 다른 곡식으로 대신 상환하는 것은 흉년에 한해서만 용인되며, 상급 기관의 결재를 얻어야 한다. 풍년이 들면 원래 곡식으로 바꿔놓아야 한다.

- 수령 교체 후에는 상급 기관의 감사 아래 재고를 조사한 후, 왕에게 보고한다. 재고 조사에 불성실하게 임한 공무원은 3년의 유배에 처한다.

- 곡식 보관을 철저히 하지 않아 손실이 발생한 경우, 손실량에 따라 관직 박탈, 장형, 유배형, 징계 등의 처벌을 내린다. (1786년 개정 증보.)

— 『대전통편』「창고(倉庫)」

실제로는 이보다 훨씬 복잡합니다. 창고의 유형과 성격, 곡물의 종류와 양, 상환 기한, 처벌 조항 등 많은 부가 조항과 단서 조항이 법전을 가득 메우고 있죠. 지방관이 되고자 하는 자들은 이 많은 법 조항을 모두 머릿속에 확실히 입력해두어야 했을 것입니다.

그래서일까요? 조선의 공무원들이 환곡과 진휼 업무의 고충을 하소연한 사료가 적지 않습니다. 대표적인 기피 업무 중 하나는 '곡식 운반'이었습니다.

창고의 곡식이 모자라다는 얘기를 듣고 조정에서는 호남 바닷가 고을의 곡식을 옮기자는 논의가 있었다. 이러한 방법은 호남 백성들에게 큰 부담을 주게 되므로 신중히 고민해야겠지만, 필요하다면 해야만 한다. 기일을 정하고 독촉하여, 남아 있는 곡식들을 운반하도록 지시했다. 연달아 배가 닿도록 계획하였으니, 내년 봄부터는 진휼을 베풀 수 있을 것이다.

— 1784년 11월 29일 『정조실록』

제주도에 기근이 들었다는 소식을 듣고 정조는 제주도민을 위로하는 메시지를 내놓습니다. '쌀의 나라' 조선에서 쌀 운반은 아주 빈번한 업무였을 것 같은데, 왜 정조는 '호남 백성들에게 부담을 주는 일'이라고 언급했을까요? 마치 생색을 내는 것처럼요.

첫 번째 이유는 해당 지역의 곡물 고갈을 우려했기 때문입니다. 여유가 있다고 다른 지역으로 곡식을 보내다 보면, 막상 자기 지역에 기근이 닥쳐왔을 때 진휼이 늦어질 수밖에 없죠. 그게 아니더라도, 다음 해에 빈 창고를 채우기 위해 백성들에게 곡식을 많이 거두어야 할 것입니다. 그래서 다른 지역으로 곡식을 보내는 일이 빈번하면 해당 지역의 민심이 흉흉해졌습니다.

두 번째 이유는 백성들의 고충 때문이었습니다. 곡식 운반 업무에는 군사들도 투입되었지만, 창고 인근에 사는 백성들이 부역으로 징발되었죠. 특히 농번기에 징발되면, 백성들은 농사를 망칠 위험까지 감수해야 했습니다. 그리고 백성들의 불만을 마주하는 이는 복지 정책을 결정하는 조정의 높으신 분들이 아니라 현장의 지방관이었죠.

상황이 이러니, 곡식 운반을 두고 지방관들끼리 입장이 갈리는 일도 있었습니다. 곡식 운반은 주로 도(道) 단위에서 이뤄졌기에 지금의 도지사 격인 관찰사(觀察使)의 업무였죠. 1809년(순조 9년), 경상도 관찰사 정만석(鄭晚錫)은 상소 하나를 올립니다.[66]

'저희 경상도 역시 기근으로 시달리고 있고, 백성들의 고충이 심하여 곡식 운반 업무가 불가능한 상황입니다. 따라서 곡식 5만 석을 모두 전라도로 보내는 일은 당장 시행하기 어렵습니다. 곡식을 보내는 함경도에서 3만 석은 전라도로, 4만 석은 경상도로 따로 보내주면, 경상도에서 2만 석을 전라도로 보내겠습니다.'

— 1809년 12월 25일 『비변사등록』

앞서 보신 것처럼, 재난이 발생하면 진휼곡을 확보하는 것이 지방관의 최우선 업무가 되었습니다. 재난과 기근이 관찰되는 즉시 중앙으로 보고가 올라갔고, 중앙은 재난 대응 컨트롤타워를 설립해 진휼 계획을 실행해나갔죠. 이때 자주 활용되는 방법이 기근의 영향이 적은 도에서 기근이 심한 도로 곡식을 보내는 것이었습니다.

조금 더 빠르게 대응하기 위해 조정은 교제창(交濟倉)을 만듭니다. 동해안 연안 루트를 활용할 수 있는 함경도–강원도–경상도 간에 곡식 운반 협정을 맺도록 한 것이죠. 그런데 1809년(순조 9년)의 기근은 남부 지방에 뼈 아픈 타격을 남깁니다. 특히 전라도의 피해가 가장 컸지요. 조정에서는 함경도에 비축한 곡식 7만 석을 꺼내, 경상도에 2만 석, 전라도에 5만 석을 보내기로 합니다. 경상도 관찰사 정만석은 이 안에 대

조정vs경상도vs함경도의 눈치게임, 곡식폭탄 돌리기

원래 지침

1. 함경도에서 경상도로 7만 석을 보내면,
2. 경상도에서 5만 석을 전라도로 보낸다.

경상도 관찰사의 주장
: 5만 석은 너무 많습니다!

최종 결론
: 전라도는 한시가 급하다!

경상도에서 먼저 전라도로
5만 석을 보내면
나중에 함경도에서
경상도로 7만 석을 보내겠다!

하여 '기근에 시달리는 경상도 백성들을 두 번 죽이는 일'이라고 반대하며, 위의 상소를 올립니다. 왜냐하면 교제창의 지침 때문에 함경도에서 전라도로 바로 보내는 것이 아니라, 경상도를 거쳐서 보내야만 했기 때문이죠. 대신 '함경도에서 전라도와 경상도로 각각 3만 석, 4만 석을 보내면, 경상도에서 따로 2만 석을 전라도로 보내겠다'는 대안을 제시합니다.

그러나 이 안은 '관찰사가 사리 분별을 제대로 못한다'는 핀잔만 먹으면서 반려됩니다. 주된 이유는 '전라도의 상황이 시급해 하루를 다툰다'는 것이었죠. 이상하지 않으신가요? 함경도에서 전라도로 바로 보내는 게 빠를 것 같은데, 중앙에서는 진휼이 시급하다고 하면서 굳이 함경도에서 경상도로 전달하여 전라도로 보내게 하는 방법을 고집하고 있죠.

겉으로 보면 지침에만 따르는 지극히 행정 편의적인 조치로 보이지만, 실상은 달랐습니다. 전라도의 상황이 심각하니 일단 경상도에서 5만 석을 먼저 전라도로 보내고, 나중에 함경도에서 7만 석을 받아 창고를 채우면서, 2만 석을 진휼에 충당하라는 조치였죠. 이 정책의 목표는 어떤 안으로 진행하든, 함경도에서 7만 석을 빼서 전라도에는 5만 석, 경상도에는 2만 석을 보내는 것이었습니다. 즉 조정의 안은 원래의 지침을 지키면서도, 실효성 있는 임기응변이었죠. 결국 중앙에서 마련한 원안이 유지됩니다.

그런데 또 다른 문제가 있었습니다. '누가 옮기는가'였죠. 함경도 관찰사 조윤대(曹允大)가 먼저 안을 제시합니다.

'저희 함경도에서 경상도로 보낼 7만 석은 준비가 됐습니다만, 저희 도의 배들은 모두 작아서 항상 경상도에서 곡식을 싣고 갔습니다. 이번에도 경상도에서 실어 가도록 조치하는 것이 어떨까요?'

— 1809년 12월 16일 『비변사등록』

함경도에서는 경상도에서 배를 끌고 와 곡식을 직접 싣고 가게 하자는 안을 냅니다. 어업이 발달하고 수군(水軍)이 있는 경상도에 비하면, 함경도의 배들이 작은 것은 사실이었죠. 그런데 이렇게 되면, 경상도는 전라도로 곡식을 보내는 업무와 함경도에서 곡식을 실어 오는 업무를 모두 맡게 되는 셈입니다. 경상도 관찰사는 다시 중앙에 요청합니다.

'함경도의 곡식을 옮겨오는 업무는 어려움이 많습니다. 지금 확보한 운송선은 12척뿐인데, 7만 석을 모두 옮겨오려면 수백 척은 필요합니다. 결국 민간 어선을 징발할 수밖에 없는데, 한창 어업(漁業)이 제철인 요즘에 민간의 배 수백 척을 징발할 수는 없는 일입니다. 게다가 각 지역에서도 '이럴 거면 차라리 곡식을 받지 말자'는 의견이 커지고 있습니다. 곡식 운반을 연기하는 것이 좋을 듯싶습니다.'

— 1810년 2월 29일 『비변사등록』

경상도에서는 '그럴 바에는 줘도 안 받겠다'는 백성들의 원성이 일어납니다. 함경도에서도 7만 석의 곡식을 준비하느라 민폐가 적지 않았다는 보고가 올라오죠. 순조는 이 보고를 듣고 "남쪽 백성도 북쪽 백성도 내겐 다 똑같은 백성들이다. 어느 백성도 피해를 입지 않게 하는 방안을 강구하라."라는 지시를 내리지만, 조정은 뾰족한 수를 내지 못했습니다.

순조의 말은 다소 이중적입니다. 세부 안은 신하들이 마련했어도, 최종적으로 도장을 찍은 사람은 순조 자신이었으니까요. 그런데도 순조는 '백성에게 피해가 가지 않도록 하라'는 원론적인 메시지만 내놓을 뿐이었습니다. 결국 백성들로부터 욕을 먹는 사람은 왕이 아니라 지방관이었죠. '알 만한 사람들'인 지방의 지식인들도 백성들의 고충을 지켜보면서도 결코 왕을 욕하지 않았습니다. 이런 시(詩)도 있습니다. 18세기 영남 지방의 지식인 김낙행(金樂行)의 시 중 일부입니다.

아침밥(朝食)

북쪽의 함경도는 매년 장마 피해를 입었고(北關年年被水潦)

작년의 기근은 전에 없을 만큼 심했다(去歲凶荒無古初)

궁궐 안 임금님은 백성들을 가련히 여겨 끼니를 줄이고(九重惻然減玉食)

조정의 신하들은 대책을 마련하기 위해 연일 토의한다(廟廊諸公不遑居)

재난에서 구해내기 위해선 곡식을 옮기는 방법뿐이니(救焚拯溺在移粟)

드디어 네 개 지역에 곡식을 옮기라는 명령을 내렸다(遂命四道分倉儲)

경상도 72개 지역 백성들은(嶺南七十二邑民)

번갈아가며 곡식을 옮기느라 정신이 하나도 없어 보인다(轉輸相遞亂離如)

임금님의 어진 정치는 사람의 마음을 감동시키니(聖主仁政感人心)

곡식 옮기느라 농사 못 짓는다고 누가 감히 말할 것인가(敢言此土廢犂鉏)

— 『구사당집(九思堂集)』

경상도의 백성들이 곡식을 옮기느라 '쎼 빠지는' 광경을 지켜보면서도 '임금님의 어진 정치'를 찬양하죠. 임금님은 '절대 선(善)'이므로 백성들이 고충을 겪는 것은 임금과 백성 사이의 지방관이 제 역할을 하지 못하기 때문이라는 논리가 숨어 있습니다. 당시 경상도 관찰사는 곡식 옮기는 백성들로부터 욕을 엄청 얻어먹었을 것입니다. 그러나 앞서 본 관찰사들의 상소에는, 그들 또한 민심을 최대한 고려하며 지역 백성들의 고충을 덜기 위해 최선을 다했음이 드러나 있죠.

반대의 경우, 그러니까 지방관이 묘안을 잘 짜내어 고을 백성들을 편안하게 하면 그 칭찬은 지방관과 왕이 더불어 받습니다. 하지만 일이 뭔가 잘못되면 욕먹는 사람은 오직 지방관뿐이었죠. 아무리 열심히 일해도 마치 밑 빠진 독에 물을 붓는 듯한 기분이었을 겁니다. 게다가 그들은 복지 정책뿐 아니라, 나라에서 정하는 거의 모든 정책의 집행자였죠. 눈코 뜰 새 없이 격무에 시달리는 지방관의 삶, 박지원은 이렇게 토로합니다.

순찰사님께.

제가 이 고을에 부임한 지 9일 만에, 앉은 자리가 따뜻해지지도 않았는데 온갖 문제가 터져 나왔습니다. 징계 심사 때문에 서울까지 다녀오느라 온갖 병을 얻었죠. 그 일을 마무리하자마자 왕실의 관을 만들기 위한 나무를 구하는 일에 시달렸습니다. 간신히 일을 마치고 담당자를 서울로 보냈는데, 세금을 거두라는 독촉이 내려왔습니다. 환곡을 다 걷고 나니, 이번엔 다른 문제가 터져 날마다 골머리를 썩고 있습니다.

— 『연암집』「공작관문고(孔雀館文稿)」

귀에 걸면 귀걸이, 코에 걸면 코걸이

더욱 지방관을 힘들게 한 문제는 촘촘한 처벌 규정이었습니다. 복지 정책의 성패는 지방관의 역량에 달려 있다고 하면서, 지방관이 자율적으로 역량을 펼치는 것을 금하는 규제가 적지 않았죠. 특히 진휼곡과 환곡은 조금만 잘못 운영해도 징계와 감봉은 물론이요, 심하면 파직과 유배까지도 각오해야 했습니다. 한 가지 사례를 보시죠.

경상도 어사 김종정(金鍾正)이 진주와 고성의 곡식을 임의로 꺼내 굶주린 백성들을 구제한 조치에 대해 영의정 홍봉한(洪鳳漢)이 말했다. "김종정의 조치는 매우 타당했습니다만, 절차에 따라 일단은 그를 파직하셔야 할 것 같습니다."

임금은 그의 이야기를 듣고 한참 동안 탄식하고 한숨을 내쉬다가 "어사는 정말로 옳은 일을 했으나, 혹시 모를 부작용을 막기 위해 일단 파직하겠다."라고 말했다. 그러나 얼마 지나지 않아 다시 관직에 임명했다.

— 1762년 5월 8일 『영조실록(英祖實錄)』

1762년(영조 38년), 경상도로 파견된 어사 김종정이 스스로 판단하여 고을의 창고를 열고 백성을 구제하는 일이 생깁니다. 그런데 조정에서는 이 일을 두고 그에게 형식적으로라도 징계를 줘야 한다는 논의가 일어납니다. 영조는 영의정의 말을 듣고 한참 동안 탄식합니다. 결국 '혹시 모를 부작용'을 막기 위해 일단 파직했다가 바로 다시 기용하기로 하죠.

이 일은 행정 편의주의의 대표 사례로 보입니다. 복지 정책에 있어 적극적이고 선제적인 조치가 무엇보다 중요함은 누구나 다 아는 사실이죠. 지금 당장 백성들이 고통받는데, 서울에 보고하고, 조정에서 논의를 거쳐 지침을 하달받은 뒤에야 창고를 개방한다면 그사이에 백성들이 굶어 죽을지도 모를 일이었습니다. 그런 면에서 김종정의 조치는 매우 타당했으며, 징계가 아니라 오히려 포상을 받을 만한 일로 보입니다.

영조가 한참이나 탄식한 까닭은 그 역시 그렇게 생각했기 때문이겠죠.

그렇다면 영조가 염려한 부작용이란 무엇일까요? 환곡의 운영 체계를 함께 살펴봐야 합니다. 환곡이 조선 재정의 30% 이상을 차지하게 되면서, 중앙에서는 더욱 적극적으로 현장에 개입합니다. 환곡이 부족해지면 백성들에게 곡식을 내줄 수 없으므로 이자가 덜 걷히고, 진휼 자금을 마련할 수 없죠. 재정을 확충하는 데도 어려움이 있습니다. 그래서 이럴 때는 환곡 보유량을 늘리기 위해 현장을 독촉하죠.

반대로 풍년이 들어 환곡 보유량이 넘칠 땐, 중앙에서 지정한 의무 배포율을 준수하기 어렵습니다. 어느 정도는 빌려줘야 그해 가을에 이자를 걷고, 그 이자로 다음 연도 예산을 마련할 수 있는데, 도처에 곡식이 넘치니 굳이 빌릴 백성이 없죠. 결국 반강제로 환곡을 떠넘기는데, 그 부담을 피하고자 백성들이 도망 다니는 사태가 발생합니다. 아예 중앙의 지침을 준수하기 위해 장부를 조작하기까지 하죠.

환곡 창고 안의 곡식은 단순히 먹거리가 아니라, 재생산을 위한 종자이기도 했습니다. 예산 문제를 넘어 생산 문제와도 연결되어 있었던 환곡제도. 이는 곧 중앙 정부가 민간의 생산과 소비에 적극적으로 개입했다는 이야기도 됩니다. 조선의 산업 대부분이 농업이었다는 점을 생각해보면, 일종의 국가 계획경제 체제였던 것이죠. 어떤 면에서 복지가 곧 경제였던 사회가 조선 사회라고 할 수 있을 것 같습니다.

국가 재정을 위해 중앙에서 환곡 배포량을 지정하자, 당연히 현장에서는 책상머리 행정에 답답함을 표할 수밖에 없습니다. 19세기 초 현장 공무원 김재일(金載一, 1749~1817)의 일기 속 한 대목입니다.

1803년 3월 7일.

환곡 창고에서 종자를 꺼내 고을 사람들에게 나눠주었다. 받고자 하는 사람들이 관청 뜰에 가득한데, 나눠줄 수 있는 종자의 양은 부족했다. 그래서 상급 기관에 300석을 더 내달라고 요청했더니, '민심이 그러하니 이번만은 허락한다'는 결재가 내려왔다. 덕분에 사람들에게 꽤 나눠줄 수 있었지만, 그래도 부족하다는 한탄이 적지 않다. 그러나 장부의 곡식은 단 1석이라도 틀려선 안 되니, 방법이 없다.[67]

1803년 4월 3일.

쌀과 콩, 벼를 나눠주었다. 이번에도 요청서는 책상 위에 가득한데, 상급 기관으로부터 허가받은 곡식의 양이 적어서 모든 요청을 들어주기엔 턱도 없다. 어쩔 수 없이 상황이 가장 심각한 사람들에게만 나눠주었다. 주는 내 마음도 시원하지 않은데, 환곡을 받는 백성들이 서운하지 않을 리가 없다. 그러나 배포량과 장부가 이미 정해져 있어, 백성들을 흡족하게 할 수가 없다.[68]

— 『묵헌일기(默軒日記)』

김재일은 자여도(自如道)라는, 지금의 창원을 중심으로 한 경상도의 교통로와 주변 지역을 관리하는 현장 공무원 찰방(察訪)으로 파견됩니다. 그런데 환곡을 나눠줄 때마다 백성들의 수요에 턱없이 못 미치는 상황에 놓이죠. 나름대로 교통의 요지였고, 자체적으로 마련되는 예산도 적지 않았는데 늘 예산이 부족했습니다. 상급 기관에서 받아 오는 예산도 한계가 있었죠. 어쩔 수 없이 매뉴얼대로 집행하지만, 서운해하는 백성들의 소리가 귀에 생생히 들려와 마음이 무겁기만 합니다.

그는 한탄합니다. 분급량과 장부가 이미 정해져 있으니, 어쩔 도리가 없다면서요. 이렇듯 지역마다 환경과 상황이 다른데, 중앙은 지방관에게 스스로 상황을 판단하여 행동할 재량권을 크게 주지 않았죠. 상급 기관에 보고하여 조금 더 받아내거나, 지방관 본인이 열심히 발로 뛰어서 자비곡을 마련하는 방법 등만이 용인되었습니다.

그러나 인생이 항상 매뉴얼대로만 흘러가는 것은 아니죠. 결국 김재일 역시 현장의 판단에 따라 융통성을 발휘하게 되는 사건이 찾아옵니다.

1814년 1월 29일.

지역 사람들이 관청의 공문을 기다리지 않고 먼저 나서서 환곡을 받아 가는 것이 이미 관례가 되었다. 그래서 환곡 분배를 요청하는 탄원서를 만들고 여러 사람의 서명을 받은 뒤 관청으로 들이닥치는 사람들이 정말 많았다.

나는 "나라에서 환곡을 나눠주라는 공문이 없었는데, 백성들이 임의로 환곡을 달라고 요청하는 것은 무엄한 일이오!"라고 말했다.

그런데 담당 공무원이 "상황이 참 난감하고 규정에 어긋나는 것은 사실입니다만, 이러한 관례가 오래전부터 굳어져버렸습니다. 또한 일부러 먼 곳에서 온 백성도 있는데, 그들을 빈손으로 보내는 것도 적절하지 않은 듯합니다. 이번에는 그들이 원하는 대로 환곡을 내주

김재일의 진땀 나는
찰방(察訪) 수행기

는 게 어떨까요?"라며 나를 설득했다.

나는 "이것은 분명히 잘못된 관례다. 그러나 환곡은 백성들에게 주는 곡식이니, 그 제안을 받아들이겠다. 그런데 이 잘못된 관례를 고치려는 노력이 있기는 했던가?"라고 말했다. 나아가 요청량의 절반만 나눠주라고 담당 공무원에게 지시했다.[69]

— 『묵헌일기』

복지 대책은 항상 뒷북인 경우가 많죠. 이 지역의 백성들에겐 환곡 분배도 항상 뒷북처럼 느껴졌던 것 같습니다. 공문이 걸리지도 않았는데, 먼저 관청에 찾아와 환곡을 달라고 요청하는 것을 보면요. 김재일은 이러한 지역 관례에 매우 당황하지만, 일단은 담당 공무원의 제안을 수용하죠.

제도의 취지를 생각하면, 백성들이 필요로 할 때 더 많이 내주고, 백성들이 갚기 힘들어할 때 느슨하게 받아내는 것이 적절한 환곡 운영이라 할 수 있습니다. 그러나 언제부턴가 그 반대로 운영됩니다. 환곡이 국가 재정을 충당하는 주 수입원이 된 시점부터 그랬죠. 모든 부처의 운영비에서부터 지방 공무원의 월급까지 환곡으로 충당하니, 견고한 수익 모델로 제도의 성격이 바뀌게 됩니다. 백성의 요구와는 반대로, '밥그릇'이 되고 만 것이죠.

그럼에도 김재일의 사례처럼, 지방관들은 당장 눈앞에서 마주하는 백성들의 요구를 쉽사리 거절하지 못했습니다. 인정(人情)에 이끌린 것도 있었겠지만, 백성의 거센 요구를 거부했다가는 인사 평가에서 불이익을 받을 우려가 컸죠. 그러나 이러한 사례는 꼭 감사에 걸려 징계에 회부되었습니다.

> 평안도 암행어사 심염조(沈念祖)가 보고서를 올렸다.
> '초산 지역은 빌려준 쌀을 소금으로 대신 갚는 관례가 있는데, 흉년을 당할 때마다 소금이 쌓여 무려 4,896석이나 됩니다. 비록 백성들의 요청에 따른 부득이한 조치였다지만, 올바르지 못한 일입니다. 다른 지역에서도 이러한 사례가 심했습니다. 공문을 보내서 당장 바로잡아야 마땅합니다. 이밖에도 많은 수령이 환곡을 방만하게 운영하고 있었고, 규정보다 더 내준 곡식이 10만 석이었습니다.'
> 보고서를 읽은 임금님은 심염조를 관직 명부에서 삭제하고, 전 평안 감사 서명응(徐命膺)을 해직하며, 분수에 넘치게 행동한 수령들을 모조리 잡아들여 수사하도록 지시하면서 말했다.
> "내가 즉위한 후에 처음으로 어사를 내보내면서, 환곡 업무가 무엇보다 중요하다고 여러 번이나 강조했다. 그런데 지금 어사의 보고서를 읽어보니, 환곡을 10만 석이나 멋대로 나눠주었는데도, 이를 허락한 관찰사에 대해서는 한마디 말도 없고, 수령에 대해서도 수사를 요청하기는커녕 공문만 내려보내자고 하고 있다. 용납할 수가 없다."
> — 1777년 10월 4일 『정조실록』

정조는 즉위 후 처음 암행어사를 발령하면서, 무엇보다 환곡을 제대로 살펴보라고 지시합니다. 암행을 마치고 돌아온 어사는 북방 고을에서 백성들의 편의를 봐준 사례들을 언급하면서, 총 10만 석에 달하는 곡식이 추가로 분배되었다고 보고합니다. 환수 또한 제대로 되지 않았죠. 그런데도 어사는 그저 '공문을 보내어 바로잡자'는 말로 일관합니다. 보통 잘못이 적발되면 관계자를 탄핵하여 수사하고 처벌하자고 요청하는 사람이 어사인데도요. 어사는 이해했던 것 같습니다. 수령과 관찰사가 그렇게 할 수밖에 없었던 정황을요.

그러나 보고서를 읽은 정조는 '극대노'합니다. 아마 보고서를 던져버렸을지도 모릅니다. 환곡이 10만 석이나 더 나갔는데, 왜 관련자들을 고발하지 않느냐는 거죠. 열 받은 정조는 관련자들을 모조리 서울로 잡아오라고 명하죠. 이 사건은 '최종 승인자를 엄히 벌한다'는 논리에 의해, 관찰사 한 명에게만 유배형을 내리는 것으로 마무리됩니다. 그렇다 하더라도 이 지역 수령들은 인사 평가에서 좋은 점수를 받기 어려웠을 겁니다. 이미 수사 전력이 생겼으니까요. 추운 기후로 가뜩이나 농사짓기 힘든 상황에 흉년까지 연달아 만난 북방 백성들의 편의를 봐줬을 뿐인데, '방만하게 경영했다'는 호된 질타를 당한 지방관들에게 동정심이 드는 사람은 저뿐일까요?

이러지도 저러지도 못하는 지방관들의 현실에, 숙종 시대의 명신(名臣)이라는 칭찬을 받았던 남구만(南九萬, 1629~1711)조차도 이렇게 토로합니다.

삼촌께.

중앙에서 나온 이야기는 불쾌하기 짝이 없습니다. 제가 이곳으로 부

임할 때, 한 고위 공무원께서 이곳에 사는 그분의 친족을 위해 제게 이런 청탁을 하셨습니다. "환곡을 징수할 땐 꼭 독촉을 천천히 하고, 나눠줄 땐 반드시 넉넉하게 주시오." 저는 웃으면서 "상황을 보아 조치하겠습니다."라고만 말했습니다.

지금 굶주린 백성들의 상황이 심각합니다. 기근이 들면 중앙에서는 최대한 환곡을 많이 퍼줘서 굶주림에 시달리는 백성들을 구하라고 독촉하지만, 막상 환수할 때는 '상환 능력도 제대로 고려하지 않고 한꺼번에 막 퍼줬다'면서 벌을 줍니다. '해도 욕먹고, 안 해도 욕먹는다'는 말이 꼭 이런 상황을 가리키죠. 제가 사사로이 곡식을 빼돌린 게 아님은 누구나 다 알 것입니다. 가난한 백성들의 환곡을 탕감해주지 않는다면, 몇 해 동안 이자가 눈덩이처럼 불어날 것이니, 어떻게 한단 말입니까.

— 『약천집(藥泉集)』 「서(書)」

가장 어려운 백성들에게 곡식을 우선해서 주라는 이야기는 곧 '상환 능력을 후 순위로 고려하라'는 말과 같습니다. 지방관은 중앙에서 내려온 지침대로 했을 뿐인데, 막상 상환 시기가 되면 중앙정부로부터 '왜 상환 능력을 제대로 고려하지 않고 퍼줬냐'는 질책을 받았죠. 이에 남구만은 '이래도 욕먹고, 저래도 욕먹는 상황'이라며 토로합니다. 중앙 정계에 명성이 자자했던 남구만조차도 이러했는데, 중앙에 연줄도 없는 지방관들의 사정은 어땠을까요.

심지어 지방관은 천재지변의 책임까지도 짊어져야 했습니다. 천재지변을 당하기는 공무원이나 백성이나 똑같은데, 그로 인해 나라의 명령을 제대로 수행하지 못한 것에 대해서도 책망을 받았거든요. 앞서 곡식 운반은 기피 업무였다고 말씀드린 바 있습니다. 곡식 운반이 기피 업무가 된 또 다른 이유를 보여주는 상소가 있습니다.

북쪽 지역에 곡식을 운반하라는 어명에 대하여 저의 죄를 묻는 말씀을 들으니 그저 죄송할 따름입니다.

작년 초겨울, 곡식 운반 명령을 받고 배를 모아보았으나, 겨울이라 다들 힘들어하고 기한도 매우 촉박하여 곡식을 곧바로 옮길 수 없었습니다. 그러나 관원들을 엄하게 독촉하고, 경상도 내륙 지역에서 바닷가로 곡식을 옮겨, 해가 넘어가기 전에 간신히 보냈습니다. 1만 7천 섬을 더 보내라는 공문을 받았을 때는 이미 바닷가 지역의 곡식과 배가 모두 떨어진 뒤였지만, 제가 미리 준비해둔 덕에 어느 정도는 보낼 수 있었습니다.

다행히 3월 말까지 10분의 9 정도 분량을 보낼 수 있을 것 같고, 나머지도 곧 보낼 수 있을 것입니다. 그동안 저는 진행 과정과 애로 사항을 상급 기관에 낱낱이 보고하였습니다. 하지만 파도가 심해 늦게 도착하는 것을 저의 힘으로 어떻게 조치할 수 있겠습니까? 억울합니다.

— 1752년 3월 19일 『영영일기(嶺營日記)』

18세기의 문인이자 경상도 관찰사였던 조재호(趙載浩, 1702~1762)는 중앙으로부터 곡식을 운반하라는 명령을 받습니다. 그는 함경도의 피해가 심하다는 소식을 듣자마자 몇 달 후 곡식 운반 명령이 내려올 것이라 예측하고 차근차근 준비해나갑니다. 경상도 역시 흉년으로 피해를 입었지만, 조재호가 관원과 백성을 재촉한 덕분에 간신히 곡식을 마련할 수 있었죠.

그러나 중앙에서는 "왜 이렇게 배가 늦게 도착하는가!"라며 질책합니다. 조재호는 공손히, 하지만 또박또박하게 억울함을 호소합니다. "저는 할 만큼 했습니다. 곡식도 거의 다 보냈고요. 그런데 파도가 높아서 배가 늦는 것을 저보고 어쩌라는 말씀이십니까?" 그럴 만합니다. 조재호는 경상도 백성들의 원성을 참아가며 명령에 따랐을 것입니다. 그랬는데 위에서도 욕먹고 아래에서도 욕먹는 상황에 끼어버린 셈이 되었으니까요. 결국 "제가 그동안 여러 차례 꾸준히 말씀드린 바입니다만, 다 제 능력이 부족한 탓이니 저를 잘라주십시오."라며 사직 상소를 올립니다. 동남풍을 예견하는 제갈량이 아니고서야, 그보다 더 훌륭하게 일을 처리하긴 어려웠을 텐데 말이죠.

게다가 다음 절에서 소개하겠지만, 아전(a.k.a 유통업자)들이 중간에서 스리슬쩍 손장난을 치는 사례도 적지 않았습니다. 이제 지방관들은 백성의 요구를 들어주면서도 중앙의 징계를 피할 수단을 찾게 됩니다. 바로 장부 조작입니다. 박지원 또한 지방관으로 부임할 때마다 매번 장부 조작의 현장을 발견했습니다. 그가 안의 현감에 부임했을 때엔 장부상 보유량은 9만 석이라고 하는데, 실제 재고를 조사해보니 3만 석밖에 없었습니다.[70] 심지어 양양 부사 시절엔 환곡 서류가 모조리 거짓이고 곡물 창고는 텅텅 비어 있었지요.[71] 19세기 환곡 보유량이 천만 석에 달

해도 절반이 허류곡이었던 사태의 단면입니다.

여기까지만 해도 정직하고 청렴한 벼슬살이가 하드 퀘스트처럼 느껴지는데, 또 다른 고충이 있었습니다. 바로 혈연·지연·학연으로 얽힌 인간관계에서 빗발치는 청탁입니다. 특히 환곡은 생존 문제와 직결되므로, 환곡에 관한 청탁은 부정한 축에도 못 끼는 부탁이었습니다.

1594년 2월 26일.
오후에 태수를 만나러 관청에 들어갔다. 태수 송응서(宋應瑞)에게 인사했더니 그가 나를 맞이했다. 그에게 환곡을 받고 싶다고 부탁하고 둔전을 경작하게 해달라고 요청했더니, 그는 애매한 말투로 허락하는 듯 안 하는 듯했다.

1594년 3월 5일.
태수에게 요청한 환곡을 받아 왔는데, 고작 거친 벼 두 석이었다. 넉넉한 수량을 바랐는데 고작 두 석이라니. 아전에게 뇌물을 준 사람들은 모두 넉넉하게 얻었는데, 나는 태수에게 청했기 때문에 고작 이만큼이다. 수령의 힘이 아전보다 못하다니, 어처구니가 없다.

— 『쇄미록(瑣尾錄)』

오희문(鳴希文, 1539~1613)의 일기 『쇄미록』에는 환곡을 얻기 위해 직접 청탁을 넣은 사례가 나옵니다. 1594년(선조 27년)은 임진왜란과 이상 기후의 여파로 심각한 기근이 닥쳐 양반부터 노비까지 모든 백성이 힘겨운 해였습니다. 오희문은 나름대로 양반의 인맥을 이용해 환곡 청탁을 넣었는데 아전에게 청탁한 사람보다도 못 받았다며 성을 내고 있죠. 그러니까 환곡 청탁은 마치 패시브 스킬처럼, 환곡과 관련된 사람이라면 누구나 다 받는 것이었습니다.

선비된 자라면 누구나 청렴하고 결백하게 살기를 꿈꾸지만, 실상은 정말 어렵습니다. 인맥 네트워크가 호혜성에 기반하고 있었기 때문이죠. 누군가의 청탁을 거절하는 것은, 곧 나와 우리 가족에게 어려움이 닥쳤을 때 그 사람에게 도움을 받을 가능성 역시 사라진다는 뜻이었습니다. 양반, 특히 지방의 유력자들이 지역 공동체에서 갖는 영향력은 막강했습니다. 심지어 이들을 대상으로 한 특별 환곡이 만들어지기까지 했죠. 결국 청탁과 부탁은 지방관이 하루에도 여러 차례 마주해야 했던 '기피 업무'였습니다.

아들 행교에게.

올해 사정이 어려운 친구들이 환곡을 달라고 요청하는 것은 어디서나 있는 일이야. 요청하는 양이 많든 적든 간에 그저 웃으며 대처하렴. 환곡이 다 떨어졌으면 어쩔 수 없는 일이니, 그저 이미 떨어졌다고 말하면 되는 거야. 청탁받는 것이 싫다고 싫은 티를 팍팍 내면, 그들이 원하는 것을 내주고서도 감사는커녕 원망만 듣게 되지. 고작 이런 걸로 마음의 병이 생긴다면, 무슨 큰일을 할 수 있겠니. 마음 단단히 잡으렴. 　　　　　　　　　　　　　　　　　　 ─『명재유고』「서(書)」

윤증이 아들 윤행교(尹行敎)에게 보낸 편지를 통해, 당대 공무원들이 청탁 문제로 인해 얼마나 큰 스트레스를 받았는지 느낄 수 있습니다. 한 사람이 깨끗하고 공정한 태도를 유지하고 싶어도 무겁게 뿌리내린 관습이 방해하죠. 물론 당연히 걸리면 엄벌을 받았지만, 청탁과 횡령이 만연한 세상에선 오히려 처벌받는 사람이 억울해했을지도 모릅니다. "누구나 다 하는 일인데, 왜 나만 잡냐!" 하고요. 자신은 정쟁에 휘말렸을 뿐이라며 무죄를 주장하는 사람도 분명 있었을 것입니다.

청탁하지 않고, 청탁받지 않는 사람이 바보가 되는 현실. 어느새 환곡을 타내려면 뇌물을 바쳐야 하고, 뇌물을 받은 사람은 곡물을 횡령하여 내주는 악순환이 벌어집니다. 결국 가진 자는 더 많이, 못 가진 자는 더 적게 얻게 됩니다. 그렇게 사회보장제도로서 환곡의 취지는 무색해져갔습니다.

수령이 제멋대로 환곡을 운영하는 방법은 다양하다. 첫째, 환곡 환수를 거짓으로 보고하기. 둘째, 추가 이익을 위해 지정된 양보다 더 많이 빌려주기. 셋째, 장부 조작하기. 넷째, 시세 차익을 이용하여 비자금 조성하기. 다섯째, 정부에서 지정한 가격보다 비싸게 팔고 차액을 착복하기 등이다.

— 『경세유표(經世遺表)』 「창름지저(倉廩之儲)」

정약용은 수령과 아전의 부패 문제에 천착하며 날카로운 비판을 날렸습니다. 그의 지적이 글로 남겨진 지 약 반세기 후, 조선은 전국적인 농민 봉기, 이른바 '죽창의 시대'를 맞이하게 되죠. 우리가 교과서에서 배운 '삼정(三政)의 문란'이 그 원인이었습니다. 정약용의 지적은 타당했습니다. 무수히 많은 부패 사례가 지식인의 사적 기록과 국가의 공적 기록에 깨알같이 남아 있죠. 지방관이 한몫 챙기기 딱 좋은 자리라는 것은 공공연한 사실이었습니다.

그런데 정약용의 비판은 상세하고 정교하긴 했지만 새로운 것은 아니었습니다. 모든 문제의 책임을 지방관에게 돌리는 것은 역대 왕과 지식인 들이 내내 해오던 것이니까요. 심지어 지식인 중 일부가 바로 그 지방관을 역임했거나, 역임할 예정이었음에도 그랬습니다. 인간의 가능성을 전폭적으로 신뢰했던 만큼, 지방관의 역량에 대한 기대 또한 컸던 것 같습니다.

그들의 믿음대로 다수의 지방관이 최선을 다했습니다. 심지어 암흑기라 일컬어지는 19세기 초반에도 적지 않은 지방관이 선의를 다해 복지 정책을 집행하려 노력했지요. 자신이 책에서 배우고 왕이 말했던 것처럼, 인(仁)의 마음을 다하여 있는 힘껏 백성을 도와주고자 했죠. 고통받는 백성들의 모습을 보며 자기 일처럼 가슴 아파했고, 소명 의식을 불태웠습니다. 사비를 털었고, 온갖 대책을 짜내었으며, 추가 근무도 마다하지 않았습니다.

그러나 현실의 벽은 높았습니다. 유통과 상업이 발달하지 못한 나라 조선은 '굶어 죽는 백성이 없는 나라'를 만들기엔 만성적인 재정 부족 사태에 놓여 있었죠. 그러나 모든 복지 책임은 지방관에게 내려왔고, 현장의 재정 부족을 해소하기 위해 아이디어를 내더라도 이내 규제되었습니다. 그 규제를 파훼하기 위해 계속하여 새로운 아이디어들을 도입 했지만, 그것들은 훗날 부패의 원인이 되고 맙니다.

또한 지방관을 한번 역임하면 건강이 상할 정도로 온갖 격무에 시달렸습니다. 그중 하나가 복지 업무였죠. 정책이 집행되는 현장 대부분에 수령이 있었습니다. 너무 많은 업무가 그들에게 할당되다 보니, 오히려 이전의 좋은 정책들을 챙기지 못하는 사례도 발생합니다. 환과고독에 대한 복지 정책이 일상적으로 집행되지 못하고 왕명에 의해 한시적으로 집행되었던 것도 지방관의 과중한 업무 부담에 기인한 것으로 보입니다.

그들은 어릴 때부터 수없이 외우고 배운 대로 민심을 경청하는 것을 잊지 않았습니다. 심지어 절차적 정당성을 포기하면서까지 백성들의 요구를 들어준 사례가 적지 않습니다. 때로는 그 과감한 판단 때문에 수사 대상이 되기도 했죠. 리스크를 짊어지면서도 백성을 구하는 일에 전력한 것입니다.

그렇지만 그들의 노력이 무색하게도, 조선은 놀랄 만큼 빠른 속도로 침몰합니다. 그동안 조선과 조선의 사람들을 지탱해주던 각종 복지 정책이 나라를 망국의 구렁텅이로 끌어당기는 손아귀로 변했죠. 그렇게 왕을 대신해 백성을 고통에서 구하리라는 기대를 받으며 등판한 구원 투수 지방관은, 콜드 게임 패배를 만든 악독한 방화범으로 지목되어 마운드에서 퇴장합니다.

1832년 충청도 정산현의 진휼 사례를 보면서 한 가지 의문이 들었습니다. 지방관의 부패를 맹렬하게 비판한 『목민심서』가 탈고된 것은

1818년입니다. 정약용이 직접 보고 겪으며 고발한 내용과는 달리, 정산현의 사례는 매우 깔끔합니다. 현장의 보고서, 상급 기관의 보고서, 어사의 감찰 보고서가 모두 교차 검증되고, 부패의 흔적은 찾아보기 어렵습니다. 비슷한 시기였음에도 『목민심서』에서 고발한 지방관의 모습과 진휼에 대처하는 정산현 지방관의 모습 사이에는 커다란 간극이 있죠. 이 간극을 우리는 어떻게 이해해야 할까요? 정약용이 지나치게 일반화한 것일까요? 아니면 지방관들의 서류가 모두 조작된 것일까요?

조선은 그들이 목표로 했던 인의(仁義)의 태평성대를 이루기 위해, 구체적으로는 '굶어 죽는 사람이 없는 나라'라는 목표를 달성하기 위해서 가진 모든 수단을 다 썼습니다. 누가 봐도 더는 정책을 집행할 예산이 없었음에도, 그들은 포기하지 않았죠. 애초에 '공정한 분배'가 목표가 아니었기에, 파이를 더 불려야 한다는 생각은 하지 않았습니다. 그 결과 ①산업을 육성하여 재원을 확보하는 정책적 고민은 등한시한 채 ②오로지 복지라는 '사랑의 표현'에만 천착했습니다. 그 집념과 끈기만큼은 이 시대의 합리주의적 사고로는 도저히 이해할 수 없는, 성인(聖人)이나 군자(君子)적 면모였습니다.

『목민심서』나 『경세유표』에 나타난, 곪아가는 조선의 모습은 ①의 결과입니다. 사람들의 먹고살려는 욕망을 이해하고 그것을 모두에게 좋은 방향으로 이끌어야 할 국가는 외면하거나 막기에 급급했습니다. 결국 판에 올라탄 대부분이 국가를 수익 수단으로 삼게 되죠. 반면 지방관들의 부패가 매우 심각했던 시대에서도 자신들의 소임을 다하고자 했던 정산현의 사례는 ②의 결과입니다. 지킬 것은 지키고, 숨길 것은 숨기더라도, 어떻게든 주어진 의무를 다하여 백성을 구하려 한 것이죠. 결국 이 두 가지가 모두 조선 복지 정책의 민낯이었습니다. 어느 한쪽의 오기(誤記)나 조작이 아니라요. 복지 현장에 서 있는 사람이 누구냐에 따라 다르게 떠오른 것뿐이었죠.

우리 시대 복지 공무원은 모든 복지 정책이 수렴하는 지점입니다. 공무원이 조선 시대 지방관처럼 부패한 사례는 이제 찾아보기 힘들지만, 마음껏 역량을 펼칠 수 있는 환경이 제약되어 있다는 점은 유사해 보입니다. 늘 한정된 예산을 할당받고, 모호하거나 이중적인 규정 사이에서 골머리를 썩으며, '복지 사각지대를 찾아내라'는 정부와 정치권의 압박에 시달립니다. 그러다 재난지원금처럼 이전에 없던 거대한 복지 정책이 집행되기라도 하면, 휴일은 생각하지도 못하죠. 그러면서 들을 수 있는 욕이란 욕은 다 듣습니다. 인간에 대한 호의와 신뢰를 잃어버리게 하는 악성 민원인에게 시달리는 일상에 놓여 있죠. 온갖 규정을 공부하며 간신히 방법을 찾아내 민원을 잘 처리하면 그저 '공무원의 의무'를 수행했다 여겨지지만, 조금이라도 구멍이 나면 '감히 국민의 세금으로 월급 받는 주제에 이럴 수 있냐'는 비난을 들으며 모든 책임을 뒤집어씁니다. 또한 복지 수요와 필요성이 날로 높아지는 것과는 달리, 정작 현장에서 일하는 사회복지사의 처우나 체계에 대해선 큰 관심이 없습니다. 사회복지사가 되기를 바랐던 대학생이 사회복지의 현실에 좌절해 다른 진로로 선회하는 경우도 많습니다. 우리는 '복지 예산을 어떻게, 어디에, 누구에게 쓰는가?'만 고민했지, '누가 할 것인가?'에 대해서는 깊고 진지하게 논의하지 않았습니다.

지방관도 사람이고, 공무원과 사회복지사도 사람입니다. 개인이 아무리 선의를 갖고 있어도 선순환을 이뤄낼 시스템이 없다면, 그 선의가 혼탁해지기는 너무나 쉽습니다. 조선 시대 지방관들은 늘 풀 수 없는 문제를 마주해야 했습니다. 한 지역을 구휼할 책임을 떠안았지만, 근본적으로 자급자족할 수 없는 상황이었죠. 편법과 탈법 사이를 오가며 능동적으로 대처해야 했지만, 꼼꼼하고 세세한 처벌 규정이 그들을 옭아맸습니다. 탈법으로 성과를 쌓은 자들은 보상을 받고, 원칙을 지킨 자들은 오히려 욕을 먹는 불공정한 인사 평가도 그들의 선의를 무너뜨린 중차대한 결함이었습니다. 한 사람의 지방관이 도저히 해낼 수 없는 수준의 격무는 덤이었죠. 그리고 그 모든 결함은 결국 복지 누수가 되어 백성들에게 돌아갔습니다.

슬쩍하는 자
: 이번엔 또 어디서 해먹을까

복지 확대를 반대하는 사람들은 주된 이유로 '도덕적 해이'를 말합니다. 그러면서 실업급여를 대표적인 예로 들죠. 실업급여를 너무 많이, 너무 오랫동안 지급하면 일할 동기를 잃어버리게 된다면서요. 기본소득을 반대하는 주장에도 재정 고갈 우려와 더불어 도덕적 해이가 근거로 따라붙습니다.

그런데 조선의 지식인들은 당대 복지 정책이 제대로 집행되지 않은 까닭으로 모두 하나같이 '부패'를 꼽았습니다. 관료제의 부패가 백성의 삶을 망쳤다고 평가했죠. 부패로 인해 오히려 경제적으로 여유 있는 사람들이 제도의 혜택을 더 많이 받는 역진성 문제가 심화했고, 빈부 격차가 월등하게 벌어졌다면서요.

국민연금, 실업급여, 무상급식 등 다양한 사회복지 정책을 도입했지만, 한국은 여전히 '저부담-저복지' 국가로 분류됩니다.[72] 앞으로도 복지가 확대될 수밖에 없죠. 그러므로 우리는 조선 복지 정책의 부패 사례를 꼼꼼히 살펴보아야 합니다. 시민들은 복지 서비스를 공급하는 정부와 재단이 투명할 때에야 비로소 증세와 복지 확대에 동의합니다. 정부가 부패를 바로잡고 특권과 반칙이 용인되는 현상을 교정해나갈수록 정부에 대한 국민의 신뢰도가 증가하고, 증세와 복지 확대 주장도 힘을 얻죠.

또한 부패 문제는 도덕적 해이 문제와도 직결됩니다. 일반적으로 도덕적 해이가 복지 수혜자를 공격하는 논거로 쓰이지만, 도덕적 해이는 단순히 윤리 의식이 부족한 것을 이르는 말이 아니라 정보 비대칭성에 기반한 경제활동을 가리키는 용어입니다.[73] 후원금을 횡령하고, 친인척을 '낙하산' 임명하며, 각종 탈법을 동원하는 일부 복지 단체의 부패 사례도 복지 공급자의 도덕적 해이라고 볼 수 있죠.

시대가 바뀌고 체제도 바뀌었지만, 여전히 우리 공동체는 혈연·지연·학연의 굴레에 매여 있습니다. 그 안에서 온갖 부정부패가 일어나고 있고요. 그렇다고 "시대 불문하고 사람 사는 이치 결국 다 똑같습니다. 조선의 사례를 좀 보세요! 결국 부패하지 않았나요? 그러므로 복지 확대는 망국으로 향하는 지름길입니다."라고 주장할 수는 없습니다. 그건 지극히 단순한 역사관이죠. 우리는 조선의 사례를 통해 왜 그들이 부패할 수밖에 없었는지 다각도로 조망하고, 우리 사회 안에서 어떻게 부패 요인을 제거해나갈 수 있을지 그 방법을 모색해야 합니다.

그들은 왜, 도대체 어째서, 그것이 나쁜 행위임을 다 알면서도 부패해버리고 만 것일까요? 부패의 대명사 아전, 이제는 탐관오리라고 부르는 게 더 자연스럽게 느껴지는 지방관, 백성의 입장을 각각 살펴보겠습니다.

아전이 만악의 근원이라고?

가끔 생각합니다. 이서(吏胥), 그들이야말로 조선의 운영자가 아니었을까, 하고요. 판소리나 전래동화에서 그들은 사또에게는 그저 굽신거리다가 백성 앞에만 서면 악독하기 짝이 없어지는 전형적인 '강약약강' 소인배로 그려집니다. 보통 이들은 조연이고, 암행어사나 지나가는 선비, 스님 등 이서의 대척점에 있는 '군자'가 주인공으로 등장하는데요, 저는 어찌 되었든 신(scene)을 스틸하며 주먹을 유발한다는 점에서, 이서 역시 '역사의 찐 주인공' 중 하나라고 생각합니다.

이들을 가리키는 용어는 매우 다양합니다. 크게 통틀어서는 이서, 아전(衙前), 향리(鄕吏), 서리(胥吏) 등이 있고, 직책이나 신분에 따라 호장(戶長), 기관(記官), 의생(醫生), 율생(律生), 공생(貢生), 서원(書員), 통인(通人) 등으로 나뉘죠. 이보다 더 복잡하게 나눈 기록도 존재합니다. 우리는 대충 '나쁜 이방놈'으로 통 쳐버리지만, 실제로는 나랏일의 구석구석을 담당한 최전방 공무원이었던 것입니다.

이들은 토지 조사, 세무 조사, 세금 징수, 복지 정책 집행, 병역 및 부역 징발, 토목 사업 추진, 국가 지정 구역 관리, 도로 수리, 판결문 작성, 매매계약서 작성, 공문 작성 등 지역의 일반행정과 경찰행정, 사법행정을 모두 책임졌습니다. 심지어 전쟁이 나면 지방관을 따라 전쟁터에 나가기까지 했죠.[74] 더욱이 세습을 통해 대를 물려가며 이러한 업무들을 담당해왔다는 것을 생각하면, 한 명 한 명이 다 스페셜 에이전트처럼 보이기도 합니다.

이서들의 계획표, 인리분번기(人吏分番記)

아래의 인리분번기는 향리들의 근무 순번을 1번과 2번으로 나누어 기록한 것입니다. 즉 근무 계획표죠. 이 문서에는 당시 향리 간의 위계와 관아의 행정조직 체계가 고스란히 담겨 있습니다. 먼저 수령의 최측근이자 향리 집단의 대표자인 호장(戶長) 김진학, 기록 담당관인 기관(記官) 최경구의 이름이 보입니다. 다음으로 호적 담당관인 호방(戶房) 김봉한, 의례·교육·복지 담당관 예방(禮房) 정광국, 군사 담당관 병방(兵房) 안도형이 있습니다. 그 왼쪽으로 감옥 관리 및 형벌 집행관 형리(刑吏) 안창조, 장동학, 안극열, 김봉한이 있죠. 또한 건설·기술 담당관인 공방(工房) 김일범, 진상품 담당 계원과 사무 담당 계원을 겸임한 안창열, 동쪽 창고 관리 계원 조진화, 토지 세금 담당 계원 최윤국, 대동법 세금 담당 계원 김유원 등이 있습니다. 이어 1번 팀의 휴무자 네 명의 이름이 있고, 의료 담당관인 의생(醫生) 안도형의 이름도 보입니다. 어떠신가요? 당시 관아의 조직이 어땠는지 감이 확 오시죠?

「인리분번기(人吏分番記)」(© 국립중앙박물관)

그런데 이들을 현대의 행정센터 직원들과 동격으로 비교할 수는 없습니다. 이들은 해당 지역에서 예부터 살아온 사람들이고, 일부는 과거 유력한 호족이었습니다. 따라서 자세히 살펴보면 이들의 성격은 공무원인 동시에 이장, 조합장, 아파트 주민회장, 심지어는 시의원과도 비슷합니다. 오른손으로 공무를 처리하면서, 왼손으로는 이권을 나누는 존재들이었죠.

조선 초기, 조정은 지방에서 막강한 권력을 가진 이서 계층(구 호족)을 견제합니다. 그래서 월급도 주지 않았고, 수령을 고발할 수 없게 했으며, 지방관에게 이들을 직접 징계할 수 있는 권리도 보장합니다. 그렇게 이들의 세력이 움츠러드는가 했으나, 조선 후기에는 전국의 지방관이 오히려 아전 계층에 쩔쩔매면서 공생하는 관계로 돌변하죠.

중인 계급이었던 이들은 직책을 돌아가면서 역임했는데요, 18세기 후반에는 이 자리를 꿰차기 위해 온갖 권모술수와 암투가 벌어집니다. 어찌나 이권이 막대했는지 양반이 자발적으로 이서가 되기까지 했지요. 원래 아전은 선출되는 순간부터 퇴임할 때까지 유향소(留鄕所), 즉 사대부들이 중심이 되는 주민 자치 기구와 지방관의 견제를 받았습니다. 그러나 18세기가 지나면, 이서 집단이 유향소도 접수해버리고, 자기들끼리 사람 뽑고 수령에게 인준만 받는 체제가 되죠.[75]

실록에서부터 개인의 일기에 이르기까지 조선의 기록에는 이들의 부패를 고발하는 내용이 수도 없이 많습니다. 이들은 정말 다양한 행정 부문을 처리하면서, 조금이라도 틈이 있으면 반드시 끼어들어 이익을 만들어냈죠. 그 창의성만큼은 정말 혀를 내두를 정도입니다. '아전극혐

주의자' 정약용은 그들의 신출귀몰한 활약(?)을 「간사한 계획을 다 파악할 방법이 없다」라는 글로 고발합니다. 내용이 좀 길기에 재구성하여 일부만 살펴보겠습니다.

아전들이 장난질을 치는 방법은 수백, 수천 가지에 이르러 모두 다 적을 수도 없다.

첫 번째, 거짓 보고.

백성들에게서 곡식을 징수하여 자기 주머니에 넣고는 수령에게 말한다.

"백성들 사정이 어려워 더는 곡식을 걷을 곳이 없습니다. 이대로라면 인사 평가에서 불리해지실 텐데, 일단 보고서부터 만들어 올리고 차후에 천천히 걷는 것이 어떨까요?"

두 번째, 시세 차익 착복.

시세 차익을 착복하기 전 먼저 사또를 꼬드긴다. 사또는 아전의 달콤한 말을 충언이라 믿고 꼬임에 넘어가버린다. 이후 아전은 뒤에서 말한다.

"사또가 천 석을 팔면, 나도 천 석을 팔 것이네. 사또의 썩은 냄새로 내 썩은 냄새를 숨기는 거지. 이후로는 내가 저지른 사소한 실수들은 사또의 썩은 냄새로 다 감춰지겠지."

세 번째, 이자를 많이 받기 위한 환곡 추가 지급.

이 경우는 두 가지다. 수령과 한통속이 되어 추가 지급하거나, 아전이 수령을 속이고 제멋대로 추가 지급하는 경우다.

네 번째, 거짓 지급.

위에서 환곡을 지급하라는 지시가 내려와도, 곡가가 오를 것이 예상되면 창고를 열지 않는다.

다섯 번째, '반탁.'

마을 대표가 환곡을 받으러 오면, 아전은 그를 따로 불러내어 은밀히 속삭인다.

"자네가 신청한 곡식이 40석인데, 창고의 쌀 상태가 영 안 좋아서 따지고 보면 20석밖에 안 되네. 이대로라면 자네는 20석도 안 되는 곡식을 받고 40석에 해당하는 이자를 내야 하네."

"아이고, 그러면 어쩌면 좋겠습니까?"

"나한테 방법이 하나 있긴 한데…. 40석 중에 20석을 나한테 넘기면 어떤가? 그 20석 분량의 이자는 내가 내겠네."

"그러면 저야 감사하죠. 고맙습니다."

이런 식으로 다른 마을 대표와도 똑같이 계약한다. 10곳과 계약하면 총 200석을 앉아서 꿀꺽하는 셈이다. 물론 나눠줄 곡식의 질이 나쁘다는 것은 애초부터 거짓말이었다.

여섯 번째, 저장량 빼돌리기.

창고 결산을 마치고 나면, 밤늦게 아전이 몰래 창고로 들어와 곡식을 빼낸다. 빼낸 분량만큼 쭉정이를 채워 장부를 맞춘다. 이런 방식으로 심하면 3분의 2까지 해먹는다.

일곱 번째, 부실 지급.

백성들에게 내주는 곡식은 질 나쁜 곡식으로만 준다. 질 좋은 곡식은 자기가 이용한다. 그러고서 이자를 받을 땐 좋은 곡식으로만 받는다.

여덟 번째, 빚 탕감 악용.

흉년이 심하게 들면, 나라에서 환곡의 원금과 이자를 탕감해준다. 경험 많은 아전은 곧 탕감이 있을 것을 알아차리고, 미리 백성들에게 곡식을 뜯어낸다. 그 과정에서 백성들을 구타하는 일도 빈번하다. 이 모든 일은 수령에게는 비밀로 한다.

그렇게 뜯어낸 곡식을 모두 제 주머니에 넣고 탕감 공문이 내려오면 말한다.

"다른 동네는 곡식을 모두 환수했는데, 우리 고을만 미수곡(未收穀)이 너무 많아 걱정했습니다. 그런데 이렇게 탕감하라는 공문이 내려왔으니 다행입니다."

―『목민심서』「곡부」

대략 절반만 소개했지만, 우리 시대에서 마주해왔던 각종 부패 사례와 너무도 닮았습니다. 직권을 오남용하고, 횡령 및 배임을 저지르며, 좋은 제도를 악용하는 것까지, 『목민심서』가 그리는 아전의 모습은 꼭 마피아의 카르텔 같죠. 선의라곤 요만큼도 찾아볼 수가 없습니다.

도대체 아전들이 얼마나 해먹었기에, 나라 재정이 거덜 날 정도였을까요? 극단적인 사례 하나를 소개해봅니다. 1736년(영조 12년) 남원 현감의 보고서입니다.

> 이번 재고 조사에서 향리 강처징(姜處徵)이 쌀 250여 석과 볍씨 300석 등을 횡령한 것을 찾아냈습니다. 그래서 추가 조사하니, 강처징이 1731년부터 1735년까지 횡령한 누적량이 무려 1,155석에 이르렀습니다. 향리들이 각 지역의 곡식을 횡령하는 일이 종종 있다지만, 강처징은 정말 역대급입니다. 그 죄를 생각하면 당장 목을 잘라야 하겠으나, 이 막대한 양을 어떻게든 환수해야 하므로 형을 집행하지 않고 있습니다.
>
> — 1736년 11월 17일 『각사등록』 「남원현첩보이문성책(南原縣牒報移文成冊)」

남원의 아전 강처징이 수년간 환곡을 횡령합니다. 그 양은 무려 천 석이 넘었지요. 1794년(정조 18년) 기록에 의하면, 흉년이 든 남원 지역을 구휼하는 데 1,460석의 곡식이 소요되었다고 합니다. 즉 강처징이 횡령한 양은 수개월 동안 고을 안 사회적 약자의 생계를 해결해줄 수 있을 정도였다는 것입니다. 전대미문의 횡령 스케일에 현감은 아연실색합니다. 무려 4년 동안이나 부정을 저질러왔는데도 발견하지 못한 것은 전·현직 현감의 책임이기도 하니까요. 어쨌든 국법에 따라 당장 사형을 집행해야겠지만, 횡령한 곡물을 받아내기 위해 현감은 일단 강처징을 감옥에 가둬놓기로 합니다.

그런데 여기서 잠깐, 이 엄청난 횡령이 무려 4년간이나 들키지 않았다는 게 이상합니다. 또 그 많던 곡식은 누가 다 먹었을까요? 현감은 곡식을 내놓으라며 강처징을 닦달하지만, 강처징은 이런저런 핑계를 대면서 사태를 질질 끌고 가죠. 그는 알았을 겁니다. 빼돌린 곡식을 반환하는 날이 곧 자기 제삿날이라는 것을요. 결국 강처징은 탈옥을 꾀합니다.

감옥에 갇혀 있는 강처징이 나라 곡식을 횡령한 것은 이미 밝혀진 사실입니다. 그런데 그의 아내가 자신의 모친과 함께 야반도주한 것이 매우 수상했습니다. 강처징 역시 탈옥할 낌새가 있어 더욱 엄하게 가뒀습니다. 또한 추격대를 보내 강처징의 아내와 그 모친을 잡아 오게 하였는데, 두 사람을 체포하여 압송해 오는 길에 도적들이 숨어 있다는 보고를 받았습니다. 하여 군사 백여 명을 동원해 포위하고 그들을 사로잡았습니다. 그들의 수는 18명으로, 모두 강처징의 처남 김기재(金근才)를 비롯한 강처징 처가의 친족들이었습니다. 심문하니 이들은 죄인을 빼돌리기 위해 일을 공모했다고 자백하였습니다.

　　　　－ 1736년 11월 20일 『각사등록』 「남원현첩보이문성책」

강처징의 탈옥은 시도도 해보지 못하고 실패했습니다. 그런데 이상한 일이 발생합니다. 강처징이 옥에 갇힌 며칠 뒤 갑자기 강처징의 아내와 그녀의 노모가 이웃 동네에 사는 다른 이서의 집으로 야반도주한 것입니다. 죄지은 사람은 강처징인데, 왜 굳이 그들까지 도망가야 했을까요? 역모죄가 아니면 연좌제를 적용하지 않는 것이 조선의 국법이었는데요. 여러모로 의심스러웠던 현감은 추격대를 보내 두 사람을 압송해 오게 합니다.

그런데 중간에 무장 괴한들이 잠복해 있다는 첩보를 듣게 됩니다. 그래서 군사를 보내 이들을 역으로 포위한 뒤 모두 잡아 오죠. 이들은 강처징 처가 쪽 사람들이었고, 강처징을 빼내기 위해 일을 모의했다고 자백했습니다. 이들 역시 강처징과 함께 나라 곡식을 횡령해온 것이 아닐까요? 이들이 모두 잡히자, 처가에 남았던 사람들은 어디론가 사라져버립니다. 이 모든 수상한 행동은 강처징이 빼돌린 곡식을 처가 마을에 은닉했을 가능성이 크다는 것을 암시하죠.

상급 기관의 명령에 따라 강처징에게는 즉시 사형이 선고되지만, 도망간 사람들을 체포하고 곡식을 환수해야 했습니다. 자연히 수사는 인근 지역까지 확대되었습니다. 남원 현감은 해당 지역 지방관에게 수사 협조를 요청했지만, 좀처럼 공조가 잘되지 않았습니다. 유향소, 즉 주민자치회의 협의회장 이안상(李安相)이라는 인물이 지속해서 수사를 방해했기 때문이죠.

이와 관련한 기록은 한쪽의 일방적인 기록이기에 모든 사실을 면밀하게 파악하긴 어렵습니다. 그러나 강처징의 처가가 얽혀 있고 유향소 대표가 수사를 방해했다는 언급을 볼 때, 이 사건은 단순히 개인의 일탈이 아니라, 여러 지역이 얽혀 있는 뿌리 깊은 조직범죄로 보입니다. '강처징 게이트'라 불러도 손색이 없죠.

강처징 게이트를 보면, 조선의 복지 정책이 제대로 집행되지 않은 것은 『목민심서』에서 이르는 것처럼 아전이 개인적으로 복지 예산을 유용해서가 아니라, 정보 비대칭성을 이용해 조직적이고 광범위하게 횡령해왔기 때문이 아닌가 하는 의심이 듭니다. 지역 안에서 다양한 '이너 서클(inner circle)'이 조직되고, 이들이 곧 이익 단체가 되어 국가 자체를 수익 수단으로 삼은 거죠. 만약 이러한 추론이 맞다면, 이서 문제의 해법을 모색하던 조선 지식인들은 문제 진단에서부터 큰 오류를 범한 겁니다.

조선의 지식인들은 아전의 횡령 문제를 해결하는 데 국운이 걸려 있다며, 각자 나름의 해법을 내놓았습니다. 진휼과 환곡이라는 공공부조·사회보장제도는 매년 상당한 국가 예산이 투입되는 주요 사업이자, 조선이라는 나라를 지탱한 제도입니다. 그런데 그 두 제도 모두 이서층의 부패 때문에 심각하게 변질되고 있으니, 지식인들에게 있어 부패를 근절하는 것은 곧 국가를 바로잡는 일과 같았죠. 그들이 제시한 해법들을 보면, '왜 아전은 부패하는가'에 대해서도 생각해볼 수 있습니다.

1. '열정페이' 때문이다.

아전이 자꾸 사리사욕을 채우려고 드는 것은 애당초 그들이 열정페이로 일하기 때문이다. 그러니 당당히 녹봉을 주자.

- 이이(李珥), 이덕형(李德馨), 이수광(李睟光), 유형원(柳馨遠),

이민서(李敏敍), 유성룡(柳成龍), 이휘재(李彙載) 등

2. '고인 물'이기 때문이다.

아전이 자기 직을 세습하고, 또 직을 차지하기 위해 파벌을 만들어 싸우는 것을 봐라. 수령은 길어봤자 2년밖에 못 하는데, 이들은 수십 년 내내 자리를 돌려먹는다. 따라서 세습 및 친족과 함께 임명되는 것을 금지하고, 창고 관리 업무를 다른 지역의 아전에게 맡기는 등의 조치를 통해 '고인 물'을 흘려보내야 한다.

- 정약용(丁若鏞), 이덕형, 이민서 등

3. '머릿수' 때문이다.

아전의 수가 기하급수적으로 증가했고, 그럴수록 부패 정도도 심해졌다. 따라서 정원을 정하고 인원을 감축하여야 한다.

- 이이명(李頤命), 박명섭(朴命燮), 김학순(金學淳), 유수원(柳壽垣), 정약용 등

4. '통제 없음' 때문이다.

아전을 전담 관리할 주무 부처가 없어서, 지방마다 자기들 멋대로 난리를 친다. 따라서 아전 담당 주무 부처를 신설하고 규정을 만들어 관리해야 한다

- 정약용

5. '무능함' 때문이다.

아전의 선출 및 임용은 오직 개인적 관계를 통해서만 이뤄진다. 그 안에서도 주요 보직은 세습되어 돌아가면서 해먹고, 임시 보직은 차별을 받는다. 따라서 아전도 시험을 통해 임용하고, 고과를 지속해서 평가해야 한다. 나아가 그들에게도 꾸준히 교육받을 기회를 줘야 한다.

- 이익(李瀷), 정약용, 안정복(安鼎福)

6. '바지 사장' 때문이다.

지방관이 아전을 관리해야 하는데, 경험이 부족해서 도리어 아전에게 끌려다닌다. 지방관을 중심으로 아전을 감시하는 시스템을 정비하고, 지방관 또한 실무 역량을 키워야 한다.

- 정약용 외 다수[76]

지식인들의 해법은 '아전 그 자체'를 향하고 있습니다. 아전에게 보수를 지급하자는 근본적 해법도 있었지만, 대체로 통제·감독 강화를 주장하고 있죠. 이는 곧 아전이 부패한 것은 통제가 부족한 까닭이라는 말인데, 지식인들이 아전이라는 집단 자체를 매우 부정적으로 보고 있었음을 알 수 있죠. 그들의 논의에는 아전이 부패하게끔 하는 제도적 원인에 대한 고찰이 없었습니다. 특히 이들의 수를 제한하자는 주장은 아전, 즉 중인 계급의 정치 참여를 진지하게 받아들이지 않았다는 뜻이기도 합니다. 인구가 많아지고 각종 규정이 신설되며 현장의 행정 수요가 나날이 폭발하고 있는데도요. 정치는 수신(修身)하고 제가(齊家)하는 사대부의 역할이어야 마땅하다고 여기는 엘리트주의의 벽이랄까요.

현실은 달랐습니다. 19세기에 이르면 이들은 이권을 암묵적으로 보장받는 존재가 됩니다. 왕도, 고위 공무원도, 지방관도, 지역의 지식인도, 백성들도 모두 이들의 부패를 알았지만, 관습적인 법외 수익으로 받아들이죠. 부패가 발각되어도 감히 쳐낼 수 없을 정도로, 이들의 역할이 중요했다는 방증입니다.

이들의 부패 요인 중 상당수가 정책의 결함이나 구조적 폐해에서 발생했습니다. 이를테면 자비곡을 조성하는 주요 수단이었던 공명첩은 나중에 가면 말 그대로 '개나 소나' 가질 수 있는 것이 되었습니다. 물론 공명첩은 재력 있는 사람을 대상으로 판매한 면세부였던 만큼, 그 자체로 기득권을 더욱 공고히 하는 수단이기도 했죠.

또한 서울과 지역의 사족은 부동산을 독점하면서 '그들만의 세상'을 만들어나갑니다. 백성들은 피땀 흘려 일해도 먹을 것이 없는데, 그들은 청나라에서 들어온 각종 사치품을 애용하죠. 고관대작은 현장의 아전들로부터 뇌물을 받아 부를 쌓고, 아전은 고관대작의 비호를 받아 지역의 권력을 독점해나가는 구조가 굳건했습니다. 강력한 부패의 사슬이 조선을 휘감은 것이죠.[77]

무엇보다 지방관에게 너무 많은 책임을 부과했던 조선의 체제적 문제가 컸습니다. 앞서 보았듯 지방관의 업무는 도처에 함정이 매설된 지역을 통과하는 것과 같았죠. 그런데 현장에서 잔뼈가 굵은 아전의 계책에 의지하면, 이 과정을 대체로 무난하게 통과할 수 있었습니다. 중앙의 지침대로 공명정대하게 일을 처리하는 관료는 벌을 받고, 아전의 계책대로 '야매'와 '꼼수'로 일관한 관료는 상을 받는, 중대한 모순이 있었던 것이죠. 게다가 지방관은 행정 능력으로 발탁된 것이 아니었기에 실무에 어두운 경우가 많았습니다. 실무는 전적으로 아전의 손에 넘어갈 수밖에 없었죠. '아전에게 뇌물을 주면 환곡을 더 많이 받는다'고 토로한 오희문의 일화는 이러한 상황을 정확히 반영하고 있습니다.

19세기에 이르면, 조선의 체제로서는 도저히 이서를 통제할 수 없게 됩니다. 평안도 암행어사 박래겸(朴來謙, 1780~1842)은 이서들의 부정 사례를 '직관'합니다.

1822년 4월 28일.

읍에서 백성에게 곡식을 나누어준다는 소식을 듣고 백성들 틈에 섞여서 창고 마당으로 뛰어 들어갔다. 그런데 앞서 들어간 몇몇 사람들이 항의했다.

"아니, 이봐 김 선생! 쌀이 대체 이게 뭔가? 이런 나쁜 쌀을 어떻게 먹으라는 거야. 사또는 어딨어. 당장 사또 나오라고 해! 암행어사가 내려온다고 소문이 파다한데, 어떻게 이토록 간사한 짓을 한단 말인가. 우리보고 이처럼 질 나쁜 곡식을 먹고 버티라는 말인가!"

그러자 한 아전이 씩 웃으며 말했다.

"선생님들, 진정하세요. 이 곡식들 전부 선생님들이 지난가을에 납부하신 거잖아요. 질 나쁜 곡식을 내놓고 받을 때는 질 좋은 곡식으로 받으려 하다니, 너무 양심 없으신 거 아닌가요? 저희는 다 절차대로 하고 있는데, 민원을 넣겠다고 하시면 참 곤란합니다. 만약 지금 이 마당에 암행어사라도 들어와 있다면 그 뒷감당을 어찌하시려고 이렇게 진상을 부리십니까?”

결국 사람들은 더 이상 항의하지 못한 채 주는 대로 받아 흩어졌다. 심하다! 백성들이 하소연할 데가 없는 이 상황이.[78]

— 『서수일기(西繡日記)』

봄에 질 나쁜 곡식을 내주고 가을에 질 좋은 곡식으로 받는 것은 대표적인 환곡 운영 부정 사례입니다. 그런데 여기서 놀라운 것은 항의하는 백성들에 대한 이서의 대답입니다. 지금 어사가 여기 있으면 그 뒷감당은 어떻게 하겠냐느요. 이 말은 곧 만약 이 일이 적발되면 백성들에게도 좋을 게 없다는 공공연한 협박이죠. 아무리 부정 사례를 적발하고 처벌해도, 그 자리는 곧 전임자와 가까웠던 누군가에게 돌아가고, 다시 부정이 일상처럼 행해졌습니다.

더욱 심각한 것은 시장의 문제였을지도 모릅니다. 조선은 이윤을 탐하는 것을 부도덕한 행위라 여겼기에 시장을 극도로 억제했습니다. 그러나 그런다고 상행위 자체를 막을 수는 없죠. 어딘가에서는 반드시 상행위가 벌어졌는데, 그 어딘가는 대체로 법의 바깥이었습니다. 그리고 법의 바깥이야말로 아전의 주 활약 무대였죠. 자연스럽게 '부가 있는 곳에 아전이 있는' 현상이 벌어집니다.

이 모든 문제는 결국 조선이라는 나라의 체제적 모순과 연결됩니다. 조선의 지식인들이 이서의 부패에 대하여 잘못된 진단과 해법을 내놓은 것은 아니었습니다만, 보다 근본적인 문제는 보지 못했습니다. 그들 역시 시대 안에 놓인 사람이었기에 체제 바깥에서 바라볼 능력까지는 없었던 것이죠. 아전에게 보수를 지급하자는 비교적 간단한 대안조차 실행되지 않은 이유도 체제의 한계에서 찾을 수 있죠. 놀고먹는 한량이 급증해도 절대 사대부에게 장사를 허용하지 않았던 것과 마찬가지로요. 그럼에도 조선은 늘 아전에게 모든 책임을 떠넘기며, 강력한 규제와 처벌만을 부르짖었습니다.

정쟁을 하자는 게 아닌 이상 굳이 일상화된 부패를 끄집어내 문제삼는 것은 불필요했습니다. 규제와 처벌로 바로잡을 수 있는 일도 아니었으니까요. 그저 걸린 사람만 재수 없을 뿐이죠. 그렇다면 이 문제를 도대체 어떻게 해야 할까요? 아전의 횡령 문제에 조금 특이한 방식으로 대처한 사람이 있습니다. 박지원입니다.

아버지는 "너희들이 그렇게나 많이 횡령해왔으면서 툭하면 파업하겠다, 야반도주하겠다, 협박을 해대니 어처구니가 없어 불쌍하기까지 하다. 그냥 너희들 말대로 도망가버려라. 나도 장계를 올려서 사직하면 된다. 군용미 창고도 제대로 관리하지 못하는 공무원이 무슨 자격이 있겠는가?"라고 말씀하시며 작은방에 들어앉아, "너희들이 횡령해 간 곡식을 다 돌려받기 전에는 공무를 보지 않겠다."라고 선언하셨다.[79]

— 『과정록(過庭錄)』

지역사회의 관계망과 이익 구조를 누구보다 잘 아는 이서들은 군용미까지 거침없이 횡령했습니다. 당연히 지방관에게 들켰지만, 그때마다 그들은 '파업 후 잠수'를 선언합니다. "처벌할 테면 해봐!"라며 '배째라 식'으로 일관하는 거죠. 아전이 사라지고 나면 텅 빈 창고는 결국 지방관 책임이 된다는 것을 너무나 잘 알았거든요. 결국 지방관이 아전의 횡령을 눈감아주고 묵인하는 것이 관례가 되고 맙니다.

이에 박지원은 매우 독특한 해법을 내놓는데요, 바로 본인이 먼저 파업을 선언합니다. 이것만 봐도 현실에서 지방관과 아전의 관계가 완전히 역전되었음이 느껴지시죠? 초유의 지방관 파업 사태에 아전들은 적잖이 당황합니다. '이놈의 관직, 때려치우면 그만'이라는 박지원의 배짱은 인사 평가와 승진에 목을 매던 이전의 지방관들에게선 볼 수 없던 태도였거든요. 무엇보다 박지원이 파업을 하면 아전들에게도 큰일이었습니다. 지방관이 결재해주지 않으면 창고를 운영할 수 없고, 그러면 수익도 올릴 수 없었으니까요. 또 지방관은 사표 쓰고 떠나버리면 그만이라지만, 남은 아전들은 상급 기관의 감사를 받고 곤장을 맞을 수도 있었습니다.

아전들은 연일 대책을 회의했을 것입니다. "신임 사또 미친 거 아냐?" 뒷담화도 적잖이 나눴겠죠. 하지만 그 누구도 횡령한 곡식을 토해낼 생각은 하지 않았습니다. 먼저 나섰다가는 홀로 덤터기를 쓰게 될 수도 있었거든요. 이때 박지원은 한 발 더 나아갑니다.

얼마 지나지 않아 녹봉이 들어왔다. 아버지는 곧바로 녹봉을 기부하

며 말씀하셨다.

"일을 안 했으니 녹봉 받기가 부끄럽다. 또 텅 빈 창고는 모두가 힘을 합쳐서 조금씩 채워가야 한다. 너희들에게만 맡겨두었다가는 절대 창고를 채우지 못할 것이다. 또 누가 많이 냈네, 쟤는 조금 냈네, 하며 싸워댈 것 아니냐? 그러니 일단 나의 작은 녹봉으로 시작하는 것이 좋겠다."

이서들은 그 말을 듣고 회의를 열어 "사또가 미수곡을 자기 돈으로 채워주었다는 얘기는 듣도 보도 못했다. 우리도 당연히 힘을 보태야 하지 않겠는가?"라고 합의하였고, 각자 힘을 합쳐 미수곡을 채워나갔다. 여기에 부유한 백성까지 곡식을 기부하여, 몇 달 만에 창고가 모두 채워졌다. 그제서야 아버지는 제대로 공무를 보기 시작했다.[80]

— 『과정록』

박지원은 이서들에게 있어 횡령은 '한탕'이 아니었음을 이해했던 것 같습니다. 단순히 한탕 해먹은 거라면, 횡령액 반납하기를 주저하지 않았겠죠. 처벌을 피하는 게 우선일 테니까요. 그러나 이들에게 창고는 곧 꾸준한 수입을 보장하는 수단이었습니다. 한번 반납하기 시작하면 그것이 관례가 되어 영영 수익 수단을 잃어버릴 수도 있다는 우려가 컸을 겁니다. 그래서 지방관이 아무리 윽박질러도 요지부동, 말을 듣지 않았던 거겠죠. 차라리 횡령한 돈을 들고 사라져 다른 곳에 기반을 만드는 게 이득이라고 생각했을 겁니다.

그래서 박지원은 사비를 털어 횡령액을 메우는 전대미문의 사례를 만듭니다. 지방관과 아전은 전략적 동반자 관계였지만, 신분의 차이가 엄연히 존재했습니다. 함께 일해도 더 높은 자리, 더 좋은 기회를 보장받는 사람은 결국 지방관이었죠. 아전도 사람인 만큼, 더 잘살고 더 높은 명예를 얻고 싶다는 욕구가 있었을 텐데도요. 실제로 이들은 신분상승을 위해 부단히 노력합니다. 개화의 바람이 불었을 때 서양식 문화에 누구보다 빨리 적응한 사람이 이서 계층이었다는 사실도 이들의 입신양명(立身揚名) 욕구가 사대부와 다르지 않았다는 것을 뒷받침하죠. 그러나 지엄하고 강력한 강상(綱常)의 도리로 인해 둘은 근본적으로 동상이몽 관계일 수밖에 없었습니다. 아전들 눈에 지방관은 '곧 떠날 사람'이자 '낙하산'에 지나지 않았을 겁니다. 재주는 곰이 부리고 돈은 사람이 번다고, 일은 자기들이 다 하는데 승진은 지방관 혼자 하니 얄미워 보이기도 했겠죠. 그런데 박지원은 달랐습니다. 기꺼이 그들과 함께하기로 결정한 겁니다.

이러한 행동이 갖는 의미는 상당합니다. 그들을 전략적 동반자가 아니라, 정치적 파트너로 바라본 것이죠. 지역을 관리함에 있어 공(功)도, 과(過)도 함께 나누겠다는 선언이었습니다. 효과는 드라마틱했습니다. 무엇보다 지역의 부유한 백성도 동참했다는 점이 눈에 띕니다. 이는 곧 아전의 횡령이 개인의 일탈이 아니라, 지역사회의 기득권층과 함께 엮인 구조적 문제였음을 암시합니다. 그 뿌리 깊은 카르텔을 움직일 만큼, 박지원의 행동에 울림이 있었다는 얘기겠죠.

물론 박지원의 해법 역시 어디까지나 임시방편이었습니다. 구조적인 문제를 해소한 것은 아니니까요. 하지만 인간적인 연대와 공감을 통해 선순환 구조를 만들어냈다는 데는 분명한 시사점이 있습니다. 그들은 날 때부터 악인이어서 부패한 것이 아니었고, 적당히 조율하기만 하면 충분히 부패를 막을 수 있다는 것이죠. 그런데 조선 체제의 문제는 이 역할을 오직 지방관 개인의 역량에만 맡겼다는 것입니다.

비록 만악의 근원처럼 여겨졌지만, 아전은 누구보다 체제에 기민하게 순응해 자신들이 하는 일을 '가장 보통의 행위'로 만든 보통 사람들이었습니다. 이들은 사회가 낳은 거대한 모순을 현실화하는 손과 발이었죠. 그러나 조선의 모든 복지 정책이 이들의 손과 발을 통해 집행되었다는 것이, 복지 혜택이 절실했던 백성들에겐 비극적인, 너무나 비극적인 한계였습니다.

아전이 닦아둔 길, 지방관이 거닌다

사대부 지식인들은 아전을 부패의 주범으로 지목했지만, 지방관이 스스로 아전과 결탁하여 비리를 저질렀다는 사료 또한 남아 있습니다. 그 지방관들 역시 사대부였죠. 백성들 눈에는 사또나 이방이나 그놈이 그놈이었을 것입니다. 오히려 입법·행정·사법의 삼권을 독점한다는 점에서, 못된 지방관의 영향력은 지역의 이름 높은 선비들도 어쩔 줄 모를 정도로 막강했죠.

정약용은 지방관의 비리가 마치 아전의 꾐에 의해 벌어지는 것처럼 묘사합니다. 타락은 무지에서 비롯된다는 것이죠. 『목민심서』를 집필한 것도 실무 경험 없는 지방관들에게 현장의 상황과 대처법을 전수하기 위함이었습니다.

그런데 과연 그랬을까요? 수령이든 아전이든 뭔가 농간을 부리면, 반드시 누군가의 주머니에는 돈이 들어갑니다. 아전은 부를 축적하며 자신의 목숨도 지키기 위해 반드시 지방관을 전략적 동반자로 포섭해야 했습니다. 그러기 위해 때론 암묵적으로, 때론 적극적으로 콩고물을 바쳤죠. 그러다 보면 반드시 나라 곳간에 구멍이 생겼는데, 그 구멍을 메우기 위해 가장 먼저 이용되는 것이 환곡이었습니다.

1629년 4월 2일.

조정에서 '세금을 50석 이상 걷지 않은 지방관을 체포한다'는 지침을 내렸다고 한다. 2년 전 세금을 거둘 때, 담당 아전인 이택운(李宅運)과 남생(南生)이 횡령하고 입을 싹 닫은 양이 40석이나 된다. 또한 사정이 어려운 백성들에게는 아직도 세금을 못 걷었다. 세금을 내지 못한 집이 사대부 집안만 쳐도 우리 동네와 이웃 고을에만 수십여 집에 이르고, 걷지 못한 세금을 합치면 백 석이나 된다.

사정이 이러니 예안 현감은 금방이라도 잘릴까 두려워 전전긍긍하고 있었다. 그때 마침 아전 구사의(具思義)가 머리를 굴려 사또와 대책을 논의했다.

"사또, 이대로라면 체포되실 것이 분명합니다. 일단 손을 써야 하지 않겠습니까?"

"나도 알고 있네. 그러나 방법이 없지 않은가?"

"급한 대로 환곡 창고의 쌀을 돌려서 막는 게 어떨까요?"

"그러면 환곡 창고가 비지 않겠는가."

"어차피 이번 가을에 이자를 받아야 하니, 세금을 내지 못한 집들은 이자 낼 때 안 낸 세금도 함께 내도록 하면 될 것 같습니다."

백성들을 이미 쥐어짤 대로 쥐어짜놓고 또 세금을 털어간단다. 그것도 아전이 훔쳐 먹은 분량을! 이자들을 사람이라 할 수 있는가. 간악하고 교활하기 짝이 없다.

— 『계암일록(溪巖日錄)』

영남의 선비 김령(金坽, 1577~1641)이 지켜본 '백성 탈곡' 현장입니다. 정묘호란(1627년) 이후, 조정은 언제 다시 터질지 모르는 전쟁을 준비하고 정권을 안정시키기 위해 그 어느 때보다 세금을 탈탈 털어갔죠. 일반 백성뿐 아니라 지역에서 나름 '끗발' 좀 날린다는 사대부도 여지없이 세금을 내야 했습니다. 그러나 지방관들은 이들과 척지는 것이 부담스러워 최대한 세금 독촉을 미루고 있었죠.

그런데 이처럼 나라가 전쟁의 충격으로 혼란할 때 아전 두 명이 세금을 횡령합니다. 그로부터 2년 후 예안 현감은 이 사건으로 인해 해직될 위기를 맞게 되죠. 이때 구사의란 자가 현감과 상의하여 구멍 난 곳간에 저장해둔 환곡을 투입하기로 합니다. 가을에 환곡을 거둘 때 메꾸기로 하고요. 백성 입장에선 이중, 삼중의 과세에 허덕이게 된 셈입니다. 이서 두 명이 횡령한 금액이 예안 백성 전체의 부담이 된 거죠.

사회보장제도였던 환곡이 중앙의 국세와 지방세를 충당하는 수단이 되면서, 그 폐해는 실로 막심해졌습니다. 사회보장기금(환곡)이 부족하면 세금으로 채우는 것이 아니라, 세금이 부족하면 사회보장기금으로 채우는, 기이한 역전 현상이 벌어졌죠. 때로는 국세보다 환곡의 규모가 더 컸다는 것은 조선이 그만큼 복지를 중시했다는 의미기도 하지만, 한편으론 조세부담률을 아득히 뛰어넘는 기형적인 복지 체계를 만든 것이라고도 볼 수 있습니다. 왜곡된 구조에서 발생한 왜곡된 현실, 백성들의 아우성은 곳곳마다 울려 퍼집니다.

정치인이나 기업인 등 힘 있는 사람들이 저지른 무리수에 국민의 혈세가 투입되는 것은 어제오늘 일이 아닙니다. 국민연금이 손해를 무릅쓰고 기업 승계를 도와준 사례, 리먼 브러더스가 파산하며 초래된 기업들의 위기에 세금 수백조 원을 투입한 사례 등 전 세계에서 지금도 일어나고 있는 일이죠. 조선에서 그러했고 지금도 그러하듯, 시대 불문하고 가장 낮은 곳에 사는 사람이 가장 큰 피해를 봅니다. 예안 현감이 환곡으로 횡령을 메우면 문제가 된다는 것을 몰랐을 리 없습니다. 그럼에도 불구하고 '환곡으로 메우자'는 의견에 동의한 순간, 예안 현감은 횡령한 아전과 같은 배를 타게 된 것입니다.

시간이 지날수록 아전의 횡령 수법은 더욱 정교해지고, 뒤처리도 대담해지죠. 백성들에게 책임을 전가하는 것은 감찰에 걸릴 위험이 있었습니다. 가장 좋은 방법은 합법적으로 횡령 금액을 탕감받는 것이었죠. 『목민심서』가 고발하는 것처럼, 지방관과 아전은 언제쯤 중앙에서 탕감 지침이 내려오겠다 예측하고, 그에 맞춰 더욱 뜯어내는 술수를 씁니다. 심지어 횡령 사건이 대놓고 드러나도 상당 금액을 탕감해주는 조치도 여러 차례 있었습니다.

이상한 일입니다. 왜 조정은 횡령한 자를 끝까지 추적하지 않고 그 저 탕감하려 한 것일까요? 1765년 영조와 대신들의 논의를 살펴보죠.

국무총리 홍봉한: 보고에 의하면, 충주의 아전 8명이 여러 해 동안 횡령해온 것이 1만 2천 석에 이릅니다. 지금까지 4천여 석을 환수했 지만, 아직도 남은 양이 8천 석을 넘습니다. 수령과 아전에 대한 처 벌은 차치하더라도, 그 막대한 양을 환수하다 보면 분명 해당 지역 이 초토화될 것입니다. 4천 석까지는 추가로 환수한다 해도 나머지 4천 석은 적절한 때에 탕감해주는 것이 좋을 것 같습니다. 물론 이 는 범죄를 저지른 아전들을 모두 법대로 처리한 후에나 시행할 수 있겠습니다. 또 어사를 보내어 자세히 조사해보는 것도 필요하겠습 니다. 이와 관련하여 여러 신하의 생각을 들어보심이 어떻겠습니까?

영조: 신하들의 생각은 어떠한가?

원로대신 홍계희 외 13명: 억지로 환수하려 한다면, 충주의 죄 없는 백성들이 피해를 입을 것이 분명합니다. 다 환수할 수 없다면 탕감하 는 것이 좋을 듯하고, 8명의 아전도 진상을 조사한 후 당연히 사형 으로 다스려야 합니다. 어사를 보내는 것도 좋은 방법으로 보입니다.

— 1765년 5월 11일 『비변사등록』

충청도의 중심 고을이자 일대의 세금이 모두 모이는 충주. 이곳에 서 역대급 횡령 사건이 터집니다. 아전 8명이 여러 해 동안 1만 석이 넘는 곡식을 횡령한 것이죠. 이 기절초풍할 만한 사건이 충청도 관찰사의 조사를 통해 수면 위로 떠오르자, 조정은 죄인을 체포하고 횡령액 환수 작업에 들어갑니다.

그런데 몇 년 후, 문제가 발생했습니다. 4천 석은 어찌어찌 국고로 환수했는데, 남은 8천 석은 도저히 채울 방법이 보이지 않았죠. 은행이 없고 화폐도 발달하지 않은 시대, 개인이 곡식 수천 석을 저장해둔다는 것은 쉽지 않은 일이었습니다. 이미 사라진 곡식이 많았을 겁니다. 결국 횡령액을 반납할 의무는 죄인의 가족과 친척에게 돌아갔죠. 죄인과 교류가 없고 범죄를 공모하지 않았어도 일단 곡식을 뱉어내야만 했죠.

이래도 모자란 금액은 결국 지역 백성들 몫이었습니다. 장부상에 발생한 구멍은 어떻게든 메워야 하니까요. 그런데 그 수량이 워낙 막대해, 조정의 대신들도 차마 그럴 수는 없겠다고 판단합니다. 결국 '차라리 탕감해주자'는 의견이 대세가 되죠. 반대하는 대신은 없었습니다. 그리하여 조정은 4천 석을 탕감해주기로 합의하고, 처벌을 위해 진상을 자세히 조사하기로 합니다.

그리하여 파견된 어사는 죄인이 3명 더 있다며, 총 11명을 고발하는 수사 보고서를 올립니다. 보고서를 받은 영조는 다음과 같은 후속 조치를 발표하죠.

충주의 횡령 사건은 조선왕조 400년 동안 전대미문의 일이었고, 따라서 8명의 아전은 마땅히 목숨으로 죄를 갚아야 한다고 생각했다. 그런데 곰곰이 생각해보니, 이것은 이서뿐만 아니라 지방관의 죄이기도 하다. 지방관들이 장부 누락을 발견한 즉시 상급 기관에 보고했다면, 일이 어떻게 이 지경에 이르렀겠나. 전임자가 덮어주고, 또 후임자가 덮어주니, 이 꼴이 된 것이 아니겠는가.

따라서 나는 이 죄인들을 사형에 처하지 않고 전국으로 유배 보내 노비로 삼고자 한다. 대신들의 반대하는 의견은 잘 들었다. 그러나 지금은 모두 간사한 아전들이지만, 그들 역시 백성이며, 임금의 자식들이다.

또한 11명의 아전이 저지른 횡령은 모두 탕감하여, 충주 지역 백성들이 아직 임금의 덕치가 생생히 살아 있음을 알게 하라.

— 1765년 5월 24일 『비변사등록』

영조의 발표는 놀라운 것이었습니다. 통 크게 4천 석 탕감이 아닌, 전액 탕감을 씁니다. 또한 11명의 죄인을 모두 감형하여, 사형 대신 유배 후 노비로 삼는 형벌을 내리죠. 1만 석이면 작은 고을의 1년 치 환곡 운영량 정도였는데요, 수천 명의 생계를 지원해줄 수 있는 곡식이 11명과 그에 얽힌 커넥션으로 흘러 들어간 초유의 사태였음에도 영조는 면죄부를 내렸습니다.

사실 이 정도 규모의 횡령이 발생한다는 것은 곧 부정부패가 아주 뿌리 깊은 관행으로 자리 잡아왔다는 얘기와도 같습니다. 11명의 아전이 횡령한 곡식은 물론 대부분 지역 유력자의 창고로 들어갔겠지만, 보통 사람들에게도 적지 않은 양이 들어갔을 것입니다. 나라에서 지정한 환곡량보다 조금이라도 더 받기 위해 사람들은 아전에게 뇌물을 주고,

아전은 횡령한 곡식으로 그런 이들에게 더 많이 퍼줬죠. 이 사건을 제대로 수사하면, 충주 지역의 무수히 많은 백성이 수사선상에 오를 것이 뻔했습니다.

아전들의 횡령은 두말할 필요 없이 중죄지만, 뇌물을 바쳐 횡령한 곡식을 타낸 백성들은 과연 죄가 없을까요? 그 가운데는 힘없는 백성뿐 아니라, 지역의 사대부 집안도 적지 않았을 것입니다. 엄격히 따지면 그들 모두가 공범이었죠. 그리고 그들을 공범으로 만든 건 다름 아닌 국가였습니다. '체제의 한계'라는 매우 근본적인 문제가 이 사건의 핵심이었던 것입니다. 그래서 영조가 말한 것처럼, 역대 지방관들도 다 알면서도 덮을 수밖에 없었던 것이 분명합니다. 영조는 아마 이 점을 깊이 이해했을 것입니다. 그래서 처벌을 감하고 횡령액을 탕감해주는 것으로 사건을 마무리했겠죠.

조선의 체제에서 공식적으로 정치 참여를 인정받는 계층은 사대부였습니다. 아주 특수한 사례를 제외하면 지방관은 모두 사대부였죠. 따라서 이들 한 명 한 명이 개혁의 주인공이 될 수 있었습니다. 그러나 체제적 한계에서 발생한 이서의 횡령 문제를 마주할 때마다, 지방관은 매우 소극적인 선택으로 일관합니다. 앞서 본 사건처럼 모른 척하고 후임자에게 떠넘기거나, 백성들에게 전가하거나, 탕감을 요청하는 식이었지요.

그러나 탕감은 어디까지나 임시변통이었습니다. 물론 사료에서 말하는 포흠(逋欠)이 꼭 횡령만을 가리키지는 않습니다. 다른 이유로(때로는 아주 선량한 이유로) 곡식을 옮겨놨는데 나중에 채우지 못해 손실분이 발생하기도 했습니다. 또 흉년을 맞으면 백성들이 빌려 간 환곡의 원금과 이자를 자체적으로 탕감해주기도 했죠. 그런데 근본적인 문제는 해결되지 않은 채, 왕의 직권으로 횡령액을 탕감해주는 것이 너무 빈번해집니다.

이러자 '거짓 탕감' 사례까지 등장합니다. 백성들의 사정을 고려해 환곡의 원금과 이자를 탕감해주라고 한 명령을 지방관들이 악용한 것이죠. 숙종 시대 국무회의장으로 들어가 더 자세히 알아봅시다.

국무총리 이유: 평안 감사가 보고서를 보냈습니다. 지난번 환곡의 원금과 이자를 탕감할 때, 거짓으로 탕감해준 경우를 재조사하도록 지시한 바 있습니다. 그런데 '아전의 보고에 문제없음'이라 답한 지방관이 무려 31명입니다. 조정에서 엄중히 경고했는데도 사실대로 보고하지 않으니, 그 죄가 가볍지 않습니다. 어떻게 처리해야 할지 여러 신하의 의견을 들어보시는 것이 어떨까요?

서울 시장 민진후: 그 죄가 정말 무겁습니다. 사망한 백성과 도망간 백성의 원금과 이자를 탕감하라는 지시는 정말 관대한 조치였습니다. 그러나 수령이란 자들이 조치의 참뜻을 알아차리지 못하고, '이때다' 하며 탕감을 해대니, 그 수가 무려 30만여 석에 이르렀습니다. 심지어 재조사하라는 명령이 있었음에도 제대로 조사하지 않았으니, 가증스럽기 짝이 없습니다. 그러나 이 많은 지방관을 모두 체포하여 처벌하기는 어려우니, 해당 지역의 상급 기관이 책임지는 게 좋을 것 같습니다.

문체부 장관 윤세기: 그 죄가 무겁습니다만, 31명 모두에게 같은 벌을 줄 수는 없을 것입니다. 한 사람씩 조사해야 할 것 같습니다.

국방부 장관 유득일: 민진후의 이야기에 찬성합니다. 신하된 자들이 이렇게 임금을 기만하니, 어떻게 용납할 수 있겠습니까? 죄를 묻지 않으면, 법이 우습게 보일 것입니다.

비서관 김치룡: 제가 예전에 지방관으로 나갔을 때, 이러한 문제에 관하여 들은 바 있습니다. 거짓으로 탕감하더라도 지방마다 각기 그 사정이 다릅니다. 문서를 꼼꼼히 보지 않아 아전에게 속은 경우도 있고, 적발 후에 백성들에게 책임을 전가한 경우도 있으며, 일부 지방관이 공적인 일이라고 하면서 자기 멋대로 사용한 사례도 있다고 합니다. 따라서 처벌 또한 죄의 심각성을 따진 후에 그에 맞춰서 진행해야 할 것 같습니다.

— 1705년 6월 13일 『비변사등록』

미환수한 환곡량이 누적되자, 숙종은 탕감을 결정합니다. 그런데 적지 않은 고을에서 거짓 탕감, 즉 기준에 적합하지 않은데도 탕감을 신청하는 사례가 속속 보고되죠. 그 양이 30만 석에 이르자 조정은 '거짓 탕감의 죄를 묻지 않겠다'면서 재조사를 지시합니다. 그러나 여전히 31명의 지방관은 '문제없다'고 보고했지요.

거짓 탕감은 어째서 일어난 걸까요? 탕감을 남용하면 국가 재정이 흔들린다는 것을 지방관들이 모르지 않았을 텐데요. 김치룡은 그 이유를 무능해서 아전에게 속은 것, 백성들에게 책임을 전가한 것, 사사로이 사용한 것으로 분석합니다.

사실 장부를 제대로 보지 않아 아전에게 속았다는 것도 어이없는 일입니다. 대부분 모를 리가 없고, 정말 몰랐다고 하더라도 심각한 직무 유기죠. 그런데 세 번째 이유가 더욱 눈에 띕니다. '사사로이 사용한 것' 이라니, 그 표현 자체가 매우 두루뭉술하죠? 여기에는 자신이 슬쩍 해놓고 이서 앞으로 장부를 달아 횡령의 책임을 전가한 것이 포함됩니다.

어쨌든 조정의 신하들은 31명에 대한 처벌을 놓고 논쟁을 벌이는데, 이유와 유득일이 뚜렷하게 대립합니다. 이유는 "이미 죄를 묻지 않는다는 사면령을 내리지 않았나. 사면령에 의거해 처벌하지 않는 것이 좋겠다."라고 주장하고, 유득일은 "사면령이 있었다 해도 이러한 경우는 예외다. 처벌하는 것이 마땅하다."라고 주장하죠. 즉 재조사를 지시하기 전에 내렸던 거짓 경감에 대한 사면령을 재조사 지시 이후의 건에도 적용해야 하는지를 두고 논쟁하고 있습니다.

그런데 뭔가 이상합니다. 사안의 심각성을 놓고 보면, 이유의 논리는 어딘가 궁색한 면이 있습니다. 다수의 신하가 처벌을 주장하는데, 왜 이유는 홀로 처벌 반대를 외쳤을까요?

국방부 장관 유득일: 재조사까지 했는데 어떻게 처벌하지 않을 수 있겠습니까? 조사 보고서를 보면 경은부원군(慶恩府院君)까지 포함되어 있습니다. 그러나 임금님의 장인어른은 고위 신하처럼 무게가 다르니, 다른 자들과는 다르게 처벌해야 할 것 같습니다.

국무총리 이유: 보고서에 들어 있다고는 하나, 우리가 감히 어떻게 임금님의 장인어른에 대한 처벌을 논할 수 있겠습니까?

숙종: 감히 나의 장인어른을 두고 처벌을 이야기할 수 있단 말인가.

그런 전례가 있는가? 어떻게 경우도 따지지 않고 발언하는가! 지금 보니, 유득일은 조사 보고서를 상세히 보지도 않고 처벌을 주장하다가 방금 경은부원군의 이름을 보고 놀란 것이 분명하다. 유득일을 엄하게 징계하라. 또한 연루된 수령들의 죄를 묻지 않겠다.

— 1705년 6월 13일 『비변사등록』

이 일에 하필이면 숙종의 장인 김주신(金柱臣)이 연루됩니다. 김주신 또한 거짓 탕감을 보고한 자 중 한 명이었던 것이죠. 이유가 처벌에 반대한 것도 김주신 때문이었던 것 같습니다. 그러나 보고서를 제대로 읽지 않고 처벌을 주장하던 강경파 유득일은 숙종의 '쿠사리'를 잔뜩 먹으며 징계를 받죠. 결국 거짓 탕감 사건은 얼마나 거짓으로 보고했는지, 왜 거짓으로 보고했는지에 대해 아무런 수사도 하지 않고 그냥 넘어갑니다.

이 회의에서 숙종은 '왕의 장인을 처벌한 전례가 있느냐'며 따집니다. 세종, 단종, 선조, 광해군 시기에 왕의 장인이 탄핵되거나, 파직을 당하고, 심지어 목숨까지 잃은 사례가 있는데도요. 그러나 숙종은 막무가내로 일관하며 신하들이 찍소리도 못하게 찍어 누릅니다. 왕이, 혹은 신하가, 더 크게는 현실 정치가 '우리 편 지키기'에 급급해 쌓여가는 체제 모순의 신호를 무시했고, 문제는 계속해서 누적됩니다.

게다가 처벌을 받아 파직되어도 곧 재임용되는 지방관이 적지 않았습니다. 법을 엄히 세워야 한다는 논의가 끊이지 않았지만, 현실 정치의 논리가 끼어들며 법치가 무력해지는 장면이 적지 않습니다. 체제의 한계에서 오는 근본적인 문제를 개혁하는 것은 상당히 어렵습니다. 그에 비하면 인사(人事) 문제는 훨씬 쉽겠지요. 그러나 복지 정책의 책임자이자 정치 참여자인 지방관에 대한 신상필벌은 조금씩 공정성을 잃어만 갔습니다.

탕감을 악용해 자신의 미숙한 일 처리와 지역의 불법을 감추는 지방관의 사례는 점점 증가합니다. 그다음 수순은 지방관 본인의 부패죠. 가장 가벼운 단계가 직권남용이었습니다.

1637년 4월 25일.

예안 현감 김경후(金慶厚)가 창고를 열었다. 그런데 오로지 이 동네로 피난 온 자신의 친인척에게만 퍼줬다. 예안현의 백성들이 배고픔에 시달리고 있는데도 그들에게는 쌀 한 톨 내주지 않았다. 탐욕스럽고, 허접하며, 형편없고, 어리석다. 합리적이지 못한 처사가 역대 현감 중 최고다.

1637년 6월 16일.

우리 고을 수령 김경후가 탄핵을 받아 파직당했다고 한다. 이 와중에 그 아들은 사람들에게 "우리 아버지가 서울 세도가에 죄지은 것이 없는데, 어떻게 된 영문인지 모르겠습니다."라고 말했다는데, 어처구니가 없다.

— 『계암일록』

병자호란이 터지자, 서울 사람들은 전국 각지로 피난을 떠납니다. 이때 오늘날 안동 지역인 예안현의 현감 김경후는 피난 온 자신의 친인척에게만 곡식을 지급하죠. 전형적인 직권남용 사례입니다. 조선이 복지 정책의 책임을 지방관에게 물은 것은, 조선의 행정 체계가 지방관을 곧 그 지역의 왕으로 만들었기 때문입니다. 그래서 수령이 마음만 먹으면 멀쩡한 지역을 파탄 내는 것도 가능했습니다. 지방관은 사소한 행정 조치부터 복지 정책, 나아가 재판에서까지 직권을 슬쩍슬쩍 남용하며 조선이 꿈꿨던 이상적인 지역 행정에 조금씩 균열을 냈죠.

그런데 파직당한 김경후의 아들이 한 말이 인상 깊습니다. 서울 세도가에 죄지은 것이 없다니요. 이 말은 '딱히 죄가 없어도 세도가에게 미움받으면 파직당할 수 있다'는 얘기로도 들립니다. 즉 이미 서울의 잘나가는 고관대작과 지방관의 커넥션이 현실 정치를 좌우할 정도였다는 것이죠.

18~19세기에 이르면, 이러한 커넥션은 더욱 노골적으로 부패합니다. 직권남용은 귀여운 수준이었고, 이제 지방관은 아전들의 재테크 수단을 토대로 자신 또한 한몫 단단히 챙기려 나서게 됩니다.

충청도 암행어사 정만석(鄭晩錫)이 보고서를 올렸다.
'충청 지역 백성들의 가장 큰 고통은 환곡을 현금으로 대신 내게 하는 것입니다. 연말에 곡식이 부족해지면, 원곡과 이자를 현금으로 내게 합니다. 이때는 규정 가격으로 환산하여 받는데, 다음 해 봄에 백성들에게 환곡을 지급할 땐 훨씬 더 적은 금액으로 환산하여 내줍니다. 아전들도 이때다 하고 시세 차익을 이용해 이득을 취합니다. 이처럼 탐욕스러운 수령들이 아전과 함께 장사꾼 노릇을 하고 있으니, 백성들은 영문도 모른 채 큰 피해를 입고 있습니다.'

— 1795년 12월 22일 『정조실록』

처음에는 탈법적 수단이었습니다. 곡식 시세를 이용해 차익을 내고 꿀꺽하는 방법이 대표적이었죠. 또 흉년을 맞으면 백성들은 스스로를 팔아 노비가 되곤 했는데, 지방관은 오히려 흉년에 목돈을 만들어 백성들을 헐값에 노비로 사들입니다. 복지 정책의 책임자가 정책을 수익 수단으로 삼은 것입니다. 심지어 이들은 굶어 죽기 직전인 백성들에게 내려진 곡식마저도 '삥땅' 쳤습니다.

대전 지역 현감에게서 올라온 보고입니다.
'부임 후 장부를 조사하다가 이서 이용석(李龍錫)의 이름 아래 환곡 미수곡이 334석인 것을 발견했습니다. 자체 조사를 실행해보니, 전임자인 남제화(南濟和)가 진휼용으로 내려온 곡식을 환곡용으로 돌려서 사적으로 유용하고 그대로 이용석의 이름 아래 부채로 달아놓은 것이었습니다. 이용석을 직접 조사해보니 너무나 가난해서 가혹하게 독촉한다 하더라도 환수할 방법이 없습니다.'

— 1835년 11월 26일 『각사등록』 「충청감영계록」

이들을 견제하는 체계가 문란해진 19세기에는 그 수법이 더욱 노골적으로 진화합니다. 각종 세목을 만들어서 세금을 걷은 후 슬쩍하는 것은 비일비재했고, 아예 대놓고 뇌물을 받는 경우도 흔한 일이었죠. 지역사회의 부패 사슬에 매인 것이라면 참작의 여지라도 있겠지만, 오히려 지방관이 서울의 고관대작과 지역 유지를 연결하는 커넥터가 된 사례도 부지기수입니다. 지방관을 '암흑계 최종 보스'로 묘사하는 조선의 설화는 심연을 마주하다가 곧 심연이 되어버린 그들의 모습을 반영한 것이었습니다.

이러한 상황을 고려하면 조선이 부패한 책임을 이서 계층에게만 돌리는 것은 매우 부당합니다. 지방관의 작은 도덕적 해이는 눈덩이 굴리듯 점차 커져만 갔고, 어느새 부패의 핵심이 되었죠. 가끔 아전이 엄청난 횡령을 저지르는 일도 있었으나, 그들을 '가난한 이서'라고 표현하는 사료가 적지 않습니다. 즉 그들의 횡령 범죄 중 적지 않은 케이스가 지역 커뮤니티 안에서 벌어지는 '생계형 범죄'에 속했던 것이죠.

그러나 지방관은 조선 행정 체계의 상징이었습니다. 사대부들은 덕치(德治)의 영향력을 만백성에게 전파하다 보면, 모두가 양심에 귀 기울이는 사회가 될 수 있을 것이라 믿었죠. 그래서 백성과 가장 가까이에 있는 지방관에게 상당한 권력을 몰아줬습니다. 물론 앞서 본 것처럼 그들이 책임만 있고 실제적 권한이 없는 전형적인 '중간 관리자'라는 한계도 있었으나, 반대로 개혁의 주체가 될 가능성도 그들에게만 허용되는 것이었죠.

그 막중한 역사적 책임을 외면한 '일부'가 저지른 불법과 탈법은 사회의 윤리적 통념을 조금씩 무너뜨렸습니다. 특히 환곡을 재테크 수단으로 삼았던 행보는 공동체 최후의 안전망까지 발로 걷어차는 행위였죠. 어느 순간 공정이나 합리는 그들에게 어울리지 않는 단어가 되었고, 원칙대로 일하는 지방관은 시대의 어둠에 묻혀 이름조차 남기기 어려워졌습니다.

백성들, 이전투구의 밥상에 숟가락을 내밀다

몇 년 전, 우리나라의 한 정치인이 그리스를 예시로 들며 이렇게 말한 적이 있습니다.

"복지 과잉으로 가면 국민이 나태해지고, 나태가 만연하면 필연적으로 부정부패가 따라온다."

한 이상한(?) 정치인은 이렇게 말했습니다.

"예산이 부족한 게 아니라 나라에 도둑놈들이 많은 것이다."

얼핏 보면 우리가 읽고 있는 조선의 기록들은 이러한 주장들을 확실히 뒷받침하는 것 같습니다. 조선은 국가 예산의 상당수를 복지 정책에 투입했지만, 위부터 아래까지 나라에 도둑놈들이 많아 그 예산의 절반 이상을 슬쩍했죠. 중앙에서는 날마다 백성들의 고충을 입에 올리며 해결책을 고심했지만, 조선왕조 내내 백성들은 굶주림만 면해도 행복한 삶이라 할 지경이었습니다. 이러한 면면을 보면, '국민의 나태를 막고 부정부패를 줄이기 위해 복지를 줄여야 한다'고 결론짓는 것이 자연스러워 보입니다.

조선에서도 이러한 의견이 있었습니다. 환곡제도 도입을 놓고 왈가왈부하던 세종 시기, 상소 하나가 올라옵니다.

환곡 창고의 설치와 운영이 법대로만 이뤄진다면 참 좋겠지만, 사람들의 마음이 진실하지 못하면 부작용이 적지 않습니다. 대체로 무식한 백성들은 미래의 일을 생각하지 않습니다. 추수를 하면, 계 모임이다 뭐다 해서 당장 눈앞에 있는 곡식으로 먹고 마시기 바쁩니다. 절간에서 부처에게 공양한다고 퍼주고, 또 신령님께 굿한다고 퍼줍니다. 이렇게 곡식을 있는 대로 다 쓰고 나서 말합니다.

"내년에 농사지을 종자와 먹거리는 환곡이 있으니 무슨 걱정이 있겠어?"

그리고 다음 해 봄이 되면, 다들 관아로 몰려가 환곡을 달라고 조릅니다. 날마다 급하게 졸라대면, 수령들도 '좋은 게 좋은 거다.' 하면서 곡식을 퍼줍니다. 그렇게 환곡 창고에 모아둔 곡식이 바닥나면, 다음으론 군량미를 빌려 채워놓습니다.

가끔 상급 기관에서 감사라도 나오면, 백성들은 저장해둔 곡식에 대해선 입을 싹 닫고 그저 '곡식이 없어 죽겠다'며 호소하기 바쁩니다. 수령은 징계를 받을까 봐 두려워 그저 백성들이 달라는 대로 곡식을 내줍니다. 나아가 백성들끼리는 서로 곡식 타내기 경쟁이 붙어, 조금이라도 적게 받으면 마치 손해를 본 것처럼 생각합니다.

이러한 관습이 여러 해 동안 계속되면, 백성들의 환곡 부채는 수십 석에서 백 석 정도까지 쌓입니다. 그러나 백성들은 '버티다 보면 나라에서 탕감해주겠지?'라고 생각하면서 갚지 않습니다. 이러다가 흉년이라도 만나면 저축한 곡식이 모두 떨어지고, 수령은 고통받는 백성들의 모습을 보며 차마 상환을 독촉하지 못합니다.

― 1439년 10월 2일 『세종실록』

1423년, 아직 '뉴비 왕'이었던 세종은 의창을 설치하면서 국방비를 땡겨 100만 석을 예산으로 '낭낭하게' 퍼줍니다.[81] 이때의 환곡은 2% 정도의 이자만 받던 초보적인 단계였죠. 그런데 해가 거듭될수록 지역의 환곡 창고가 동나고 있다는 보고가 속속들이 올라옵니다. 세종의 야심 찬 프로젝트에 문제가 발생한 거죠.

이 상소를 올린 부처는 사헌부(司憲府), 즉 지금의 감사원입니다. 관료들이 무엇을 두려워하는지 가장 잘 알았던 부처죠. 행정 현장에서 벌어지는 모순에도 익숙했을 것입니다. 그들은 다양한 사례를 검토하여, 재정이 거덜 나는 이유를 '백성들의 도덕적 해이'로 정리합니다. 상소의 주요 논지를 정리하면 이렇습니다.

백성	• 환곡을 보험처럼 생각하면서 추수한 곡식을 흥청망청 낭비함 • 상환 능력을 한참 벗어난 양임에도 일단 대출하고 봄 • 저축한 걸 숨기고 쌀 한 톨 없다고 주장함 • 경쟁하듯이 곡식을 대출함
지방관	• 곡식이 모자라다는 사실을 외면하고 일단 달라는 대로 줌 • 흉년을 맞으면 아예 독촉도 못 함
정부	• 복지 예산이 바닥나면 국방비를 비롯해 다른 예산을 투입함

전형적인 도덕적 해이 사례입니다. 원래는 정 힘들 때 빌려주기 위해 만든 창고였는데, 어느새 국민 모두의 보험이 되어 오히려 과소비를 부추기고, 나라 예산을 갉아먹으며 국가를 파산시킨다는 비판을 받게 되었죠. 실제로 1448년 세종은 다시 한 번 국방비를 투입해 환곡 창고를 채웁니다.[82]

의창은 무상 지급과 유상 지급 두 가지 방식으로 운영되었지만, 재정 고갈로 결국 조기 마감합니다. 그 대안이 이자율을 10%로 높이고 이자를 지방 재정에 충당하게 하여, 지방의 재정 건전성을 확보하면서 동시에 구휼 능력을 갖추게 하는 것이었죠. 그로부터 수백 년 뒤, 이 제도는 어떻게 자리 잡았을까요? 숙종 시기 지방 지식인이 올린 상소를 보겠습니다.

정읍에 사는 김남두(金南斗)가 상소하였다.

'요즈음 환곡과 구휼 정책의 부작용이 극심합니다. 환곡 정책을 살펴보면, 좋은 쌀은 모두 아전과 지역 유지에게만 지급되는데, 상환받을 땐 가난한 백성들에게만 독촉하고 아전과 유지는 눈감아줍니다. 이들은 상환하지 않으면서 해마다 계속 받아먹기만 하고, 어쩌다 한 번 상환하더라도 쭉정이를 섞어 상환합니다. 나라에서 환곡 부채를 탕감해줘도 그 혜택은 아전과 지역 유지에게만 돌아가고, 평범한 백성들은 전혀 수혜를 입을 수 없습니다. 결국 평범한 백성들은 사돈의 팔촌까지 환곡 부채를 갚아야 하는 상황입니다.

구휼 정책도 문제가 많습니다. 재난지원금 지급 대상을 심사할 때면 아전이 수를 써서 부유한 자와 가난한 자가 모두 곡식을 받습니다. 정작 먼 곳에 사는 가난한 백성이 지급 대상에서 누락되어 떠돌아다니는데도, 자기 관할이 아니라면서 문전박대합니다.

구휼미를 마련하기 위해 곡식을 기부받는 정책에도 문제가 있습니다. 앞서 곡식을 나라에 바쳐 면세 혜택을 얻은 자가 몇 년 되지도 않아 도로 세금을 무는 일이 비일비재합니다. 나라가 약속을 어기는데, 누가 곡식을 기부하겠습니까?'

— 1684년 8월 20일 『숙종실록』

백성들의 의견은 달랐습니다. 백성들은 오히려 아전과 관료의 도덕적 해이가 문제라고 보았죠. 환곡은 지역 유지가 부를 불리는 수단으로 사용되었고, 가장 힘든 백성들을 위해 지급하는 진휼조차 제 기능을 하지 못했습니다. 나라에서는 이런저런 약속을 하며 곡식을 기부받지만, 몇 년 지나지 않아 없던 일인 양 입을 싹 씻었죠.

조선의 복지 정책이 산으로 간 핵심 이유가 도덕적 해이인 것만은 분명해 보입니다. 다만 주 용의자가 백성인지, 지방관인지, 아전을 비롯한 지역 유지인지는 의견이 분분하죠. 그런데 우리는 앞에서 아전 한 명이 횡령한 곡식의 양이 슬쩍한 수준이 아니라 아예 '먹방' 수준이었던 것을 확인한 바 있습니다. 각종 사료에서 지목하는 주된 공격 대상 또한 아전과 유지의 횡령 및 부패 문제, 이른바 말류(末流)의 폐단이었죠.

영의정 정태화(鄭太和)가 보고했다.

"미환수한 곡식을 특별 탕감한 조치에는 정말 백성들을 위하는 임금님의 간절한 뜻이 드러난 것 같습니다. 그러나 요즘 허위로 일을 처리하는 경우가 늘어나, 가난한 백성들이 실질적인 혜택을 전혀 받지 못하고 있다고 합니다. 특히 경북 선산에 사는 부자 한 명은 거짓으로 탕감받은 것이 백 석이나 된다고 합니다."

임금님이 물었다.

"그 부자라는 자가 누구인가?"

"비서관으로 일하는 이동명(李東溟)의 형 이동야(李東野)입니다. 그 당시 수령도 찾아내서 처벌해야 합니다."

— 1666년 11월 5일 『현종실록(顯宗實錄)』

이 기사처럼, 중앙의 관료와 지방의 아전 또는 부호는 조선 중후기 내내 '백성의 고혈을 빨아먹는 자들'로 지목됩니다. 환곡제의 경우, 이

자율이 높지 않았던 세종이나 문종 시기엔 백성들의 도덕적 해이가 언급됩니다. 그런데 환곡의 이율이 높아진 이후부터는 유상 지급하는 환곡제든, 무상 지급하는 진휼이든 상관없이 모든 분야에서 지방관과 아전, 유지가 결합한 부패 문제가 광범위하게 발생했죠.

누구보다 빠르게 남들과는 다르게 정보를 이용하는 이들을 막기 위해 각종 대책이 테이블 위로 올라왔습니다.

> 영의정 서명선(徐命善)이 보고했다.
> "환곡을 탕감해주라는 명령이 매년 연말 인사 평가할 때 내려지기 때문에, 이 정보를 아는 아전들만 그 이익을 취하고 백성들은 어떤 혜택도 입지 못하고 있습니다. 올해는 탕감 명령을 일찌감치 공표하여 백성들도 미리 알 수 있도록 하는 것이 어떻겠습니까?"
>
> — 1781년 8월 20일 『정조실록』

지방관과 아전, 유지의 조합은 아무도 못 막았습니다. 이들은 낄 데 안 낄 데 가리지 않고 다 들이대며 존재감을 뽐냈죠. 이들은 정보를 독점하며 조정에서 민생 대책을 내놓는 족족 그것을 사리사익으로 바꾸는 기적의 연금술을 선보였습니다. 모두가 알 수 있도록 미리 공표해도 이들이 정보를 차단하면 백성은 속수무책이었죠. 설령 정보가 공개된다고 해도, 장부 조작이라는 또 하나의 정보 왜곡을 통해 대응했습니다. 그래서 아예 탕감을 없애자는 의견도 나왔지만, 그마저도 안 하면 백성들이 더는 기댈 곳이 없다는 중론에 차마 그럴 수는 없었죠. 그러나 지방관이 슬쩍, 아전이 슬쩍, 유지가 슬쩍하는 가운데 기대했던 낙수는 이슬비만도 못한 효과로 되돌아왔습니다.

당연히 이들의 정보 교란은 복지 영역에서만 벌어진 것이 아닙니다. 면세와 탈세를 위한 정보 교란도 광범위하고 일상적으로 행해졌죠. 이는 역사상 모든 기득권층이 시도해온 고유 기술입니다. 이들의 패기에는 힘 있는 도지사급 관료도 손쓸 도리가 없었습니다.

보고서를 받아 보았지만, 여전히 문제가 많음. 꼼꼼히 조사하라고 지시했건만, 직접 찾아보지 않고 구두로 보고받은 것을 그대로 받아 적은 것이 많아 신뢰할 수 없음. 다시금 담당자를 선발해 재조사를 지시함. 만약 지난번 담당자가 했던 것처럼 지인의 부탁이나 사사로운 정, 혹은 양반가의 위세에 눌려 부잣집을 가난한 집이라고 보고한다면 무거운 처벌을 피할 수 없을 것이니, 아래에 적힌 사항을 각별히 유념하길 바람.

- 호적 없는 집이 475호가 넘었음. 올해 봄에 호적 정리를 마쳤는데, 도저히 이해할 수 없는 수치임. 분명 지역 유지와 양반, 아전 등이 노비를 호적에서 빼내 환곡을 추가로 받으려고 한 것일 테니, 꼼꼼히 조사하여 진휼 대상자에서 제외할 것.

- 흉년 등급을 매긴 것이 조잡하고 신뢰할 수 없음. 특히 3등급 흉년이라고 평가한 집들이 죄다 마을에서 부유한 집들뿐이니, 사실대로 조사한 것인지 믿을 수가 없음.

− 1762년 9월 16일 『각사등록』 「오산문첩(烏山文牒)」

1762년(영조 38년), 예산 현감의 책상 위로 보고서가 올라옵니다. 구휼 대상자 선정 심사 내용을 담은 서류였죠. 그러나 보고서를 읽은 현감은 고개를 절레절레 흔듭니다. 딱 봐도 진휼 대상자를 엉망진창으로 선정했기 때문이죠. 현감은 담당자에게 재조사를 지시하면서 '또 이렇게 하면 중징계한다'고 엄포를 놓고 있습니다.

보고서의 첫 번째 큰 문제는 진휼 대상자로 선정된 가구 중 400가구 이상이 호적에 등록되지 않은 유령 가구였다는 점입니다. 현감은 곧바로 그 이유를 분석해냅니다. 바로 노비를 분가시켰기 때문이었죠. 환곡이나 진휼은 가구 단위로 지급되었기에, 노비가 많은 양반가는 노비를 분가시켜서 재난지원금을 신청했습니다. 일종의 위장전입이죠. 오늘날에도 있는 자들의 위장전입은 반드시 자녀 교육이나 부동산 관련 이득과 연결되어 있습니다.

두 번째 문제는 재난 평가에 있었습니다. 흉년이 발생하면 진휼을 위해 먼저 재난 평가를 진행했습니다. 1등급이 가장 심한 피해를 입은 사람들이었고, 3등급이 피해를 보았으나 그럭저럭 견딜 만한 사람들이었죠. 그런데 고을에서 부유한 자들이 모두 3등급으로 평가됩니다. 실제로는 진휼을 받지 않아도 되는데, 조금이라도 지원금을 주기 위해 억지로 밀어넣은 것입니다. 이 역시 요즘 각종 지원금 부정 수급 사례에서 빈번히 발생하는 유형이죠.

이렇게 제도의 빈틈을 이용하고, 인맥을 동원해서 불가능을 가능으로 만드는 사례가 관습으로 굳어가자, 어느 시점에선 도저히 손쓸 수 없는 단계에 이릅니다.

홍주 목사의 보고서를 보니, 관할 구역의 특별세금이 부족해 어쩔 수 없이 환곡을 옮겨 메웠다고 합니다. 그렇게 30년 동안이나 누적된 환곡의 장부상 손실분이 무려 1,487석입니다. 이 일을 해결하기 위해 홍주 목사와 상세히 얘기해보았습니다만, 큰 문제가 있습니다. 환곡 손실을 막기 위해선 결국 특별세금을 제대로 걷어야 하는데, 지역 유지들이 권력가와 결탁해 거리낌 없이 조세 포탈을 저지르고 있습니다. 그들 때문에 의지할 곳 없고 가난한 백성들이 추가 징수를 당하고 있습니다. 공평하지 않은 세금 정책이 관습으로 굳어진 지 오래되었기 때문에, 모든 고을이 모여 과세 방식을 바로잡자고 논의해도 쉽게 고쳐지지 않았습니다.

— 1836년 4월 16일 『각사등록』「충청감영계록」

1836년(헌종 2년) 홍성의 상황입니다. 홍성에는 쌀을 옮기는 배를 운영하기 위한 특별세금이 부과됐는데요, 힘 있는 자들이 조세를 포탈하는 바람에 그들이 내야 할 몫이 힘없는 서민들에게 전가되었습니다. 그렇지만 사정을 아는 지방관으로서는 이들을 마구 독촉할 수가 없었지요. 결국 환곡 자금을 돌려쓰게 되었고, 손실분은 누적되었죠. 이렇게 환곡이 세금과 연결되면서 조세 불공정은 곧 복지 불공정과 같은 말이 되었습니다. 탈세와 부정 수급이 한 세트로 묶인 것이죠.

여기서 한 발 더 나아갑니다. 아전이나 지방관이 시세 차익을 이용해 한몫 단단히 챙겼던 수법이 백성들 사이에도 널리 퍼집니다.

흉년에 대비하기 위해서는 곡식을 저장하는 것이 가장 중요합니다. 그런데 최근 백성들의 행태가 나날이 교묘해지고 탐욕스러워지고 있습니다. 가을에 흉년이 들 것 같으면, 정말로 풍년인지 흉년인지 결과가 나타나기도 전에 부유한 백성과 상인 들이 먼저 움직입니다. 곡식을 미리 다른 지역으로 옮겨두었다가, 조금이라도 흉년의 기미가 보이면 비싼 값에 내다 팝니다. 이런 식으로 마을의 곡식을 소비하니, 정작 구휼이 시급할 땐 중앙의 예산을 투입해서 구제해야만 하는 상황이 발생합니다.

이 사태를 고치기 위해선, 재해가 예측되는 즉시 해당 수령에게 곡식을 마을 밖으로 옮기지 못하게 막으라고 지시해야 합니다. 또 흉년이 발생하면 반드시 해당 고을 안에서만 곡식을 풀게 해야 합니다. 나라에서 알맞은 가격에 그들의 곡식을 사들인다면, 부유한 백성은 적당한 이익을 얻고, 지방관은 필요한 곡식을 충분히 확보할 수 있으며, 가난한 사람은 적절한 혜택을 받을 수 있을 것입니다.

최근에도 며칠 비가 안 내렸다고 벌써 곡식값이 폭등하고 있습니다. 곡식이 부족해져서가 아니라, 장사치와 부자들이 곡식을 감춰뒀기 때문입니다. 그런데도 아무런 조치가 없으니, 담당자들과 시장의 대표자를 처벌해야 하겠습니다.

— 1809년 6월 12일 『비변사등록』

순조 시기 사료입니다. 당시의 재난대책본부 비변사에서는 곡물 가격이 폭등했다고 언급하면서, 기득권의 행태를 고발하고 있습니다. 이들은 흉년이 예측되면 즉각 곡식을 숨겼다가 곡물 시세가 오른 지역에 팔았죠. 이런 사람들이 많아져서 집단을 이루면, 한 지역의 시세를 맘대로 주무를 수 있는 '보이지 않는 손'이 됩니다. 그리하여 원하는 대로 부를 축적하는 '시장의 지배자'가 되는 거죠. 하지만 정작 곡식이 가장 필요한 때에는 고을 안에 곡식이 없게 되는 문제가 발생했습니다. 결국 나라가 곡식을 옮겨다 줘야 했고, 막대한 사회적 비용이 들었죠.

이에 대한 대책이 흥미롭습니다. '흉년이 들 것 같으면 곡식 운반을 통제하였다가 지방 관아에서 이들의 곡식을 사들여 구휼하자'는 대안인데요, 나라에서 곡물 시세를 조절하며 구휼 정책을 적극적으로 펼칠 수 있다는 점을 근거로 들어 주장을 뒷받침하고 있습니다. 지금도 정부가 공공 수매를 통해 쌀 시장에 개입하고, 정부미를 군부대 및 기초생활수급자에게 지급하고 있죠. 이에 대해 순조는 어떻게 답변했을까요? 다시 사료 속으로 가보죠.

임금이 답했다.

"윤허한다. 그러나 곡식을 옮겨 판매하지 못하게 막는 것은 문제의 소지가 있다. 한 지역의 관점으로 보면, 지역 백성이 이웃 고을 백성보다 소중하다. 그러나 왕인 내 입장에서는 모든 고을의 백성이 다 똑같은 나의 자식들이다. 한 지역에서 곡식 운반을 통제하면, 곡식이 절실한 다른 지역은 더욱 힘들어질 것이다.

한 가지 문제가 더 있다. 이익이 있는 곳을 법으로 모두 막을 수는 없다는 것이다. 흉년에 정부가 곡식 시세를 정한다면, 부자들은 더욱 곡식을 숨기고 내놓지 않을 것이다. 결과적으로 지시가 통하지 않게 된다.

따라서 이 안은 지금은 윤허하지만, 세부 지침 사항을 세심하게 고민해야 할 것이다. 그래야 부자는 원망하지 않고, 가난한 자는 혜택을 받으며, 곡식이 필요한 곳에 고르게 분배될 것이다."[83]

— 1809년 6월 12일 『비변사등록』

조선은 장사를 편집증적일 정도로 혐오했습니다. 이익 내는 것 자체를 부도덕한 행위라고 여겼습니다. 물론 그랬던 사대부 집안이 그 어떤 계층보다 부동산 투자와 농장 경영에 열중했다는 점은 아이러니하지만 말이죠. 어쨌든 '상행위 혐오'는 하나의 이념이 되어 모든 정책에 반영됩니다. 그에 따른 부작용도 매우 컸죠.

먼저 시장에 맡기면 자연스레 해결될 일도 반드시 국가 예산이 투입되어야 했습니다. 대표적인 예가 곡식이었죠. 시장에 맡기면 곡식이 자연스레 오갈 텐데, 정부가 상행위를 금지하니 모두 정부만을 바라보게 되죠. 정부는 그에 응해 매번 상당한 사회적 비용을 소모해 백성들을 구제해야 했습니다.

그렇다고 시장이 완전히 사라진 것도 아닙니다. 이익을 내고자 하는 마음은 인간의 원초적인 본능이거든요. 그럼에도 상행위를 억제했기에 시장은 대부분 지하경제 영역에서 열리게 되었는데요, 토대 자체가 불공정했기에 부당거래가 일어나기 너무나 좋은 환경이었습니다. 그래서 조선 복지 정책의 결정적 문제는 '정부의 지나친 시장 통제'라는 의견도 있습니다. 타당한 의견 중 하나입니다.

그렇지만 시장을 완전히 열어둔다고 도덕적 해이가 사라질까요? 우리 시대 시장은 훨씬 자유롭지만 그 안에서 일어나는 도덕적 해이 사례는 열거하기도 힘들 정도입니다. 즉 완벽하게 통제하는 시장에서도, 완벽하게 자유로운 시장에서도 도덕적 해이는 발생합니다. 완벽하게 공정한 시장은 불가능합니다.

이쯤에서 다시금 정리하면, 조선 전기와 조선 후기 환곡제도의 특징은 다음과 같습니다.

	조선 전기	조선 후기
집행 기구	의창	진휼청
기구 성격	구호 기관	대여 기관
이율	2%~3%의 저이자	10%~50% 이상의 고이자
부작용	백성들의 도덕적 해이	지방관·아전·유지의 도덕적 해이
한계	재원 소진으로 지속 불가능	국가 및 개인의 수익 수단으로 전락

조선 전기에 환곡제도는 저이자로 운영되었고, 백성들의 도덕적 해이가 부작용으로 지목되었습니다. 그러나 긍정적으로 평가할 수 있는 점도 충분한데요, 일단 저이자 환곡으로 백성들은 적어도 '더 잘 살았

(well-being)'습니다. '백성들이 술이나 퍼마시면서 곡식을 낭비한다'고 비난하는 사료가 남아 있긴 하지만, 횡령한 환곡을 뇌물로 받아 청나라에서 각종 사치품을 수입했던 18~19세기 가진 자들의 사치에 비하면 귀여운 수준입니다. 나라 재정으로 백성들이 좀 더 즐겁고 행복해진다면, 꽤 잘 쓰이는 셈이라고 할 수 있죠.

문제가 된 건 재원 고갈뿐입니다. 조선이 워낙 저세금 정책을 유지했기에 발생한 문제였죠. 복지 정책 규모에 맞는 조세 개편과 적절한 규제가 동반되었다면, 효과가 부작용보다 컸을 것입니다. 실제로도 조세를 올려야 한다는 주장이 이따금씩 제기되었지만, 왕들은 '민생'을 주장하며 단호히 거부했습니다.

가끔 백성들의 도덕적 해이가 거론되어도, 왕은 전혀 문제될 것 없다고 답했습니다. 다음의 사례처럼요.

임금님이 도성 문밖으로 나가, 서울의 환과고독과 걸인에게 쌀을 지급했다. 호조판서 정홍순(鄭弘淳)이 말했다.
"서울 안에 걸인이 이렇게나 많지는 않을 것입니다. 요즘 백성들의 간사한 짓이 점점 늘어, 분명 부당하게 받는 자가 있을 것입니다."
임금님이 이에 대해 "모두가 나의 자식 같은 백성들이다. 설사 부당하게 받는다 해도, 해로울 게 무엇이 있겠는가?"라고 답하니, 정홍순의 얼굴엔 부끄러운 기색이 역력했다.

— 1770년 1월 2일 『영조실록』

영조가 서울 안의 환과고독, 즉 취약 계층과 걸인을 불러 모아 쌀을 무상으로 지급합니다. 그런데 호조판서, 즉 나라 살림을 담당하는 기획재정부 장관이 '가짜 거지'가 많은 것 같다고 지적하죠. 영조는 '거지든 거지가 아니든, 모두 백성이니 문제될 것이 없다'고 답합니다. 어떤 형태로든 백성들이 수혜를 입을 수만 있다면, 정책 목표가 달성된다는 것이죠. 백성들로서는 이렇게 왕이 직접 분배하는 지원금이야말로 장난질 당할 염려 없는, 가장 확실한 지원금이었을 것입니다.

조선 후기의 환곡제도는 조세와 연결되면서 재정 건전성을 확보했지만, '복지'라는 당초 목적이 상실되어 큰 부작용이 발생했습니다. 물론 여전히 환곡은 백성들의 삶을 지탱해주는 큰 역할을 했습니다. 하지만 정보를 독점한 사람들이 정책을 수익 수단으로 삼았고, 그 결과 빈부 격차가 월등히 커졌죠. 그들은 이렇게 쌓은 목돈을 부동산에 투자했고, 그 결과 우리가 익히 아는, 소수의 지주가 대부분의 토지를 점유하는 역사가 펼쳐졌죠. 즉 조선의 복지 정책이 산으로 간 까닭은 다수 백성의 '만연한 나태'가 아니라, 소수 기득권의 '선을 넘는 수준의 재산 증식 욕망'에 있었습니다.

물론 가진 자와 없는 자를 무 자르듯 나눌 수 없고, 누구든 기득권이 되고자 하는 욕망이 있습니다. 없는 자도 기회만 주어진다면, 가진 자의 행보를 그대로 따라갈 확률이 높습니다. 따라서 부패를 저지른 기득권을 손가락질하는 것보다 부패의 유인을 제거해나가는 것이 더욱 생산적이죠.

지금까지 지방관, 아전 그리고 일부 백성들의 도덕적 해이를 살펴보았습니다. 그들에게는 공통점이 있었습니다. 바로 정보를 독점했다는 것입니다. 그들은 탕감이 언제, 어떻게 이뤄지는지, 환곡은 어떻게 운영해야 하는지, 진휼 대상자 선정은 어떻게 하는지 누구보다 잘 알고 있었습니다.

하늘 아래 빈부가 있는 것은 자연스러운 일입니다. 그러나 정보 독점으로 인한 불공정성은 그 격차를 하늘과 땅 차이만큼 크게 벌렸습니다. 부를 가진 자와 정보를 가진 자가 완벽히 합체한 후 조선은 '국민은 나태하고 부패가 만연한' 세상처럼 엉망이 됩니다. 실제로는 백성 대부분이 새벽같이 나가서 달이 뜰 때까지 농사를 짓는데도 말이죠. 온 가족이 눈뜰 때부터 잠들 때까지 호미질을 해대도, 그들을 옭아맨 가난의 굴레를 벗어나기란 불가능했습니다.

지난 수십 년간의 노력 덕분에 우리나라는 부패 문제에서 상당 부분 벗어나는 데 성공했습니다. 적어도 대놓고 뇌물이 오가는 시대는 아니죠. 그러나 여전히 정치와 경제 영역에서는 직권 오남용과 특권을 이용한 반칙이 매우 심각한 수준입니다. 우리의 소소한 일상에서도 종종 이러한 문제를 마주하게 되고요.

복지 공급자들의 도덕적 해이도 사회 안전망에 이따금 커다란 구멍을 냅니다. 복지 확대와 증세를 위해선 반드시 정부와 복지 공급자에 대한 신뢰가 선행해야 합니다. 즉 사회 구성원 다수가 '납세는 나의 삶과 세상을 더 이롭게 한다'고 굳게 동의해야만 가능합니다. 복지는 공정과 정의 등의 가치를 지향해야 하고, 시민이 그것을 피부로 느낄 수 있어야 합니다. 그래야만 증세와 복지 확대가 시민의 동의를 얻고 순조롭게 진행될 것입니다.[84] 특히 민주 사회라면 그것이 '옳은' 모습이겠죠.

그래서 '복지를 확대하면 국민이 나태해지고, 국민이 나태하면 부패가 만연해진다'는 말은 무책임합니다. 불평등과 불공정을 개선해나갈 수 있는 수단이 복지이기 때문입니다. 지금까지 우리가 실행해왔던 '저부담-저복지' 기조는 불평등이 확대되는 것을 막지 못했습니다. 조선의 선례를 따라가고 있는 것입니다. 어쩌면 복지 정책이 오히려 불평등을 가속시켰던 선례마저 따르게 될지 모릅니다.

받는 자
: 이마저 없으면 어찌 살라는 말이오!

지금까지 조선의 복지 정책을 신나게 탈탈 털어봤습니다. 그러다 보니 자연히 '안습'하고 석연찮은 부분들이 조명되었죠. 그래서 이번에는 좀 다른 얘기를 해보고자 합니다.

누차 강조해왔듯 환곡과 구휼은 조선이 영혼까지 끌어모아 시행했던 '간판 정책'이었습니다. 그 폐단으로 19세기 조선을 말아먹은 환곡제도 역시 한때는 따끈한 국밥처럼 백성을 든든하게 하던 것이었죠. 태조, 태종, 세종 등 조선의 설계자들은 복지 정책을 고심했습니다. 비록 여기저기 삐걱거리긴 했지만, 어찌어찌 나라가 굴러갔던 것도 복지 정책 덕분이었죠.

한반도는 일단 국가가 들어서면 긴 시간 동안 존속하는 편입니다. 그래서 조선왕조가 500년이나 이어진 원인을 단순히 '조선 고유의 무언가'에서 찾아내는 건 어렵다고 생각합니다. 그렇지만 수많은 관료를 '갈아넣어' 유지해나갔던 복지 정책이 그 원인 중 하나임은 분명해 보입니다. 그래서 아주 단순히 정리하면, 이렇게 말할 수도 있을 것입니다. '조선은 복지로 흥했고, 복지로 망했다.'

그래서 조선의 복지 정책이 민생에 어떠한 영향을 끼쳤는지 살펴보려고 합니다. 그러나 미리 말씀드리자면, 이 대목 쓰기가 가장 어려웠습니다. 백성 스스로 남긴 기록이 거의 없는 상황에서, 그나마 남아 있는 자료로 뼈대를 삼고 빈 부분은 추측으로 채울 수밖에 없었습니다. 그렇다 하더라도 결국 어느 시대나 삶은 다른 듯 비슷하다고 생각합니다. 그 점이 추측을 조금이나마 사실에 가깝게 할 것이라 믿습니다.

공동체를 지탱하는 힘: 조선의 복지 희망 편

크게는 한 나라, 작게는 한 조직이 내부 구성원을 위한 복지 정책에 얼마나 신경 쓰는지 판단하기 위해선, 몇 가지 기준이 필요합니다. 그중 하나가 대상자 선정 과정이죠. 복지 수혜 대상자를 어떠한 기준으로, 얼마나 섬세하게 선정하는지가 그 나라의 복지 발달 수준을 평가하는 중요한 지표가 됩니다.[85] 그런 면에서 조선은 비슷한 시기 그 어떤 나라보다 섬세한 복지 정책을 집행했다고 볼 수 있습니다. 왕조가 존립한 수백 년 동안, 복지 대상자를 파악하는 작업에 각고의 노력을 기울였기 때문입니다.

조선의 설계자들은 나라 안의 취약 계층을 찾아내는 데 집중했습니다. '관리를 파견해 꼼꼼하게 조사하라'는 지시가 주를 이루는 것도 이 시기죠. 물론 이 시기 사료를 보면 아직 행정 체계가 미숙하다는 사실을 엿볼 수 있습니다.

> 민생 담당관을 전국에 파견한 것은 최근의 자연재해로 인한 피해 정도와 백성들의 고충을 파악하기 위해서였다. 환과고독 가운데 생계를 홀로 해결할 수 없는 자는 몇이나 되는지, 또 마을 안에 특별히 어려운 자가 있는지 꼼꼼히 찾아다니며 조사하길 바란다.
>
> — 1413년 12월 21일 『태종실록』

사료에서는 경차관(敬差官), 오늘날로 치면 민생 담당관을 전국에 파견한 이유가 자연재해 때문임을 밝히고 있습니다. '자연재해로 인한 피해'라는 명백한 사유가 있어야만 대상자 조사 및 지원금 지급과 같은 지원 정책이 뒤따를 수 있었죠. 물론 현장에서는 그 기준을 항상 엄격히 적용하지는 않았겠지만, 어쨌든 이 시기 복지 정책은 일회성 이벤트에 가까웠습니다.

그런데 영조 시기에 이르면 다음과 같은 기록들을 찾아볼 수 있습니다.

> 박문수(朴文秀)가 보고했다.
>
> "백성들이 제때 결혼하게끔 돕는 것은 정치의 최우선 업무입니다. 지금 서울과 지방에서 나이 이삼십이 넘도록 결혼하지 못한 여성이 매우 많아, 가슴속에 원망을 담고 살고 있습니다. 역대 법조문을 보

아도, 결혼하지 못한 여성을 돕는 것은 매우 중요한 일이었습니다."

임금이 말했다.

"매우 적절한 의견이다. 서울에서는 담당자들이 조사하고 선혜청에 보고하여 돌봐주도록 하고, 지방에서는 각 지방관이 책임지고 돕도록 하라."

— 1730년 12월 24일 『영조실록』

비서실 및 선혜청 장·차관에게 명하여 환과고독을 불러모아 쌀을 지급하였다.

— 1771년 1월 4일 『영조실록』

선혜청은 당시의 재정 기구입니다. 산하에 조세 및 구휼 담당 부처를 두게 되면서 지금의 기획재정부인 호조를 뛰어넘는 예산 규모를 갖추게 되었죠. 어쨌든 앞선 시기와는 달리, 조선 후기에는 복지 관련 이슈가 발생할 때 특정 부처를 언급하며 명령을 내리는 기사가 자주 등장합니다. 즉 대상자 선정을 위한 행정 체계가 마련되었고, 복지 정책이 비교적 빠르게 집행될 수 있었다는 뜻이죠.

이를 뒷받침하는 조금 재미있는 사료도 있습니다. 영조가 환과고독을 불러모아 쌀을 지급했던 1월 4일자 『비변사등록』의 기사입니다.

영의정 김치인(金致仁)이 보고했다.

"서울 밖에는 결혼할 시기를 넘기거나, 장례 치를 시기를 놓친 안타까운 사람들이 많아, 지원이 필요해 보입니다. 그러나 이번에는 예전처럼 말로만 보고하는 사례가 없도록, 이 사람들을 진휼청에서 각각 방문하여 조사하고 지원하게 하는 것이 어떻겠습니까? 그래야 가장 필요한 사람들이 실제적인 혜택을 받을 수 있을 것 같습니다."

— 1771년 1월 4일 『비변사등록』

영의정은 결혼과 장례를 지원하는 복지 정책이 필요하다고 역설합니다. 그러면서 '예전처럼 말로만 보고하는 사례가 없도록' 하자고 합니다. 중앙에서 복지 정책을 집행하라고 지시해도, 현장에서 소위 '가라'로 처리하는 사례가 종종 있었음을 암시하는 말이죠. 그래서 영의정은 직접 찾아다니며 전수조사를 하자는 의견을 냅니다. 시스템과 체계가 갖춰진 덕분에, 역설적으로 '거짓 행정'까지 가능해졌다는 뜻이겠죠. 오늘날에도 무언가 현장의 비리가 드러났을 때 전수조사하라고 명령하는 모습을 솔찮히 볼 수 있습니다.

어쨌든 능수능란한(?) 거짓 행정이 가능할 만큼, 복지 정책을 집행하는 담당 기관은 나름대로 대상자를 상세히 조사하고, 그것을 데이터베이스화하여 보관했습니다. 핵심은 호적이었습니다. 정약용이 『목민심서』에 수록한 표를 볼까요?[86]

남당리 (南塘里)	신분	직업	군역 대상자	자택 규모	토지 보유량	현금 보유량 (추정)
윤세문	사대부	과거 준비	O	기와집 21칸	약 4만 평	약 1억 원
윤세무	사대부	군인	X	기와집 10칸	약 1만 6천 평	약 1천만 원
윤 업	사대부	과거 준비	O	초가집 10칸	약 2천 평	없음
이억동	양민	어업 종사	O	초가집 2칸		
하 씨 부인	양민			초가집 2칸		
오이재	양민			초가집 2칸		
손희운	양민	상업	O	초가집 5칸	약 2천 평	약 3천만 원
고창득	중인	유생		초가집 10칸	약 8천 평	약 1천만 원
백노미	사노비	엔지니어	O	초가집 2칸	약 4백 평	

남당리 (南塘里)	남성	여성	노인	아이	복지 대상자(恤)	노비	솥 보유 개수
윤세문	5명	3명	남성 1명	남성 1명 여성 1명		남성 4명 여성 4명	
윤세무	1명	1명	없음	남성 1명		남성 1명 여성 1명	
윤 업	2명	2명	여성 1명	여성 1명		남성 1명 여성 1명	
이억동			남성 1명	여성 1명	홀아비		없음
하 씨 부인			여성 1명		독녀		1개
오이재	1명	1명			시각장애인		1개
손희운	2명	2명	남성 1명				
고창득	2명	2명	여성 1명	남성 1명			
백노미	1명	1명					2개

정약용은 지방관들이 방대한 양의 호적 조사 보고서를 만들지만, 정작 일목요연하게 보기는 어렵다고 지적합니다. 그 대안으로 자신이 만든 표를 제시하는데요. 남당리에 사는 사람들 각각의 직업, 재산 보유량, 가족 구성원 수, 노비 수 등을 기록하고 있죠. 정약용은 이 표를 이용해, 지방관이 조세·환곡·진휼 등의 정책을 사실에 기반하여 집행할 수 있다고 주장합니다.

그런데 눈에 띄는 항목이 있습니다. 먼저 휼(恤), 즉 복지 대상자 항목입니다. 이억동 집안은 노인 1명과 아이 1명이 같이 사는, 요즘으로 치면 결손가정에 가깝습니다. 남성 노인 홀로 아이를 보살피는 것은 당연히 어렵겠죠. 이들은 사회 취약 계층에 해당합니다. 정약용은 이억동의 표에 '홀아비', 즉 환과고독 중 환(鰥)에 해당한다고 기록했습니다. 홀로 사는 하 씨 부인은 '홀로 사는 여성'이기에 과(寡), 부부가 함께 사는 오이재는 시각장애인이라는 의미의 맹(盲)을 표기합니다.

두 번째로 눈에 띄는 항목이 있습니다. 정약용은 경제적으로 가장 어렵게 사는 사람들의 경우 특별히 집에 솥이 몇 개 있는지 조사하였습니다. 솥이 아예 없는 집은 스스로 음식을 해 먹을 수 없는 집이므로, 관청에서 음식을 제공하거나 이웃에게 곡식을 지급해 음식을 나눠 줄 수 있도록 도와야 했기 때문입니다. 그래서 환과고독 대상자가 아니었음에도, 사노비인 백노미를 '차상위 계층'으로 분류하고 솥의 개수를 조사했습니다. 요즘으로 치면 '하루에 끼니를 거르는 횟수'에 대한 조사랄까요. 정말 디테일한 지표죠?

정약용은 이를 표로 일목요연하게 정리했지만, 지방관들은 일반적으로 가좌성책(家座成冊)이라는 통계 자료를 만들었습니다. 호적대장이 법적 문서라면, 가좌성책은 호적대장을 만들기 위한 기초 자료였죠. 당연히 이러한 데이터는 환곡과 진휼미를 지급하는 과정에서도 필수적인 근거로 사용되었습니다.

1732년 1월 22일.

가뜩이나 흉년인데 전염병까지 심하니, 요즘은 굶거나 병들어 죽는 사람이 적지 않다. 관아에서 드디어 이번 달 7일부터 진휼을 실시했다. 토지가 전혀 없는 사람들에게는 무상으로 지급하고, 약간의 토지가 있는 사람들은 무상으로 주되 추가 지급하지 않으며, 어느 정도 땅이 있는 사람들은 환곡을 주기로 했다. 특히 땅이 많은 사람에게는 어떠한 지원금도 주지 않기로 하여, 이를 원망하는 반응이 조금 있었다.[87]

— 『승총명록』

구상덕의 일기에는 무상 지급인 진휼과 유상 지급인 환곡의 지급 기준이 토지, 즉 재산 규모였음이 분명히 드러납니다. 이처럼 조선은 인구 조사 사업인 호적, 토지 조사 사업인 양전 등 다양한 행정 데이터를 마련하여 복지 정책을 비롯한 각종 정책을 계획하고 집행하는 근거로 사용했죠. 복지 대상자를 선정하는 명확한 프로세스가 있었다는 점이 바로 조선을 '복지국가'로 분류할 수 있는 이유입니다.

이렇게 심혈을 기울였는데 정책 효과가 전혀 없을 수는 없습니다.

성책, 행정의 최전선

성책(成冊)은 어떤 일을 추진한 후에 그 결과를 정리한 데이터입니다. 가좌성책은 가구 조사를 진행한 후 만든 보고서라고 할 수 있죠. 그런데 실제 호적대장을 보면, 정약용이 경위표를 만든 이유를 이해할 수 있습니다. 수많은 사람에 대한 정보를 '나열'하고 있어, 고을의 상황을 전체적으로 파악하기에는 적절하지 않은 데이터였거든요. 따라서 지방관들은 성책이나 정약용의 표처럼, 실제 행정을 위해 자기 스타일로 편집한 보고서를 만들었습니다. 그래서 성책마다 차이가 있었죠.

물론 성책이 복지만을 위한 데이터라고 할 순 없을 것 같습니다. 오히려 조세나 군역 등 세금을 더 잘 거두기 위해 만들어질 때가 많았죠. 그렇지만 이유야 어찌 되었든 상세히 조사한 덕분에 진휼이 원활하게 집행될 수 있었던 것도 사실입니다. 비록 표준화된 데이터는 아니었지만, 성책을 통해 우리는 조선의 행정이 우리가 짐작하던 것보다 더 꼼꼼하고 세밀했다는 것을 알 수 있습니다.

『목민심서』「호적(戶籍)」에 수록된 경위표」(ⓒ 한국고전번역원)

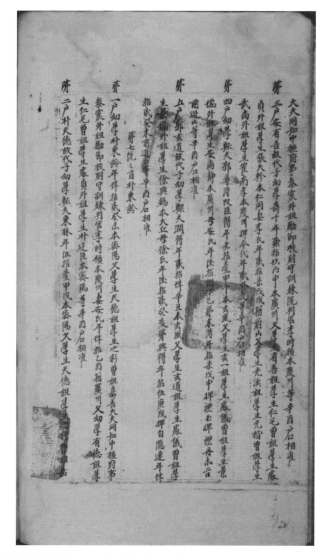

실제 호적대장인 『순조사년갑자울산호적대장(純祖四年甲子蔚山戶籍大帳)』 중 일부
(ⓒ 서울대학교 규장각한국학연구원)

진휼이나 환곡 등의 수혜를 입어 위기를 넘겼다는 기록이 적잖이 남아 있죠.

1732년 4월 12일.

우리 고을 사또에 대해서는 칭찬도 있고 비판도 있었지만, 대체로 칭송이 더 많다. 특히 진휼을 베풀던 날에는 원성도 적지 않았으나, 그래도 타당하게 처리했으니 그런대로 괜찮은 관리라 할 만하다. 처음에는 아사 직전인 사람들을 뽑아 보호소로 보냈고, 지금은 땅이 있는 사람이라 할지라도 굶주림이 심하면 보호소로 보내는 일을 부지런히 하고 있다. 우리 지역이 다른 지역에 비해 굶어 죽은 사람이 적었던 것은 다 사또의 덕이다.[88]

— 『승총명록』

구상덕은 진휼 사업을 공정하게 집행한 사또의 공적을 칭송합니다. 앞에서 지방관에게 주어진 권한 이상의 구휼 의무를 주었다는 것을 본 바 있죠. 그래서 구휼 사업을 공정하고 정당하게 집행한 지방관은 표준이 아니라 모범 중 모범이었습니다. 구상덕은 이 구휼 사업 덕분에 고을 안의 많은 목숨을 구할 수 있었다고 증언하고 있죠.

실제로 구휼을 잘하고 못하고는 인사고과의 중요한 기준 중 하나였습니다. 정약용이 제시한 인사 평가 양식을 볼까요?

〈인사 평가서 양식〉

○○ 현감 이○○

애민 평가: 유기아 7명을 유모에게 맡겨 기르도록 하였고, 늙은 홀아비 4명을 보호했다. —우수

○○ 군수 김○○

애민 평가: 의지할 곳 없는 늙은 독신 남성과 독신 여성을 강제로 마을 백성들에게 맡겨서, 백성들이 뇌물까지 바쳐가며 그 어려움에서 벗어나려 하는 폐단을 만들었다. —미흡

— 『목민심서』 「부감사고공지법(附監司考功之法)」

아홉 개 인사 평가 항목 중 수령이 위기 상황, 혹은 일상에서 구휼 업무를 어떻게 처리했는지 살펴보는 것이 '애민(愛民)' 항목이었습니다. 백성들은 지방관 인사 평가가 공개될 때마다 이 항목을 주의 깊게 지켜보았습니다. 사또가 선정을 베풀었는데도 상(上)을 못 받았으면, 백성들은 글을 지어 사또의 선정을 칭송하며 유임해달라고 요청했습니다. 반면 사또가 일을 엉망으로 했는데도 상을 받으면, 사또를 파면시키기 위해 어사, 상급 기관 등 다양한 루트로 고발을 넣었죠. 그만큼 구휼이 백성의 실제 삶과 매우 밀접한 관련이 있었음을 알 수 있습니다.

어느 시점부터는 총체적 난국이 되었지만, 환곡 역시 매우 소중한 양식이자 재생산을 위한 토대였습니다.

1593년 4월 5일.

노비 두 명을 보내 환곡을 얻어 왔다. 얻어 온 곡식 일부는 사돈댁으로 보내고, 남은 곡식의 반은 큰아들 집이, 반은 우리가 썼다. 전에 양식이 떨어졌는데, 오늘에야 간신히 받은 것이다.[89]

1594년 4월 16일.

어제 환곡으로 받은 벼 1석을 노비들에게 키질하라고 시켰다. 키질하여 얻은 벼 종자를 씨가 드문 곳에 심게 했고, 노비 세 명에게 논을 일구라고 지시했다. 점심을 먹은 후, 나는 김매는 곳에 나가 농사일을 감독했다.[90]

— 『쇄미록』

오희문은 환곡을 어느 때는 소중한 식량으로, 또 어느 때는 논농사를 위한 볍씨로 사용했습니다. 그래서 환곡을 얼마나 받을 수 있는지 꼼꼼하게 신경 썼습니다. 환곡이 없거나 양이 적으면, 한 해 농사에 치명적이었죠. 그는 절박함에 시달리며 인맥을 총동원해서 환곡을 1석이라도 더 받고자 애썼습니다. 때는 임진왜란과 연이은 기근의 시기, 환곡이라도 없었다면 백성들이 다시금 농사에 힘쓰기 어려웠을 것이고, 전후 복구 또한 요원했을 것입니다.

조선의 선비들은 환곡과 구휼의 폐단을 지적하면서도, 환곡이 없는 세상을 상상하기 힘들어했습니다. 양식이 떨어지면 환곡에 기댔고, 그 일부를 종사로 사용하여 다시 농사를 이어갔죠. 사내부도 이러했는데, 백성들에게 구휼, 환곡, 환과고독을 위한 지원금 등이 얼마나 큰 의미였을지 상상하는 것은 그리 어렵지 않습니다.

지금까지 조선의 복지 정책이 실제 백성의 삶에 얼마나 효과적이었는지 살펴보고자 하였습니다. 진휼과 환곡의 긍정적인 효과를 언급한 여러 기록을 볼 때, 조선의 복지 정책이 백성의 삶에 큰 도움이 되었던 것만은 분명해 보입니다. 중앙과 지방관이 만성적인 재정 적자에도 불구하고 제도를 유지하기 위해 갖은 수를 다 쓴 것은 애민(愛民)과 민본(民本)이라는 그들의 강력한 이념 덕분이었습니다.

그 이념이 가리키는 바는 분명했습니다. 비록 밑 빠진 독에 물 붓는 기분이 들지라도, 크게 보면 복지 정책이 공동체를 더욱 튼튼히 하고 생산을 늘리는 기반이 된다는 믿음이었지요. 일부 관료들에게서도 이러한 인식이 분명히 엿보입니다.

우리 읍내는 지역의 근본이니, 더욱 넉넉하게 구휼해야 한다. 그러나 세금과 부역으로 이미 민간의 생활력이 고갈되어, 다들 이 땅을 떠나 이주하려고 한다. 그러니 갓 이사 온 사람들이나 생활이 안정되지 않은 사람들에게는 생계가 안정될 때까지 세금과 부역을 면제해야 한다. 특히 환과고독은 더욱 강력하게 보호해야 마땅하다. 이러한 정책이 지속되면, 자연히 지역의 생산력도 강화될 것이고, 소문을 듣고 사람들이 몰려들어 더욱 살기 좋은 지역이 될 것이다.

— 1736년 2월 10일 『각사등록』 「남원현공사(南原縣公事)」

가문의 중간 관리자, 마름의 추수기

대토지를 소유한 가문은 전국 팔도에 퍼져 있는 농장이나 소작인들을 직접 관리하기 어려웠습니다. 그래서 대리인이자 중간 관리자인 마름의 역할이 중요했는데요, 일 잘하는 공을 인정받은 노비나 글을 배운 상민, 혹은 양반과 친인척 관계로 엮인 자가 마름으로 뽑혔습니다.

마름은 추수가 끝나면 추수기를 작성해서 양반에게 보고했습니다. 소작인마다 땅은 몇 평인지, 올해 추수량은 얼마고, 도정한 후의 양은 얼마며, 소작료는 얼마인지를 정리했습니다. 더 세밀한 추수기는 올해의 생산량과 소요 경비, 전년 대비 수익률 등도 기록했습니다. 이 정도면 기업과 다를 게 없죠.

가계를 경영하는 양반은 수치에 민감해질 수밖에 없었습니다. 평소 자기 수양과 절제, 검소함을 머리로 배우고 몸에 익힌 사람일지라도, 추수기 수치에 울고 웃는 것은 어쩔 수 없었죠. 당연히 그 수치를 불리기 위해 창의적이고 기발한 수를 다 짜냈습니다. 물론 재산을 숨기는 데도 필사의 노력을 기울였죠. 아마도 양반들의 추수기가 세금 계산에 반영되었다면, 조선의 재정은 훨씬 더 풍족하고 건전했을 것입니다.

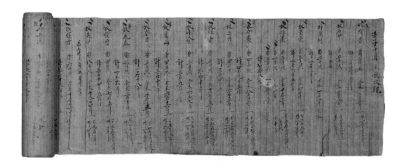

조선 후기에 작성된 어느 지역의 추수 기록, 「추수기(秋收記)」(© 국립중앙박물관)

백성들에게 세금과 부역을 면제하여 더 적극적으로 보호하면 결국엔 지역 총생산의 증가로 이어진다는 남원현 공무원들의 마인드를 엿볼 수 있는 사료입니다. 이러한 인식은 아래로는 지역의 관료, 위로는 왕까지 모두가 공유하는 정치 이념이었죠. 이들의 언급으로부터 '복지가 성장을 주도할 것이다!'라는 강력한 믿음까지 읽어내기는 어렵지만, 적어도 복지가 공동체를 안정시키고, 나아가 공동체를 더욱 건강하게 만드는 초석이라는 인식은 가지고 있었다고 볼 수 있을 것입니다.

그러나 이러한 복지 정책으로 백성의 살림살이가 얼마나 나아졌는지를 평가하는 것은 매우 어렵습니다. 환곡과 진휼, 환과고독 지원금의 대상자가 되었던 사람들이 직접 증언하는 사료가 그리 많지 않기 때문입니다. 있다 하더라도 사대부의 기록이라는 한계가 분명하죠. 또한 복지 정책을 집행한 이후 그 효과를 검증하려는 시도를 그리 하지 않았기 때문에, 국가 전체적인 차원의 실증적 통계도 없습니다. 따라서 투입된 예산 대비 효과가 어떠했는지, 긍정적인 효과가 부정적인 효과보다 컸는지 작았는지를 평가하는 것은 불가능에 가깝죠. 여기서는 많은 부분을 추정에 의지할 수밖에 없습니다

그러나 간접적인 증언으로 볼 때, 조선의 복지 정책이 '굶어 죽는 사람이 없게 하라'는 정책적 목표에 대하여 상당한 역할을 했음은 분명합니다. 안타깝게도 굶어 죽는 사람이 사라지지는 않았으나, 조선이 마련했던 행정 체계와 세심한 정책마저 없었더라면 백성들에게는 상상하기 어려운 '고난의 행군'이었을 것입니다. 실제로 오희문은 전란으로 인해 환곡 창고 운영이 중단되자, 전국의 수많은 백성이 굶어 죽을 것이

라며 걱정합니다.[91] 그 걱정은 현실로 나타났죠. 그런 의미에서 조선의 복지 정책은 조선을 지탱한 강력한 제도였다고 볼 수 있습니다.

착취하는 손길이 되다: 조선의 복지 절망 편

조선은 공동체라는 울타리를 만들고, 그 안에 사는 사람들을 보호하기 위해 최선을 다했습니다. 그런데 울타리 안에서 사는 것이 항상 행복하기만 한 것은 아닙니다. 때론 울타리가 속박의 굴레가 되죠. 그들을 보호하려 했던 구원의 손길은 때때로 착취하는 손길로 둔갑하였습니다. 정약용의 체험을 들어보죠.

호적 정리 기간이 되면, 아전이 백성을 협박하여 호구(戶口)를 늘리곤 했다. 백성들은 그것이 두려워 앞다투어 아전에게 뇌물을 바치며, 호구를 늘리지 말라고 애걸복걸한다. 이러한 폐해 때문에 가난한 마을은 더욱 가난해지고, 부유한 마을은 더욱 부유해져서 백성들의 빈부 격차가 심화했다. 나는 이를 해결하기 위해 토지 및 재산 대장을 만들어 시각화하였고, 지도를 만들고 상세한 정보를 추가하여 지역과 백성들의 상황을 한눈에 알 수 있게 하였다.

어느 날, 한 아전이 군역 대상자를 추가하려고 했다. 나는 그가 가난하고, 외롭고, 병든 이라는 사실을 알았기에 이렇게 꾸짖었다.

"그 백성은 이번에 아무개 지역에서 전입해 온 자로서, 홀아비인 데

다가 다리까지 불편한데, 무슨 수로 국방의 의무를 진단 말인가!"

—『다산시문집』「자찬묘지명(自撰墓誌銘)」

조선은 가구 단위로 세금을 부과하고 환곡을 지급했습니다. 또 가족 구성원의 수와 가족 유형에 따라 세금과 환곡을 다르게 책정했죠. 호구가 늘어날수록 아전의 주머니는 두둑해졌습니다. 반대로 백성의 주머니는 가벼워졌지요. 백성들은 세금을 피하기 위해 아전에게 뇌물을 바칩니다. 그리하여 있는 자는 세금과 부역에서 벗어나고 없는 자는 더욱 막중한 짐을 짊어지는 악순환이 벌어지죠. 한 아전이 환과고독 대상자를 국방세 징수 대상으로 편입하려고 했던 것처럼요. 정약용은 호구 조사의 불공정이 불평등을 불러왔다며 개탄합니다. 불공정과 불평등, 이 둘은 항상 1+1이죠.

앞서 정약용이 시도한 통계 작업은 그리 어려운 것이 아닙니다. 지방관이 조금만 꼼꼼히 보아도 공정하게 처리할 수 있는 작업이죠. 그런데도 그러지 못했던 것을 보면, 조선은 세밀한 시스템을 갖췄지만 시스템을 운영할 전문 인력을 양성하기 위해 충분히 노력하지 않았다고 할 수 있습니다. 아니, 노력의 '방향'이 잘못되었다고 말할 수도 있겠네요. 과거 시험 자체는 어려웠지만, 행정 능력을 판단하기엔 부족한 문제들이 주로 출제됐으니까요.

울타리 안에 산다는 것이 크나큰 속박이 될 때도 있습니다. 그래도 결정적 순간에는 울타리가 생을 이어갈 수 있는 강력한 보험이 되리라는 생각이 울타리를 벗어날 수 없게 하죠. 그러나 울타리 밖에 살거나,

애매하게 경계에 걸쳐 있는 사람들은 어떠한 정책적 시혜도 입기 어려웠습니다. 앞서 살펴본 『충주구황절요』에는 '이웃 고을에서 온 사람들'에 대한 대처 방안이 마련되어 있었죠. 또 정약용의 장부에는 '아무개 고을에서 온 자'라는 설명이 있습니다. 이처럼 울타리 밖의 사람들 또한 포함하려고 노력한 흔적은 있으나, 대부분의 경우 그 대처 방안은 울타리 안의 사람을 향한 규정만큼 세세하지 않죠.

울타리 밖 백성들은 위급할 때 관아를 찾아가도 고구마 백 개 먹은 기분을 느끼기 일쑤였습니다. 시청에 전화하면 이 부서 저 부서로 '전화 돌리기'를 하는 것처럼 "내 관할이 아니오!"라는 말만 듣고 돌아와야 했죠. 이른바 '복지 사각지대'가 만들어진 것입니다.

복지 사각지대는 단순히 한 사람의 불운으로 끝나지 않습니다. 윗선에서 지정한 예산과 지급량이 있는데 누군가가 꼭 필요한 곡식을 받지 못했다면 그것은 곧 '누군가에겐 잉여 곡식이 들어갔다'는 의미이기도 합니다. 그들은 주로 '울타리를 넘어서는 사람들'이었죠. 다음은 꽤 잘나가던 양반이 환곡을 이용해 재산을 불리는 모습을 담은 『묵재일기』속 기록들입니다. 정리해보았습니다.

㉮ 1563년 10월 24일. 노비 신손이가 와서 말했다. "이번에 빌린 환곡을 갚을 곡식이 없습니다. 어르신께 환곡 갚을 곡식을 받고, 대신 제 논을 내놓겠습니다."

㉯ 1563년 10월 27일. 노비 신손이와 후손이가 논 두 마지기를 팔아 환곡을 갚고자 했었는데, 갑자기 팔지 않겠다면서 계약서에 서명하

지 않았다. 나는 목사(牧使)에게 그들에게 환곡 납부를 독촉해달라
고 편지했다.

㉳ 1563년 10월 29일. 신손이와 후손이가 다시 논을 팔겠다면서, 매
매 문서를 만들어 왔다. 나는 매매 문서를 받고, 목사에게 나의 6개
월분 월급으로 신손이의 환곡 원금과 이자를 갚아달라고 요청했다.
목사는 이를 허락했다.

일기 속 신손이와 후손이는 사유재산을 가진 노비들이었지만, 사
회·경제적인 강한 압력이 그들의 사유재산을 파훼했습니다. 노비 신손
이는 이문건에게 상납금을 바치던 외거노비입니다. 그는 환곡을 빌려
쓴 후, 원금과 이자를 납부할 길이 없어 이문건에게 땅을 팔기로 하죠.
그런데 막상 계약서를 쓰기로 한 당일, 땅을 팔지 않겠다고 하면서 파
투를 냅니다. 이에 이문건은 성주 목사에게 편지를 보내, 신손이의 환곡
빚을 더욱 독촉해달라고 부탁합니다.

신손이의 저항은 채 3일도 가지 못했습니다. 목사로부터 엄한 독촉
을 받았던지, 곧 매매 문서를 만들어 이문건에게 가져옵니다. 이문건은
그렇게 그들의 땅을 취한 뒤, 목사에게 편지를 씁니다. 그 내용이 재미있
는데요, 자신의 6개월분 급료로 신손이와 후손이의 빚을 '땜빵'해달라
고 부탁하죠. 신손이에게 환곡 갚을 벼를 직접 내주는 것이 아니라요.

1563년(명종 18년) 이문건은 성주에서 유배 생활을 하고 있었습니
다. 어째서 유배 중인 죄인에게 급료가 지급됐을까요? 그는 유배 생활
가운데서도 학문과 경력을 바탕으로 지역의 관료, 학자, 종친 등 수많

은 사람과 관계 맺으며 영향력을 공고히 해나갔습니다. 민원을 관청과 연결하고 관료의 자녀를 교육하는 등 지역의 크고 작은 일을 맡아 합니다. 자연히 지방관과의 커넥션도 점점 강해졌죠.

결국 노비 신손이는 자신의 논 두 마지기를 이문건에게 내놓게 됩니다. 환곡 빚을 탕감받은 것 외에 특별히 뭔가 얻은 것도 없습니다. 어쩌면 신손이는 상전 이문건의 호의를 기대했을지도 모르지만, 이문건에게 신손이는 그저 '비즈니스 관계'였나 봅니다.

이렇게 신손이는 환곡으로 땅을 잃고, 이문건은 환곡으로 땅을 얻습니다. 하지만 위의 내용이 다가 아닙니다. 이문건은 더욱 '세련된 방식'을 구사합니다. 다음의 일기들을 보시죠.

㉣ 1551년 3월 23일. 어제 목사에게 특별 환곡을 받고 싶다고 편지를 보냈는데, 내줄 수 있다는 답장이 왔다. 곧바로 괴산 논 주인 김세소와 권예손 등에게 특별 환곡을 받았으니 땅을 사겠다고 편지를 썼다. 또한 사또에게 감사 편지를 보내며, 가을에 환곡을 갚을 때 목사의 직권으로 변제량을 줄여달라고 요청했다. 목사는 곧바로 노비 옥춘이와 난을금의 집에는 보리 3석과 벼 5석을, 우리 집에는 벼 5석을 지급한다는 확인서를 작성해주었다.

㉤ 1551년 3월 26일. 김세소가 특별 환곡으로 받은 보리 3석과 벼 5석을 자기 가족들과 나눠 쓰겠다면서, 괴산 논 6마지기와 밭 1두락의 매매 문서를 작성해 보냈다.

㉥ 1551년 5월 8일. 목사가 내게 "환곡 회계 장부 안에서 김세소와

권예손 앞으로 각각 달려 있는 보리 3석씩을 이미 말소했습니다."라고 말했다.

㉠ 1552년 11월 9일, 11월 25일. 작년에 받은 환곡 중 벼 2석을 모두 납부했다. 목사가 공문을 보냈는데, 작년에 내준 환곡 벼 5석 중 3석을 빼준다는 내용이었다.

㉣부터 ㉠까지의 일기는 트릭에 트릭이 이어지는, 환곡으로 만드는 기적의 재테크 내용입니다. 3월 22일, 이문건은 성주 목사에게 양반이나 지역 명사에게만 지급되던 특별 환곡을 받고 싶다고 편지를 보냅니다. 다음 날, 목사는 특별 환곡 지급을 승인합니다. 이문건은 곧바로 김세소와 권예손에게 편지를 보내, 특별 환곡으로 괴산의 땅을 사겠다고 합니다. 원곡과 이자를 목사의 직권으로 줄여주겠다는 약속도 받아냅니다. 상황은 순조롭게 흘러 3일 뒤 이문건은 김세소의 땅을 얻어냅니다.

이후 노비 옥춘이와 난을금의 집에 각각 보리 3석과 벼 5석이 환곡으로 지급됩니다. 이문건 본인도 벼 5석을 받았죠. 이문건의 집에 지급한 특별 환곡은 행정상으로 문제의 소지가 없었습니다. 그런데 왜 옥춘이와 난을금에게 환곡이 지급되었을까요?

사실 옥춘이와 난을금은 각각 김세소와 권예손의 노비였습니다. 결국 특별 환곡을 받고 싶었던 사람은 이문건이 아니라, 김세소와 권예손이었죠. 두 사람에게 직접 지급하지 않은 까닭은 아마도 행정상의 이유가 아닐까 싶습니다. 양반보다 노비가 지급 대상자 자격이 충분하고, 지급하는 양도 많았기 때문이죠. 이른바 차명 계좌를 이용한 거래였습니다. 특별 환곡을 받은 두 노비는 그대로 자신의 상전인 김세소와 권예 손에게 가져다 바쳤습니다. 이후 성주 목사는 두 사람의 환곡 빚 중 보리 3석을 직권으로 탕감해줍니다.

특별 환곡을 타낸 두 사람은 이문건과의 거래를 마무리합니다. 특히 김세소는 자신의 땅을 넘겼고, 환곡 빚을 깎을 수 있었죠. 이문건 또한 이 기회를 이용해 특별 환곡(벼 5석)을 받고, 괴산에 있던 김세소의 땅도 얻어냈습니다. 두 노비 역시 직접 환곡을 받은 것은 아니더라도, 주인으로부터 모종의 대가를 받았을 것입니다. 마지막으로 성주 목사는 지역 유지들과 연대를 굳히고 영향력을 강화하였습니다. 청탁에 청탁, 목사와 이문건의 직권 오용, 차명을 이용한 부당 거래, 그리고 부동산 투자까지. 당장 신문에 실려도 위화감이 없을 정도입니다. 오늘날 벌어지는 비리 사건 못지않게 생동감이 넘치죠.

그렇다면 이 거래에서 손해 본 사람은 누구일까요? 바로 공동체입니다. 제도의 빈틈을 이용해 이익을 취하는 것이 관례가 되고, 환곡은 지역 사족이 부동산을 독점해나가는 수단으로 전락했으며, 정말 필요한 사람들은 우선순위를 빼앗겼습니다.

그렇다면 이들이 울타리를 고무줄 넘듯 가뿐히 뛰어넘는 동안, 이들을 막아야 할 자들은 도대체 어디에 있었을까요? 안타깝게도 그들 역시 비리를 저지르는 주체였습니다.

㉮ 1556년 10월 2일. 류응벽이 환곡 납부를 감독하기 위해 우리 지역에 왔다면서 나를 찾아왔다. 내가 쓴 시집을 보여주며 얘기를 나눴다.

㉙ 1561년 11월 12일. 송응세가 환곡을 납부하지 않아 매를 맞게 생겼다면서 사정사정했다. 목사에게 송응세를 처벌하지 말아달라고 요청했지만, 오히려 목사는 화가 나서 송응세를 감옥에 가둬버렸다.

환곡 납부를 감독해야 할 감독관은 이문건의 집에서 문학 토론을 했습니다. 송응세가 매 맞는 걸 빼달라는 청탁을 들은 목사는 이문건은 쏙 빼고 송응세에게만 화풀이를 하죠. 즉 이들은 모두 환곡을 타 먹는 입장이자 언젠가 환곡을 주는 입장이며, 동시에 울타리를 만드는 사람들이었습니다. 그래서 어느 때고 서로 간의 '암묵적 합의'가 이루어졌습니다.

이문건은 특별히 부패한 사람이 아니었습니다. 그는 길 가다 발견한 유기아를 데려와 양식을 제공할 정도의 선의를 가진 평범한 사람이었죠. 그저 거의 모든 사회적 관계를 포기하지 않는 이상 이 수레바퀴에서 벗어나기란 불가능했던 것뿐입니다.

환곡은 분명히 백성들에게 간절히 필요한 제도였지만, 그 때문에 발생한 사회적 비용은 막대했습니다. 환곡 때문에 거의 매년 민심과 여론이 흔들렸죠. 김령은 『계암일록』에 환곡 운영 과정을 지켜보던 사람들의 반응을 꼼꼼히 기록해놓았습니다. 그의 일기를 통해, 불공정한 환곡 운영이 백성들의 삶을 어떻게 뒤흔들었는지 살펴보겠습니다.

『묵재일기』 속 이문건 가의
또 하나의 가족, 지방관

이문건 가(家)는 환곡뿐 아니라, 다른 분야에서도 불공정한 축재를 했습니다. 이른바 방납(防納)입니다. 당시 이문건의 유배지였던 성주는 실크, 즉 명주를 특산물로 바쳐야 했는데요, 이문건과 그의 아내 김돈이는 명주 공방을 차리고 누에치기에서부터 명주 생산까지를 감독했습니다. 물론 실제 노동은 노비들이 했지만요. 이렇게 지역 내 최대 명주 생산자 중 한 명으로 올라서는데, 방납 과정은 이렇습니다. 지역 사람들에게 특산물 생산량이 할당되면, 우선 이문건 가에서 생산한 명주를 관아에 납부합니다. 그러면 지역 사람들은 책정된 명주 가격에 따라 이문건에게 그 대가를 지불하는데요, 이때 이문건 가는 평균 시세보다 4~5배나 많은 차익을 거뒀습니다. 당연히 지역 사람들에게 대놓고 욕을 먹었고, 이문건 자신도 떳떳하지 못했습니다. 하지만 명주 생산으로 거두는 이익이 워낙 막대했기에 방납을 포기하지는 않았습니다. 이문건 가는 이렇게 쌓은 부로 성주 지역의 땅을 계속해서 사들이며 순탄하게 재산을 불려갔습니다. 이문건 가의 명주 생산 독점 및 방납 행위는 모두 당시 성주 지방관들이 묵인

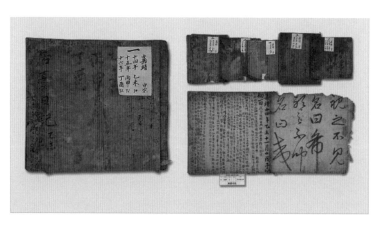

『묵재일기』 (© 장서각기록유산DB)

내지는 협조해주었던 덕분에 가능한 일이었습니다. 아무리 지역에서 명망 높은 사대부였다지만 그래도 유배객인데 한 지역을 들었다 놨다 할 정도의 경제력을 차지할 수 있었다는 점이 놀랍죠. 그렇다면 권력까지 가진 사람의 힘은 도대체 어느 정도였을까요? 가늠하기 어렵습니다.[92]

㉮ 1630년 7월 24일. 올해는 오곡이 모두 풍성하여 풍년이 틀림없다. 그런데 내일 예안 현감이 환곡을 나누어준다고 한다. 정작 봄에는 풀지 않다가 이렇게 풍년이 들고 추수가 머지않을 때 강제로 내어준다니, 어처구니가 없다.

㉯ 1622년 12월 6일. 관아에서 환곡을 충당해야 한다며 집집마다 미곡 납부량을 강제로 할당했다. 지난 1619년과 1620년에 흉년이 들었을 때, 진휼관 윤성민은 쌀을 여유 있는 집에서 빌려서 썼다. 전 현감 또한 그랬으며, 감영의 아전들도 나라에 쌀을 빌려주면서 위기를 넘겼다. 그런데 지금은 각종 물품을 집마다 거두고 있으니, 무리수가 따로 없다. 사신을 접대하는 데 환곡을 얼마나 써먹었길래 궁핍한 백성들에게까지 거둔단 말인가. 통탄스럽기 짝이 없다.

두 일기는 환곡제도의 취지를 훼손한 운영 사례를 보여줍니다. ㉮에선 봄에 내주고 가을에 거둬들이는, 기본 중의 기본 원칙을 무시한 사례가 등장합니다. 이 억지 운영의 의도는 명백했습니다. 환곡을 채울 수 있을 때 최대한 채우겠다는 뜻이죠. 이런 식의 환곡 운영은 가계 부채를 증가시켰습니다. 나아가 꼼꼼한 장부 운영을 바탕으로 백성의 상황을 고려하여 탕감 제도를 적용하는 것이 아니라, 아전이나 유지의 축재 기회로 악용했다는 점이 가장 큰 문제였죠.

㉯를 보면 봄에 빌린 것만 갚으면 되는 제도의 취지 또한 무너지고, 환곡을 징세 수단으로 활용하고 있습니다. 세금 걷기에 가장 좋은 명분이 환곡이었거든요. 김령은 환곡이나 진휼곡이 정 급할 땐 관청에서 고

을 안의 부유한 사람에게 빌려 쓰는 것이 관례였다고 언급하면서, 지금의 곡식 징수가 환곡용이 아니라 나라의 재정을 채우기 위함임을 비판합니다. 이렇듯 김령의 일기를 보면 환곡이 백성에게 큰 부담이 되기 시작했다는 사이렌이 신나게 울리는 것 같습니다.

그러나 어쩌면 이 정도 부담은 양반이었을지 모릅니다. 1629년(인조 7년), 환곡으로 인한 '줄구속 사태'는 예안현을 충격과 공포의 도가니로 몰아갔습니다.

㉣ 1629년 10월 26일. 안동은 환곡 독촉이 끓는 물보다 더 뜨겁다. 집안 중 한 사람이라도 연루되면 모조리 감옥에 가뒀는데, 옥에 갇힌 사람이 수백 명이나 되었다. 얼마나 죄수가 많은지 죄수에게 씌우는 칼이 모자라 문짝을 뜯어 칼을 만들고, 옥에 다 수용할 수도 없었다. 곤장을 맞고 죽는 자들도 부지기수였으니, 끔찍할 따름이다. 대다수의 백성이 땅과 집과 노비를 팔아도 환곡 빚을 다 갚을 수가 없으니, 고을 안 모든 백성이 살아갈 의욕을 잃었다. 물론 안동의 환곡 관습도 문제가 있다. 환곡을 빌려 먹고 수 해 동안이나 납부하지 않았으니, 조만간 가혹한 독촉이 있으리라는 것을 예상했을 것이다. 스스로 자초한 자들은 징수당하는 것이 마땅하지만, 징수 대상자가 사라져서 그 폐해가 일족 전체에 끼친 집안으로서는 억울하기 짝이 없는 일이다.

㉤ 1629년 11월 6일. 우리 읍은 요즘 환곡 때문에 옥에 갇히는 양반이 한둘이 아니었으니, 상민은 말할 것도 없다.

⑪ 1629년 11월 8일. 집안사람 김환이 요즘 환곡을 처리하느라 눈코 뜰 새 없이 바쁘다고 한다. 그의 사촌 형인 김현은 160석을 납부할 길이 없어 막막한 상황이고, 그의 아우는 60석을 납부해야 한다. 그래서 조상에게 물려받은 토지를 태안 군수 조명욱에게 팔았는데, 토질이 정말 좋은 땅이었는데도 고작 베 45필밖에 못 받았다고 한다. 워낙 급하게 팔다 보니 제값을 못 받은 것이다. 권득수도 환곡 때문에 조상 대대로 살아온 집을 팔려고 했으나 산다는 사람이 없으며, 다른 사람들도 다들 땅과 집, 노비를 팔아 환곡 빚을 갚고 있다. 이것이 다 일족에게까지 체납된 곡식을 뜯어내려 하기 때문이다.

1629년 전후는 나라 재정이 심각하게 흔들리던 때입니다. 인조반정 이후 새로 들어선 인조 정권은 급변하는 국제 정세와 불안한 국내 정세에 대응하기 위해 세금을 빡빡하게 거뒀는데요, 1628년 9월 19일 실록을 보면 경상 감사가 흉년을 이유로 감세를 요청하는 장면이 나옵니다. 그런데 호조는 "지금 1년 세입이 세출을 감당하지 못하여 부족한 양이 무려 2만여 석이다. 이런데도 나라에서 백성의 고난을 돌아보지 않고 세금 뜯어갈 궁리만 하는 것처럼 군다."라면서, 도리어 경상 감사에게 불만을 표하지요. 그만큼 심각했다는 얘기입니다. 반정 당시에는 이전의 환곡 빚을 모두 탕감하는 관대한 조치도 있었지만, 곧 조선의 정세는 바람 앞 등불과 같은 처지가 되었고, 국가 경제 또한 심각한 위기에 봉착했습니다.

이 위기감은 전국적인 환곡 독촉으로 이어지는데, 안동이나 예안이나 다들 난리였습니다. 환곡 미수 대상자에게 상환 능력이 없으면 일가 친척에게까지 징수하다 보니, 양반이고 상민이고 할 것 없이 죄다 옥에 갇혔습니다. 마구잡이로 다 잡아들이다 보니 죄수에게 씌우는 칼도 부족하고, 감옥은 더 가둘 수도 없을 정도로 가득 찼으며, 곤장 맞다가 사망하는 사람들도 수두룩했죠.

생명이 오락가락하는 위기 앞에서 재산을 지킬 여유는 없었습니다. 동네마다 조상 대대로 살아온 집과 땅, 노비를 팔아 환곡 빚을 갚으려 했죠. 당연히 그 재산은 죄다 헐값으로 팔렸고, 있는 자의 부는 눈덩이처럼 불어났습니다. 김령은 이것이 '일족에게까지 환곡을 환수하는 폐단 때문'이라고 지적합니다.

그런데 사태가 이 지경까지 흘러온 것이 비단 운영자의 실책 때문만은 아닙니다. 김령은 안동 사람들이 환곡 갚을 것은 생각하지 않고 무작정 빌려다 펑펑 쓴다고 걱정합니다. 눈앞에 펼쳐진 광경은 그 걱정이 현실로 나타난 것이었죠. 즉 만성적인 재정 적자와 큰손들이 벌여온 도덕적 해이가 모든 사람의 피와 땀을 짜내는 고통으로 되돌아온 것입니다.

불공정한 환곡 운영이 어떻게 공동체를 위협했는지 더 적나라하게 보여주는 기록도 있습니다.

㉻ 1624년 2월 3일. 군부대용 곡식을 환곡으로 옮겨 백성들에게 나눠줬는데, 쌀을 찧어봤더니 대부분이 알맹이가 없는 쭉정이였다고 한다. 백성들에게 큰 피해를 준 것이다. 심지어 상급 관청의 명령으

로 쌀을 내어준 것이었음에도 일을 이렇게 했으니, 놀라운 일이다.

㉑ 1637년 4월 29일. 흉년이 심각해 특히 가난한 사람들이 위험한 상황이다. 노비들이 모두 식량이 없다면서 걱정했고, 내 친척 중에도 곤궁한 사람이 있었다. 우리 읍의 환곡은 예안 현감이 모두 자신과 친한 사람들에게만 뿌렸기 때문에, 백성들이 필요할 때 환곡을 탈 수 없었다.

㉒ 1621년 2월 7일. 수령과 아전이 머리를 맞대고 혹독하게 세금을 짜내고 있다. 특히 박수의가 타 먹은 환곡을 모든 읍민이 책임지고 납부하게 하였으니, 어떻게 이러한 시대가 있을 수 있단 말인가. 이 때문에 관아에서 종이를 만드는 장인마저 온 가족을 데리고 도망가 버렸다. 이제 우리 지역은 종이를 어디서 구한단 말인가.

㉓는 상급 기관의 명령으로 군부대용 곡식을 환곡으로 풀었는데 죄다 쭉정이였다는 기록입니다. 쭉정이를 받아봐야 볍씨로도 못 쓰고, 식량으로는 더더욱 쓰지 못합니다. 그러나 백성들은 아무런 말도 못 하고 멀쩡한 곡식으로 갚아야만 했죠. ㉑는 '지인 찬스'를 남발하는 예안 현감으로 인해 정작 곡식이 간절한 백성들에게는 환곡이 돌아가지 않는 사태를 담고 있습니다. ㉒는 한 사람이 갚지 못한 환곡 빚을 온 고을 사람들에게 전가한 폐해를 보여주죠. 이렇듯 자그마한 불공정이 공동체의 위기를 불러오고, 위기가 심화하면 줄구속·줄방망이 사태로 이어졌습니다.

이문건의 일기는 임진왜란 이전, 오희문의 일기는 임진왜란 중간,

김령의 일기는 병자호란 전후로 쓰였습니다. 환곡과 관련된 애로 사항은 어느 일기에서나 보이지만, 이문건과 오희문의 일기에서는 김령의 일기에서 보이는 것처럼 사회적 폐해가 심각하지는 않았습니다. 그러나 김령의 시대를 기점으로, 환곡이 개인 차원을 넘어 공동체까지 위협하는 기록이 점점 눈에 띄죠. 우리는 이를 통해 1590년에서 1637년에 이르는 반세기 동안 연이은 전란과 재난으로 조선의 시스템이 얼마나 막대한 타격을 입었는지 체감할 수 있습니다.

물론 조선의 정치인들도 나름의 노력을 다했습니다. 특히 영조와 정조는 환곡의 폐단을 고치기 위해 모든 아이디어를 짜냈죠. 그러나 우리가 이미 알고 있듯, 그 노력은 대체로 무위에 그친 것 같습니다. 19세기의 지식인 심노숭(沈魯崇, 1762~1837)의 증언을 들어볼까요?

영·호남에서 환곡의 폐단이 다른 지역보다 심하다고 들었다. 원래 환곡이란 나라에서 백성들이 자립하도록 도우려는 제도였지만, 오히려 백성의 고혈을 빼먹고 자립할 수 없게 만들어버렸다. 정조대왕은 환곡의 폐단을 고치기 위해 밤낮으로 심혈을 기울였다. 정책을 세심하게 짜서 궁벽한 곳에 사는 백성까지 혜택을 받게 하였고, 윤음을 내려 그들을 위로했다. 그러나 끝끝내 환곡의 폐단을 개혁하지는 못했다. 그 폐단은 지금도 전과 같다.[93]

— 1801년 11월 26일 『남천일록(南遷日錄)』

정조가 복지 정책에 고심했던 것은 앞에서 살펴본 바 있습니다. 심노승 또한 정조의 노력을 인정하죠. 그러나 결과적으론 실패한 개혁이 되고 말았다고 평가합니다. 그가 보고 겪은 환곡의 폐단이 어떠했길래, 이렇게 평가한 걸까요?

이 동네는 바닷가의 척박한 곳이어서 부자가 없다. 또한 역대 현감이 모두 지체가 낮고 힘이 없어, 미래를 고려하지 않고 오직 눈앞의 이익에만 몰두한다. 지방관과 아전이 장사꾼처럼 이익을 나눠 갖는데, 봄에 내줘야 할 곡식과 가을에 비축해둬야 할 곡식까지 모조리 내다 팔고 있다. 그 손실분이 아전에게 씌워지면, 아전은 도망가고 남은 백성들이 그 몫을 감당하게 된다. 한 해 동안 열심히 농사지은 것을 다 바치고도 모자라, 소도 팔고 솥도 팔아 모두 관아에 바치는 사람이 열에 아홉이다. 동네의 아이들은 늘 구걸하고 있는 모양새인데, 온 동네 사람들이 10여 석을 바쳐야 하고, 독촉장이 수시로 날아오며, 날마다 곤장 세례가 이어진다. 내가 위로하니, 그들은 이렇게 답했다.

"우리야 납부할 곡식이라도 있지만, 저 사람들은 가진 곡식이 없어서 친척을 동원해 내야 하는 신세입니다."

아아, 이 얼마나 안타까운 일인가. 이래서야 나라가 어떻게 지탱하겠는가.[94]

— 1801년 11월 26일 『남천일록』

심노숭이 바라본 19세기 초 환곡의 폐단은 김령이 증언한 17세기의 상황과 크게 다르지 않습니다. 지방관과 아전은 합세하여 장사꾼이 되었고, 아전과 유지가 횡령한 몫은 백성들에게 돌아갔으며, 백성들은 재산을 팔아 환곡 빚을 갚고 있었죠. 시골, 그리고 정치적으로 소외된 지역일수록 상황은 더욱 안 좋았습니다.

물론 이러한 상황에서도 구휼 정책이 온전히 집행된 사례도 있습니다. 백성들이 청원서를 올려 환곡을 타 먹기도 했지요. 어느 정도는 정책적 효과가 남아 있었다는 뜻입니다. 그런데 19세기 후반엔 이러한 청원서가 등장합니다.

1897년 5월 18일.
- 청원 내용: 가화면 중방리 이장이 중방리에 할당된 환곡미 2석 중 1석을 감면해 지급해달라고 요청했다.
- 결재 내용: 중방리의 어려운 사정을 고려하여 예외적으로 1석을 감한다. 창고지기들에게 전달하라.

1897년 5월 24일.
- 청원 내용: 범천면 둔촌 마을에 거주하는 사람들이 환곡미를 특별히 절반으로 감면해달라고 요청했다.
- 결재 내용 : 상황이 진행되는 것을 고려하면서 재검토해보겠다.

— 『박시순일기(朴始淳日記)』「민소책(民訴冊)」

조선의 멸망 과정을 지켜봤던 관료 박시순(朴始淳, 1848~1907)의 일기에 담긴 두 건의 청원서입니다. 박시순의 일기에는 환곡을 감해달라는 요청은 있어도, 환곡을 달라는 요청은 없습니다. 환곡이 제 기능을 완전히 잃어버린 거죠. 이때에도 다양한 명목으로 지원금이 지급되었고, 환곡을 공영이 아닌 자치 운영으로 바꾸려는 등의 시도도 있었으나 결국 폐지되었습니다.

그렇다면 환과고독 지원은 어떻게 진행됐을까요? 이들에 대한 지원 정책에도 불공정한 면이 있진 않았을까요?

> 지금 각 면에서 보고한 인구 조사 보고서를 검토해보니, 독신 남성과 독신 여성이 작년에 비해 2배 이상 많다. 호적과 대조해보니, 남편은 없어도 자식은 있는 여성 호주나 아내가 있는 남성을 뒤섞어서 조사했다. 비록 독신 여성이라 하더라도 자식이 있으면 부역에 응해야 하고, 홀아비라 해도 60세 미만이라면 부역에 응해야 한다. 이렇게 거짓된 보고가 올라온 것은 필경 부역과 조세를 피하기 위해 중간에서 장난을 친 것이다. 모두 징계해야 마땅하다.
> 또한 각 마을에 할당된 올해 세금 중에서도, 독신 남성과 독신 여성 가구 873호에게는 매 호당 쌀 1두 5승씩을 받도록 하라.
>
> — 1735년 11월 19일 『각사등록』 「남원현첩보이문성책」

다른 제도가 다 변질됐는데, 사회 취약 계층을 위한 지원 정책이라고 제대로 지켜질 리 없습니다. 지원금을 주기는커녕 오히려 이들에게도 세금을 조금씩 부과했죠. 특히 전쟁이 연이어 몰아닥친 17세기부터는 이러한 추세가 더욱 강화되었습니다.

물론 여전히 부역은 면할 수 있었지만, 이조차 허위로 등록하려는 사람들이 많아집니다. 오늘날에도 복지 혜택을 받기 위해 각종 서류를 거짓으로 작성하는 사람들이 있는 것처럼요. 그 피해는 정말로 생계가 어려운 사람들에게 고스란히 돌아갔습니다. 독신 여성이나 시각장애인의 경우, 처음에는 노동할 수 있는 남성과 같이 사는 경우라도 부역 면제 혜택을 받을 수 있었습니다. 하지만 영조 대에 '맹인과 독녀로서 나이 70세가 넘고 노동 가능한 남성이 가족 내에 없는 경우' 외에는 모든 가구에 부역을 부과하기로 정합니다.[95] 결국 사회 취약 계층이 나라로부터 지원금을 받는 일은 구휼과 환곡을 신청하여 우선순위 대상자가 되거나, 사건·사고가 일어나 휼전을 신청하는 경우 외에는 드물었습니다.

구휼, 환곡, 사회 취약 계층을 위한 지원 정책이 조선 사람들의 삶에 긍정적인 영향을 준 것은 분명한 사실입니다. 그러나 부작용 또한 만만치 않았죠. 구휼은 만성적인 재정 적자의 근원이 되었고, 환곡은 조세와 연결되면서 그 재정 적자를 메우는 수단으로 전락했습니다. 나아가 있는 자의 축재 수단이 되기까지 했죠. 사회 취약 계층을 위한 지원 정책은 진휼과 환곡이라는 두 제도의 틀에 수렴함으로써, 꾸준히 집행되지 않았습니다. 지원금을 지급하기보다, 구휼과 환곡 우선 대상자로 선정하고 조세와 부역을 면제하는 선에서 유지되었습니다. 그만큼 구휼과 환곡이 다른 복지 제도를 유지할 수 없을 만큼 막대한 예산을 소모하는 정책이었다고 볼 수 있죠.

이렇듯 조선의 복지 정책은 어떤 시기에는 백성들에게 긍정적인 영향보다 고통을 더 많이 주었습니다. 따라서 국가의 능력을 총동원하여 유지해왔던 조선의 복지 정책을 다음과 같이 부정적으로 평가할 수도 있습니다. '주제넘게' 능력 이상의 복지 정책을 집행함으로 인해 전방위적으로 악순환이 심화되었음에도, 역량을 끌어올리려는 노력은 등한시하고 '오직 정부만 바라보는 백성'을 만들었다고요. 이러한 해석에 따르면, 조선을 지탱한 복지 정책은 아이러니하게도 조선을 망하게 한 주범으로 지목되죠.

어떻게 해석하든, 조선사에서 복지 정책이 차지하는 비중이 막대한 것만큼은 사실입니다. 지금까지 조선이라는 나라의 체제적 한계가 복지 현장에서 어떠한 모순으로 돌아왔는지 살펴보았습니다. 체제적 한계라는 말은 '극복할 수 없다'는 말과 같은 뜻일지도 모릅니다. 영·정조 시기, 환곡의 폐단을 고치기 위해 두 왕은 밤을 새가며 머리를 싸맸고, 뒤이은 순조 대에도 각고의 노력이 이어졌습니다. 그러나 태어난 바탕을 뒤집어 완벽히 개혁해내는 데는 실패하죠. 비록 무능과 성실은 최악의 조합이라지만, 그럼에도 불구하고 조선왕조가 행했던 노력에 단순히 '멍부(멍청하고 부지런함)'라는 꼬리표를 붙이고 끝내는 것은 지나치게 가혹한 평가라고 생각합니다.

따라서 조선왕조가 기울였던 각종 노력에는 비록 체제적 한계를 뒤엎는 근본적인 해결법은 없었지만, 체제 내에서 할 수 있는 최대한의 노력을 다했으며 때로는 군주제(君主制)라는 틀로 담아내기 어려울 정도였다고 평가하고자 합니다. 나아가 그들의 선의, 백성을 위한 사랑, 수

백 년을 이어간 진심 어린 노력만큼은 분명히 우리가 배워 마땅한 유산이라고 확신합니다.

신청서가 그려내는 복지 현장의 풍경

복지 현장의 최전선이 있다면 아마도 행정복지센터가 아닐까 싶습니다. 신청서를 작성할 때마다 모르는 용어투성이에, 알아둬야 할 조항은 왜 그리 복잡하며, 준비해야 할 서류는 또 어쩜 그리 많은지 모르겠습니다. 담당 공무원이 아무리 친절히 설명해주어도 복지센터를 찾을 때마다 정신이 아득해집니다.

그런데 중요한 것은 그 복잡한 절차가 복지 혜택을 주기 싫어서가 아니라, 주기 위해서 만들어진 절차라는 사실입니다. 신청서를 작성할 수 있다는 것 자체가 시민의 권리이기도 하죠. 그 신청서들을 들여다보면 아마도 개인의 안타까운 사연이 가득 들어 있을 것입니다. 따라서 그것들을 모아보면 우리 사회의 건전성을 평가하는 바로미터로 활용할 수도 있겠지요.

조선의 백성들이 올린 신청서 역시 당대 복지 현장을 적나라하게 담아내고 있습니다. 글을 모르는 백성들도 글 쓸 줄 아는 사람들에게 부탁해 지원금을 요청하는 서류를 지속해서 올렸죠. 지금부터는 각계각층의 백성들이 올린 호소문 또는 진정서를 통해, '진짜 현장'의 목소리를 자세히 살펴보겠습니다.

첫 번째 호소문은 한 관노비가 쓴 것입니다.

저는 원래부터 매우 가난한 노비로, 지금 보릿고개를 넘길 식량을 구할 방법이 없습니다. 제 사정을 참작하셔서, 쌀 6석 등을 환곡의 예로 지급해주시길 간절히 요청합니다.

상전이 다음과 같이 결재한다.

– 너는 지난번 환곡을 잘 납부하였기 때문에, 이번만 특별히 허한다.

— 「관노인산소지(官奴仁山所志)」 (서울대학교 규장각한국학연구원 소장)

백성들이 올린 호소문은 매우 파편적인 정보입니다. 올린 사람의 신원도, 그가 처해 있던 상황도, 호소문을 처리한 사람의 판단 근거도 명확하게 알 수 없습니다. 그러나 현장의 상황을 필터링 없이 담아낸, 원석에 가까운 파편이죠. 이 요청서도 그렇습니다.

관노비 인산은 자신의 사정이 매우 심각한 가운데 춘궁기까지 맞았다며 환곡을 요청합니다. 그런데 때는 4월이네요. 경우에 따라 다르지만, 대체로 환곡은 2월부터 4월까지 지급했습니다. 즉 정상적으로 환곡을 지급받을 수 있는 상황이었다는 뜻입니다. 그런데 왜 담당자는 '특별히 허가한다'고 했을까요?

두 가지 가능성이 있습니다. 첫 번째는 이 문서가 추가 지급 또는 특별 지급을 요청하고 있을 가능성입니다. 이미 공식적인 환곡 지급이 끝난 이후에 들어온 신청서이기에 '특별히 허한다'는 말이 붙었을 수 있죠.

다른 하나는 일반적인 레토릭일 가능성입니다. 조선 시대 행정 문서에는 '특별히 허한다'는 말이 무수히 자주 보입니다. 공적인 허가를 필요 이상으로 내주지 않겠다는 지방관의 의지가 담긴 표현이랄까요? 즉 이는 통상적인 환곡 지급 과정에서 벌어진 의례적 표현일 수 있습니다.

이 요청서를 결재한 담당자는 상전, 노비의 주인 되는 사람입니다. 인산은 관노비였기에, 노비의 주인은 지방관이었죠. 지방관은 '지난번 환곡을 잘 납부했으므로 허가한다'고 합니다. 두 가지 가능성 중 어떤 것이 더 사실에 가까울지는 알 수 없으나, 어쨌든 환곡 지급을 심사할 때, 수요자의 상환 능력을 중요하게 고려했음을 확인할 수 있는 신청서입니다.

두 번째 호소문 역시 두 명의 노비가 작성한 것입니다. 그런데 앞의 짤막한 신청서와는 좀 다릅니다.

장풍면 장암동 경 진사 댁 노비 손이와 돌몽이 호소합니다.

쌀과 보리 70되를 동네에서 걷어 내라고 하시니, 저희에게 쌓아둔 곡식과 과일이 있다면 어찌 명령을 어기겠습니까.

그러나 작년 수해 때문에 추수가 시원치 않았고, 지금 보릿고개까지 맞아 입에 간신히 풀칠하는 정도입니다.

심지어 이웃 마을은 지금 진휼이 시급한 상황인데, 어떻게 곡식을 걷을 수 있겠습니까.

아이들도 궁핍한 지경입니다. 저희 집안사람들이 이렇게 힘드니, 새로운 명령을 내려주시길 부탁드립니다. 적절한 조처만 내려주신다면, 어떠한 조건이든 맞춰보겠습니다.

다음과 같이 결재한다.

- 이러한 일이 있었다는 것을 듣지 못했으나, 요청을 보고 다음과 같이 결재한다.

- 가을걷이가 멀지 않았으니, 백성들의 궁핍함이 곧 나아질 것이다. 조금만 더 버티길 바란다.
- 가세가 어려운 것은 알겠으나, 4~5차례 추가 수출이 필요하다. 문제를 일으키지 말고 지시를 이행하기 바란다.

― 「경진사댁노손이등등장慶(進士宅奴孫伊等等狀)」 (서울대학교 규장각한국학연구원 소장)

경 씨 성을 쓰는 양반집의 두 노비 손이와 돌몽이가 호소문을 올립니다. 관아에서 곡식을 걷어 내라고 명령했는데, 상황이 '안습'해 도저히 지시를 수행할 수 없다는 내용이죠. 이 호소문에는 상황에 맞는 새로운 지시를 부탁하면서 조건만 적절하다면 맞춰보겠다고 말하는 '협상'의 자세까지 엿보입니다.

이에 대한 지방관의 처분이 재미있습니다. 가세가 어렵다는 것은 알겠으나, 문제를 일으키지 말라고 합니다. 한마디로 요약하면, "응, 존버해."였죠. 지방관은 왜 이렇게 결재한 걸까요? 백성들의 안타까운 사정을 외면하고, 할당된 목표만 달성하려고 했던 걸까요?

이 역시 많은 추측이 필요합니다. 앞서 보았던 관노비 인산의 요청서는 분량도 짧고 요구 사항도 명확합니다. 그런데 이 글은 미사여구도 많고, 정치적으로 모호하게 해석될 수 있는 표현도 들어 있습니다. 특히 지방관과 협상하려는 자세에서 영향력 있는 양반 특유의 냄새가 납니다. 따라서 앞서 본 요청서가 인산이 하급 관료에게 부탁해서 작성한 요청서라면, 이 호소문은 아마도 두 명의 노비가 아니라 경 진사 혹은 경 진사 댁 양반 중 한 명이 작성한 것이 아닐까 싶습니다.

즉 상황은 대략 이런 것 같습니다. 지방관은 토지 조사 사업을 하거나 세금을 걷을 때마다 마을 단위로 책임자를 지정했습니다. 책임자는 항상 마을 사람들의 욕을 시원하게 얻어먹는 자리였죠. 그래서 모두가 기피했는데, 지방관은 향촌 사회를 통제하기 위해 영향력 있는 사람들이나 그 지인에게 이 역할을 맡겼습니다. 이 사례에선 아마도 경 진사가 마을의 곡식을 모을 책임자로 지정된 것 같습니다.

그런데 경 진사는 곡식을 모으라는 지시를 이행하기가 불가능하다고 판단한 것 같습니다. '이웃 마을은 진휼이 시급한 정도'라는 언급으로 볼 때, 당시 사정이 정말로 안 좋긴 했나 봅니다. 그런데 경 진사는 직접 나서는 대신, 노비들을 청원인으로 내세운 것 같습니다. '보통 사람들'의 사정을 더 적나라하게 드러냄으로써, 호소력을 높이기 위한 전략이었죠. 그러나 지방관은 호소문 뒷면에 숨어 있는 당시 마을의 사정과 신청인의 속사정을 종합적으로 검토하여, '존버'하라는 결정을 내린 것이 아닌가 싶습니다. 비록 지방관의 승리로 끝났지만, 향촌 사회와 지방관의 '밀당'이 숨어 있는 청원서입니다.

조선 시대 청원서를 보면 청원인이 노비인 경우가 매우 많습니다. 노비는 호적 조사에서 '빈곤자'로 분류되어 각종 복지 혜택을 받을 수 있었기 때문에, 양반들은 항상 노비를 내세워 환곡이나 진휼을 받았고, 나아가 토지 거래에도 이용했죠. 그래서 비록 노비의 청원서라 하더라도 실제 노비의 삶을 파악하기는 어렵기도 합니다.

그런데 겸노상전(兼奴上典)이란 말이 있습니다. 양반이지만 노비를 거느릴 정도의 경제력을 갖추지 못해, 스스로 노비의 일까지 다 하는 양반을 이르죠. 이들은 대신 내세울 노비조차 없었기에, 직접 청원서를 씁니다.

대서 오류동에 사는 유학 아무개의 진정서

저는 올해 만 팔순으로, 농사일하다가 지금의 대 흉년을 맞았습니다. 지난가을에 수확한 것이 거의 남지 않아, 농사일을 부지런히 하고는 있지만, 살길이 막막합니다.
성주께서는 특별히 백성들에게 진휼을 베풀고자 하셨고, 면(面) 담당자들은 여러 차례 조사하여 대상자 명단을 만들었습니다. 백성들은 모두 그 명단에 들어 수혜받기를 기대하고 있습니다.
그러나 저의 이름이 대상자 명단에서 빠졌으니, 간이 떨어지고 길 가다 혼절할 지경입니다.

저는 이미 팔십의 볼품 없는 노인이 되어, 지금 죽는다 해도 여한이 없습니다. 그러나 제 어린 손주는 굶주림을 견디지 못해, 가끔은 할아버지를 부르며 밥 달라고 하고, 혹은 엄마를 부르며 밥 달라고 합니다. 이렇게 손주가 울부짖으며 부모를 찾는 모습을 눈뜨고 지켜보기 힘든 상황입니다. 그 굶주린 형색을 차마 볼 수가 없어 제 손으로 목숨을 끊으려 해도, 이 어린 것을 남겨두고 어떻게 그럴 수 있겠습니까. 저는 어찌하면 좋단 말입니까. 저의 원통함을 이렇게 풀어봅니다.

저는 지난 석 달 사이 병으로 조금씩 쇠약해져서 움직이기도 힘든 상황이니, 지금 자식을 대신하여 성주께 호소합니다.

자세히 상황을 살펴주신 후에 저의 이름을 대상자 명단에 넣어주셔서, 제 어린 손주를 보호해주시기를 간절히 바랍니다.

다음과 같이 결재한다.

- 대상자 조사를 이미 완료해 명단을 확정했다. 지금 명단을 수정하기는 어렵다. 그대는 원래 가족이 많으니 가까운 친족 중에 조금 여유가 있는 곳에 간곡히 호소하여 삶을 도모하면, 그럭저럭 살 만해질 것이다.

— 「미상원정(未詳原情)」 (서울대학교 규장각한국학연구원 소장)

청원인은 자신을 유학이라 칭하고 있습니다. 과거에 급제하지 못한 가난한 양반이죠. 그런데 어찌 된 사연인지, 농사를 지으며 손주를 돌보고 있습니다. 자녀를 잃은 것인지, 아니면 자녀가 모종의 사연으로 제대로 활동하지 못하는지는 정확히 알 수 없습니다만, 신청서에 담긴 사연만 보면 안타깝기 그지없습니다.

그런데 진휼 대상자 명단에서 그의 이름이 빠지는 일이 발생합니다. 청원인에게는 청천벽력 같은 소식이었을 겁니다. 추수해놓은 것도, 달리 곡식을 구할 곳도 없어 기댈 곳이라곤 나라뿐이었는데, 유일한 살길이 막혀버린 거죠. 청원인은 수사적 표현과 현실적인 호소를 뒤섞어가며 재조사를 요청합니다.

그러나 청원서를 접수한 지방관은 이미 조사가 끝났다고 거절하면서, 친족에게 부탁해보라고 권고합니다. 굉장히 행정 편의적인 조치로 보입니다만, 그렇지 않은 것 같습니다. 지방관은 청원서를 받자마자 청원인의 호적 및 인구 조사 장부를 검토한 후, 그가 진휼 대상자에서 빠진 이유는 친족이 많기 때문임을 확인했을 겁니다. 즉 사정으로만 보면 누구보다도 먼저 진휼 대상이 되었어야 할 청원인이 대상자 조사에서 빠진 것은 원칙적으로 오류가 아니었던 거죠.

조선은 복지의 1차적 책임을 가족 공동체에 맡겼음을 확인한 바 있습니다. 그러나 청원인이라고 친족에게 부탁할 생각을 안 해보지는 않았을 겁니다. 어쩌면 그동안 너무 많이 부탁해서 더 부탁하기가 부담스러웠을 수도 있죠. 이때 필요한 것이 바로 국가의 개입이었지만, 지방관은 지침을 근거로 거부했습니다. 우리 사회에서 복지 사각지대가 대부분 지침과 현장의 괴리에서 발생하듯, 조선에서도 이러한 일이 빈번했습니다.

한편 환곡 징수는 모든 지방관이 온통 신경을 기울이던 중대 관심사였습니다. 체계적인 징수를 위해서 내줄 때나 걷을 때나 진행 계획서에 따라 차례대로 진행했습니다. 받을 때는 먼저 받는 것이 좋지만, 납입하는 것은 가을걷이 상황에 따라 달라지므로 백성들은 상황에 따라 납입 차례를 조정하기 위해 노력했습니다. 다음의 청원서에서처럼요.

갈말면 중풍리에 거주하는 권상묵

저는 본래 자녀가 없고 논밭도 없습니다. 저희 노부부는 근 일흔 살인데, 의지하여 살길조차 없어서 짚신과 돗자리를 만들어 팔면서 간신히 생계를 이어오고 있습니다.

저의 호적상 이름은 기복으로 환곡 대상자에 포함되어 있습니다. 지난 초순 때는 어쩔 수 없이 환곡을 받았으나, 지금 농사도 못 짓고 있는 마당에 가을이 오고 있으니, 어떻게 납입할 환곡을 준비할 수 있겠습니까? 쇠약한 저의 몸은 그저 숨만 쉬면서 오늘내일하고 있을 뿐입니다.

이러한 사유로 정중히 요청드립니다. 저를 장부상에서 후 순위로 옮겨주시어, 공공의 일로 사적인 폐단이 생기지 않게 해주시길 진심으로 부탁드립니다.

성주가 다음과 같이 결재한다.

– 사정이 딱하니 후순으로 옮겨주거라.

— 「권상묵소지(權相黙所志)」 (서울대학교 규장각한국학연구원 소장)

짚신과 돗자리는 경제적으로 가장 취약한 사람들의 생계 수단이 었습니다. 민원인 권상묵 씨 부부는 무슨 사연인지 자녀도 없이 어렵게 생계를 이어가고 있었죠. 대가족 사회였던 조선 시대에 자녀가 없는 노인의 신세가 얼마나 처량했을까요. 실제 이름과 호적상 이름이 다른 것만 보아도, 그가 살았을 순탄치 않은 인생이 느껴집니다.

누가 봐도 사회 취약 계층이었던 그는 매뉴얼에 따라 가장 먼저 환곡을 받았습니다. 그 덕분에 어찌어찌 농사는 이어가지만, 노동력이 부족해 제때 수확할 수 없게 됩니다. 먼저 받았으므로 먼저 내야 하는데, 아무리 계산해도 기한을 맞추는 것은 불가능함을 깨달았죠. 그래서 그는 자신의 사정을 설명하며, 납입 순서를 후 순위로 옮겨달라고 요청합니다. 즉 납부 기한을 연장해달라는 요청이었죠.

그의 사정을 검토한 지방관은 요청을 받아들입니다. 정상적인 지방관이라면, 아무리 봐도 정상적인 환곡 납부가 불가능한 상황에서 납부기한을 연장해주는 정도의 요청은 수용했습니다. 물론 기한을 연장해주는 것은 회수가 어렵다는 신호이기도 합니다. 납부 기한은 해를 넘겨가며 계속해서 연장되었지만, 결산은 제대로 맞춰야 하니 지방관은 모두 빠짐없이 환수한 것으로 장부를 처리하죠.

이 같은 요청은 얼핏 지방관의 재량에 따라 처리한 것으로 보이지만, 그렇지 않습니다. 조선 행정 체계에 있어 매뉴얼 또는 선례의 유무는 그 무엇보다 중요했죠. 적잖은 신청서에서 '예(例)에 따라'라는 표현이 공통적으로 쓰이고 있습니다. 즉 선례만 있다면, 정당성을 보장하는 강력한 명분을 확보할 수 있었죠. 나아가 조정은 환곡이 계획과 매뉴얼에 따라 엄격하게 운영되기를 바랐지만, 동시에 납부 기한 연장이나 탕감과 같은 변수 또한 수두룩하게 인정합니다. 고지식하게 매뉴얼만 따지지도 않았습니다. 현장에서 벌어지는 변수를 매뉴얼에 포함해나가는 작업도 진행했습니다.

그러나 매뉴얼도, 선례도 없는 케이스는 상황이 아무리 절박할지라도 대처하기 어려웠습니다. 심지어 많은 사람이 연대 서명한 신청서일지라도 말이죠.

청송 북면에 거주하는 백성들이 올립니다.

성주님께 요청드립니다. 성의 곡식을 저희들에게 베풀라는 명령을 내려주십시오. 정말로 죄송합니다만, 이전에 한 번 성의 곡식을 백성들에게 베푼 선례가 있으니, 이번에도 어진 마음을 내어주시기를 바랍니다.

저희의 사정을 차근차근 말씀드려보겠습니다. 북삼면은 궁벽하고 척박한 지역으로, 곡식 수확량도 적고, 산성까지 140리(약 60킬로미터)나 되는 먼 고을입니다. 영락없는 산골인데, 온 마을에는 참기름도 없어서 무거운 세금에 시달리고 있습니다. 노비들은 성의 곡식에 의지해야 하는데, 백 리 제한 규정에 따라 나가지 못하니, 전부터 받아 온 식량이 없습니다.

그런데 작년 6월 큰 흉년을 당하여 관가에서 특별히 한 번 구휼 정책을 집행하여 곡식을 빌려준 것이, 도리어 마을의 화근이 되었습니다. 이 척박한 땅의 민중들은 곡식을 받아도 씨를 뿌리지 못합니다. 결국 마을 사람 열 중 네다섯 명은 고을을 떠나게 되므로, 성의 곡식에 의지할 수밖에 없습니다.

그러나 마을 곳곳마다 세금이 막중해, 비록 토지를 가지고 있다 하더라도 버티기 힘드니, 토지가 없는 사람들처럼 얼굴이 반쪽입니다. 이러한 사정으로 저희 모두가 읍소하니, 순찰사께서는 저희의 고통을 가엽게 여기셔서, 앞에 말씀드린 사례를 참고하여 북삼면에 곡식을 지급해주시고, 나아가 조세를 경감해주십시오. 또한 이 사항들을 문서로 작성하여 증명서를 내주십시오.

(중략)

이처럼 애처로운 상태를 보시고도 은혜를 베풀지 않으신다면, 저희는 도대체 누구에게 의지해야 한단 말입니까.

(중략)

백 리 길을 감행하여 소장과 의논한 것을 보내드리며 저희 목소리를 글로 써서 호소합니다.

(중략)

신청서에 서명한 자들의 명단

황응필, 김영손, 안복금, 노대량, 박장남,

거삼룡, 노필복, 이언상, 어재익, 장문한,

이필재, 임대삼, 박분금, 장일성, 김득추,

서경국, 한오복, 김종인, 유행원, 박창덕,

박귀동, 차정득, 이득봉, 여종 막분이 등등

관찰사가 다음과 같이 결재한다.

– 북삼면은 전부터 사람들이 물건을 팔아가며 정착해나가는 곳이라서 성의 곡식을 나눠주는 선례가 없었다. 그런데 올해 어떻게 갑자기 너희들에게 곡식을 나눠줄 수 있겠는가.

산골짜기에 사는 사람들이 짧은 글로 신청서를 적어 올렸기에 살펴보니, 북쪽 창고에서 있었던 곡식 지급을 성의 곡식이라고 잘못 알고 있는 것 같다. 그 일에 대해선 고려하지 말라.

— 「북면거민인등등장(北面居民人等等狀)」 (서울대학교 규장각한국학연구원 소장)

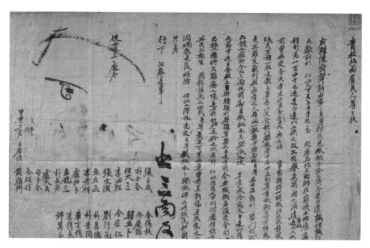

「북면거민인등등장(北面居民人等等狀)」(ⓒ 서울대학교 규장각한국학연구원)

긴 신청서지만 내용은 간단합니다. 청송의 산골짜기에 살던 사람들이 어느 날 연대 서명한 신청서를 도주(道主), 지금의 도지사 앞으로 올립니다. 자신들이 사는 지역이 워낙 궁핍해서 땅을 가진 사람들조차 쫄쫄 굶은 사람 꼴로 다니고 있다고 호소합니다. 게다가 특산물로 참기름을 바쳐야 하는데, 참기름을 생산할 수 없어 무거운 세금까지 부담해야 했죠. 결국 어쩌다 정착한 사람들마저 오래 버티지 못하고 떠나게 됩니다.

그런데 지난해, 이 지역이 홍수 피해를 입자 관아에서 진휼곡을 지급합니다. 백성들에게는 이때의 체험이 강력했던 것 같습니다. 신청서의 주된 논지는 '그때 나눠주신 곡식이 정말 가뭄의 단비 같았습니다. 그러니까 이번에도, 그리고 앞으로도 잘 좀 부탁드립니다.'입니다. 즉 '선례'가 생겼으니 이제부터 '정례'로 만들자는 의도가 담겨 있습니다. 확인 문서를 내달라고 강조해서 요청하는 것도, 미래 세대를 위해 강력한 선례를 만들겠다는 그들 나름의 전략이었을 겁니다.

사람들은 행동에 나섭니다. 구구절절한 사연과 나름의 논리를 담아, 마을 사람 24인의 연대 서명을 받았죠. 신청서에 '노비들도 먹고살기 힘들다'고 적은 만큼, 서명인 명단에는 노비, 그중에서도 더욱 사회적 약자였던 여성 노비 '막분이'의 서명도 들어 있습니다. 아마도 이 마을의 숙원 사업 중 하나였을 테지요. 신중히, 그리고 조심스럽게 한 자 한 자 적은 신청서를 품속에 넣고, 그들은 백 리 길을 걸어가 지방관에게 신청서를 제출합니다.

그런데 생각보다 만만한 사안이 아니었나 봅니다. 이들의 신청서는 도지사의 테이블까지 올라갔지만, 도지사는 이들의 제안을 재고의 여지 없이 거절합니다. 도지사의 말에서 풍기는 뉘앙스는 이렇습니다. "시골 사람들이 애쓴 건 알겠다만, 안 되는 건 안 되는 것이다."

왜 그때는 맞고, 지금은 틀릴까요? 추측건대, 앞서 있었던 곡식 지급은 명백한 매뉴얼에 따라 시행되었던 반면, 현재 사안은 아무런 매뉴얼이 없기 때문인 것 같습니다. 그 근거는 '성의 곡식'과 '북쪽 창고'입니다. 위에서는 "지급하라." 한마디 해주면 다 될 것 같지만, 실제 현장에서는 '누구에게, 무엇을, 어떻게 지급할 것인가?'라는 문제가 닥쳐옵니다. 가장 중요한 '어떻게' 중 하나가 바로 재원 마련이죠. 기존의 예산을 돌려서 쓸 것인지, 아니면 예산을 신설할 것인지, 예산을 신설한다면 새롭게 세금을 매길 것인지, 그렇다면 어떤 명목으로 매길 것인지 등등의 문제들이 주르륵 달려옵니다. 그래서 매뉴얼에는 반드시 재원 공급 기관을 명시해두었고, 창고의 곡식도 다 지정된 명목과 저장량에 따라 보관했습니다. 이를테면, '북쪽 창고의 곡식 30%는 환곡용'이라는 식으로요.

도지사의 말에 따르면, 마을 사람들이 '성의 곡식'을 받은 줄 알았던 지난해 사례는 사실 진휼 매뉴얼에 따라 '북쪽 창고'에서 지급된 것이었습니다. 이번에 성의 곡식을 지급한다면 지역 내 모든 마을에서 똑같이 요청하게 되겠죠. 도지사의 '단호박' 거절에는 나름의 타당한 이유가 있었습니다.

그런데 왜 마을 사람들은 작년에 받은 곡식을 '성의 곡식'이라고 착각했을까요? 알 만한 건 다 아는 사람들일 텐데 말이죠. 이 역시 추측할 수 있습니다. 장부상 곡식과 실제 곡식이 달라 일단 성의 곡식을 퍼주고 장부에는 창고의 곡식을 나눠준 것으로 처리했을 가능성이 있죠. 세세한 결과 보고서까지 확인할 수 없는 마을 사람들은 당연히 성의 곡식을 받은 줄 알고 있었겠죠.

그래도 안타까운 것은 사실입니다. 신청서에는 24인의 이름만 나와 있지만, 이들 각각의 가족 구성원까지 생각하면 마을이나 지역 전체가 연대한 행동이었는데 무위로 그쳤으니까요. 신청서에 적은 이들의 사연도 단순히 '우는 소리'로는 보이지 않습니다. 게다가 도지사는 이들이 사는 곳을 '정착하여 물건을 팔면서 살아가는 곳'이라고 칭하는데요, 즉 농사가 지역의 핵심 생산 수단이 아니었던 것 같습니다. 그런데 환곡이나 진휼의 기본 목표 중 하나가 농업의 재생산이었으니, 당연히 다른 고을에 비해 복지 혜택이 적게 돌아갈 수밖에 없었겠죠.

지금까지 소개한 신청서들은 아주 적은 정보를 담고 있지만, 동시에 가장 현장감 있는 사료입니다. 물론 좀처럼 속 시원하게 요청이 받아들여지지 않아, 물 없이 고구마를 먹는 듯한 느낌도 없지 않죠.

그런데 이러한 신청서, 즉 민소(民訴)는 지역 정치에서 상당한 영향력을 발휘했습니다. 한 장의 신청서는 개인의 의견일 뿐이지만, 비슷한 신청서나 요청서가 쇄도한다면 그것은 곧 지역의 여론이었고, 동시에 정치적 명분이 되었습니다. 막강한 권한을 가진 지방관이 아무리 '더는 번거롭게 신청서를 올리지 말라'고 지시할지라도, 비슷한 내용으로 여러 사람에게 올라오는 신청서를 무시할 수는 없었죠. 그들은 쌓인 신청서를 근거로 상급 기관에 대안을 내려달라고 요청했고, 사안이 막중할 경우 국무회의까지 올라가 새로운 대안을 마련하는 장이 열리기도 했습니다.

19세기 강원도 백성들이 제출한 호소문과 신청서를 요약하고 그에 대한 지방관의 처리 내역을 정리한 책이 있습니다. 하버드대학에서 소장하고 있는 『강원도각군장제(江原道各郡狀題)』입니다. 이 책에는 강릉 지역 사람들이 신청서 또는 호소문을 올려서 지역의 정책을 바꾼 사례가 있습니다.

역민(驛民), 즉 교통과 행정 시스템의 중심지였던 역(驛) 인근에 사는 사람들이 어느 날, 역 운영 업무나 노동에 징발되는 일이 많아 농사에 제대로 종사할 수 없다고 호소하면서 환곡을 강제로 매기지 말아달라고 요청합니다. 환곡이 복지 수단이 아니라 명백한 징세 수단으로 사용된 것이죠.

신청서를 접수한 지방관은 선례와 사례를 조사합니다. 강원도 전역을 대상으로 역민에게 환곡이 지급된 사례가 있는지 전수조사를 진행했고, 그 결과 강릉의 역민에게만 환곡이 지급된 것을 알게 됩니다. 이 사실이 공개되자, 강릉의 역민은 다시금 소를 올려, 조사 결과에 따라 환곡을 매기지 말아달라고 요청했고, 지방관은 일단 다른 백성들의 3분의 1 수준으로만 지급하는 것으로 결정합니다. 그런데 이 조치로 인해 역민과 다른 백성들 모두가 불만을 품게 됩니다. 환곡을 받지 않아도 되는 이유가 명백한데 왜 3분의 1씩이나 받아야 하냐는 역민들의 민원과, 왜 역민에게만 감세 특혜를 주냐는 일반인들의 민원이 빗발쳤죠.[96]

실제로 이러한 민소가 지방관의 판단에 영향을 끼쳤는지, 지방관의 심정을 대변하는 사료가 남아 있습니다. 1735년(영조 11년) 지방관이 상급 기관에 보낸 보고서입니다.

저희 남원현은 때아닌 추위와 홍수를 맞아, 올해 농사가 다 망했습니다. 가난한 백성들은 저축한 것도, 가을에 수확한 것도 없어, 세금과 환곡을 독촉하더라도 납부할 방법이 없습니다. 백성들이 뿔뿔이 흩어지고 있고, 현감이 피해 상황을 조사할 때 천 명이 넘는 사람들이 길을 막고 울며 다급함을 고하였는데, 그 광경에 너무나 가슴이 아팠습니다.

관아로 돌아왔더니, 각 지역의 사정을 호소하면서 세금과 환곡을 면제해달라고 요청하는 호소문이 제 책상뿐만 아니라 관아 뜰까지 가득 쌓였습니다. 이런 상황을 보면, 피해 지역에 진휼을 베풀어도 이상하지 않지만, 저희 고을의 곡식 보유량이 적어 진휼할 수 없습니다. 어쩔 수 없이 감세와 탕감을 베풀고 싶으나, 이는 제 권한으로 처리할 수 있는 일이 아니니 도지사께서 현명한 판단을 내려주시기만 기대할 뿐입니다.

재해를 입은 고을을 도지사께서 보살펴주시지 않는다면, 백성들은 뿔뿔이 흩어질 것입니다. 도지사의 결정을 기다리지 않고 이렇게 따로 보고하는 것은 공정하지 않다는 점을 잘 압니다만, 백성들의 사정이 심각해 그러지 않을 수 없었습니다.

— 1735년 10월 3일 『각사등록』 「남원현첩보이문성책」

남원 현감이 순찰사에게 보낸 보고서입니다. 남원에 심각한 자연재해가 닥쳐오자, 현감이 피해 조사를 나갈 때마다 수많은 사람이 울며불며 매달리고, 관아 뜰에는 호소문이 가득 쌓입니다. 남원 현감은 이러한 상황을 근거로 순찰사에게 감세 또는 탕감을 위한 '특별재난구역 선포'를 요청하고 있죠.

이렇듯 조선 사람들은 신청서를 통해 자신이 받을 수 있는 복지 혜택을 최대한 받기 위해 노력했습니다. 이외에도 장애인이나 독녀가 자신의 신세를 근거로 특별한 조치나 혜택을 요청한 사례가 조선 초기부터 있었죠.[97] 즉 백성들은 복지 혜택을 요구할 수 있었고 나라는 그들의 요구를 진지하게 고려했던 것이 조선의 뿌리 깊은 전통이었습니다.

전근대 국가였고 백성들이 나라의 주권을 가지지 못하였음에도, 이렇게 백성들이 나라를 향해 무언가를 요구할 수 있는 형태의 복지 체계가 가능했던 것은 무엇 때문일까요? 그것은 각종 복지 정책이 인(仁), 즉 백성에 대한 사랑과 공감의 제도적 표현이었기 때문입니다. 공손한 말투로 지방관에게 복지를 요구하는 백성, 그러한 요구가 쌓이자 적절한 대책을 고민하는 지방관, 지방관의 보고를 듣고 새로운 대안을 모색하는 중앙정부까지. 물론 현실에서는 심각한 문제가 적지 않았죠. 그러한 점까지 고려하더라도, 복지 현장의 모습을 생생히 보여주는 민소장은 조선의 복지 정책을 '민본주의에 기반한 복지 정책'이라고 해석할 수 있는 강력한 근거입니다.

민소장이 항상 받아들여지지는 않았습니다. 백성들이 규정을 잘 몰라서, 혹은 지방관이 정보를 통제해서, 가진 자가 정보를 왜곡해서 등 다양한 이유로 반려될 때가 많았죠. 그래도 여전히 민소장은 복지가 모든 관료의 의무였던 나라 조선의 복지 제도를 한 장에 담아내고 있습니다.

면세와 복지 IN 조선

『강원도각군장제』에 담긴 강릉 역민 면세 사례는 환곡 지급이 아닌 환곡 거부
사례이므로 복지 정책과 관련 없어 보이기도 합니다. 현대 기준에 익숙한 우리
의 인식에는 감세는 곧 작은 정부의 정책이고, 복지는 곧 큰 정부의 정책이라는
도식적인 구도가 강하게 자리 잡고 있으니까요. 또 환곡이 더는 복지가 아니게
된 순간부터는 조세제도로서 바라보는 것이 환곡을 더 타당하게 해석하는 일
일 수도 있습니다.

그러나 환곡을 지급하지 않는 정책을 '탕감'의 연장선으로 보는 해석 또한 적
절하다고 생각합니다. 조선왕조는 환곡 빚 탕감 정책을 분명한 '복지적 의도'를
갖고 시행했습니다. '백성들이 조세로 인해 피폐한 삶을 살아서는 안 되며, 만
약 피폐하게 사는 사람이 있다면 나라가 마땅히 팔을 걷고 나서야 한다'는 아
이디어에서 모든 복지 정책이 입안되었으니까요. 원하지 않는 사람에게 환곡
을 주지 않는 것 또한 그러한 아이디어에서 도출된 '특혜'입니다. 결정적으로
환과고독에게는 현물을 지급하는 정책과 더불어 반드시 면세 혜택이 주어졌
죠. 즉 그들에게는 감세 또한 복지 정책의 일환으로 적용되는 인센티브 중 하
나였습니다.

복지가 불평등을 해소할 수 있을까?

지금까지는 조선의 이야기였습니다. 이제, 우리가 사는 시대로 시곗
바늘을 돌려볼까 합니다.

현대적 기준에서, 한 나라의 복지 정책이 이상적으로 집행되기 위
해선 몇 가지 조건들이 충족되어야 합니다. 그 나라의 생활 수준이나
조세부담률이 감당할 수 있을 수준의 방만하지 않은 복지 시스템이 필
요합니다. 또한 인구 구조와 경제 성장을 고려하여, 복지가 성장을 저해
하지 않고, 나아가 복지가 지속 가능할 수 있도록 계획해야 하죠. 이 과
정에서 발생하는 부작용과 리스크를 막는 것도 중요합니다. 대체로 복
지 예산이 확충되고 간접 서비스가 늘어날수록, 조세 포탈이나 부패,
혹은 부당 수혜나 근로 유인 하락과 같은 사회적 문제가 불가피하기 때
문입니다. 무엇보다 중요한 점은, 복지가 모두를 포용하면서도 약자에게
가장 큰 혜택을 주어 점차 불평등을 개선해나갈 수 있어야 한다는 것

입니다.[98]

이러한 기준을 조선에 대입해보면 미흡한 점이 많습니다. '굶어 죽는 사람이 없는 나라'를 만들겠다던 조선의 청사진과 정치 이념은 복지를 가장 중요한 정치 영역으로 만들었습니다. 조선은 일 년 예산의 상당 부분을 복지 정책에 투입했고, 그 결과 복지 정책이 만성적인 재정 적자의 원흉으로 자리 잡았습니다. 국방비를 복지 예산에 수차례 투입한 것은 재정 압박을 드러내는 상징적인 사건입니다.

조정은 이러한 재정 압박 문제를 '증세 없이' 해결하기 위해 노력했습니다. 세금과 부역을 낮춰 공동체의 자생적 기능을 향상하는 것 또한 그들의 중요한 정치 이념이었기 때문입니다. 일부 관료가 낮은 세율에서 오는 근본적인 한계를 느끼고 증세를 주장해도, 왕은 결코 허락하지 않았습니다. 그래서 역사적으로 '증세 없는 복지'를 실행하고자 했던 국가를 꼽자면, 조선을 첫 번째로 꼽아야 할 것입니다. 조선의 '군자적' 시도가 가진 한계는 명확했죠. 조선은 개국 이후 수백 년 동안은 재정 적자 문제를 어찌어찌 해결해갔습니다. 하지만 역대급 자연재해와 전쟁이 밀어닥치자, 산적한 리스크가 터지며 복지 정책 또한 여지없이 무너졌죠.

인구 구조 문제에서도 조선의 대응은 미흡했습니다. 조선 경제 정책의 지상 목표는 농업 생산량 증가였죠. 자연히 인구도 늘어나게 되는데, 복지 정책의 수립과 집행 단계에서 변화하는 인구 구조를 고려하지 않았습니다. 물론 전근대 인구 조사 시스템이 가진 한계를 간과할 순 없습니다. 그러나 복지 정책을 논의하는 테이블 위에 인구 구조를 고려한 아이디어 자체가 올라오지 않았다는 것은 아쉬운 부분입니다.

지속 가능한 복지를 위해 노력한 부분은 있습니다. 이를테면 환곡이라는 사회보장제도가 대표적입니다. 적당한 수준의 이자를 부과하고 그것을 지방 재정에 충당함으로써, 복지 정책의 집행 주체인 지방이 '자생적 복지'를 할 수 있도록 꾀했습니다. 공동체 내에서 생산과 소비가 일치하는 자급자족 상태는 그들이 꿈꿨던 이상적 공동체였죠. 이를 위해서 유능한 지방관을 세우고자 엄격한 선발 과정을 거쳤고, 꼼꼼한 대상자 선정 체계를 만들어 시스템적으로 관리했습니다. 자연히 지방관은 조선 복지 정책의 알파이자 오메가로 자리하게 됩니다.

하지만 지방관은 '치트키'가 아니었습니다. 그들은 많은 권한을 부여받았으나, 그 권한으로도 현장에서 발생하는 문제를 해소할 수 없었죠. 평상시에 충분히 자급자족한다 해도, 조금만 위기가 발생하면 너무나 쉽게 위기를 맞았습니다. 민간 시장을 극단적으로 억누른 정책 이념은 복지 재원 마련의 경직성이라는 결과로 나타났고요. 중앙도 지방도 재정 적자에 시달리고, 적자를 해소하는 과정에서 권분이나 쌀 운반 폐해가 일어나는 등 상당한 사회적 비용이 발생합니다.

'한 고을의 백성들이 잘사냐, 못사냐는 오직 지방관 하기에 달려 있다'면서 정작 지방관의 행정 전문성을 면밀하게 평가하지 않고 선발했다는 점도 중요합니다. 장부를 점검하는 아주 간단한 실무 능력조차 갖추지 못한 '함량 미달' 지방관들이 전국으로 파견됐죠. 설사 평균 이상의 능력을 가진 지방관이라 할지라도, 중앙의 각종 규제와 통제에 시달리며 '자급자족하는 자율적 공동체'를 유지하기는 어려웠습니다. 자연스레 공동체의 실질적 주도권은 아전과 지역 유지에게 넘어갑니다.

아전과 지역 유지는 복지 정책 집행 과정에서 벌어질 수 있는 거의 모든 종류의 부작용을 창조해냈습니다. 아무리 정부에서 기준을 세세히 정하고 새로운 규제를 제시해도, 이들은 그 모든 것을 돌파해 부를 이뤄냈죠. 그러나 무수히 솟아난 부작용을 막아내는 것 또한 전적으로 지방관 개인의 역량에 맡겨졌습니다. 아전을 정치적 파트너로 인정하는 것은 그들의 이념이 허용치 않았고, 부를 불려나가는 사대부를 규제하는 것 또한 그들의 사상이 용납하지 않았죠. 사대부가 다름 아닌 지방관이라는 점에서, 이 두 '이익집단'의 규합은 백성들에게 절망적이었습니다.

아전의 부패는 조선이 가진 체제적 한계에서 솟아난 것이었고, 이내 그 길을 지방관이 따라 걸었습니다. 19세기로 흘러갈수록 직권 오·남용, 위장전입, 부정 수급, 장부 조작, 분식 회계, 일상화된 청탁과 뇌물, 토지 독점과 같은 불공정한 일들이 관례와 통념으로 자리 잡습니다. 이것을 견제하고 감시해야 할 향촌의 기구와 이들을 감독하고 개혁해야 할 중앙의 관료 또한 '그들 중 누군가'였습니다.

이윽고 복지가 불평등을 해소하는 것이 아니라, 오히려 불평등을 악화하는 수단으로 고착화합니다. 재생산을 위한 종자였던 환곡은 땅 투기를 위한 목돈으로 변했죠. 구휼은 사람들을 간신히 연명시키는 수준에 그쳤습니다. 사회 취약 계층을 위한 복지 정책도 이들이 '더 나은 삶'을 살게 하기보다 '더 나빠지지 않게' 하는 정도의 소극적인 성격을 띠었습니다. 마치 나라가 다수의 백성이 가난한 소작농으로 살기를 바라는 것처럼요.

반면 그들 스스로가 세운 잣대로 평가한다면 어떨까요? 태조의 "환과고독을 가장 먼저 챙기겠다."라는 약속, 정도전의 "백성은 나라의 근본이며 임금의 하늘이다."라는 선언, 그리고 나라에 굶어 죽는 사람이 없게 하라는 목표를, 그들은 과연 얼마큼이나 지키고 유지했을까요?

이러한 기준에 의하면, 조선의 복지 정책을 상당히 긍정적으로 평가할 수 있습니다. 비록 정치적 레토릭이라 할지라도, 백성들의 고충에 공감하고 이를 개선하기 위한 정책을 고민하는 것은 왕의 최우선 업무였으며, 신하들은 묘책을 찾기 위해 끝없이 머리를 맞대고 고민했습니다. 국가 재정이 파탄 나는 한이 있어도 굶어 죽을 위기에 놓인 사람들을 구해내고야 말겠다는 강력한 의지는 전란이나 기근이 닥치는 와중에도 사라지지 않았죠. 구휼에 힘입어 목숨을 구제한 사람이 얼마나 많았을지는 상상하기도 어렵습니다. 비록 결점이 있다 하더라도, 백성을 국가의 근본으로 여기는 민본주의를 실현하려 애썼던 그들의 노력을 결코 과소평가할 수 없다고 생각합니다.

그러나 그들의 잣대와 우리의 잣대는 너무나 다릅니다. 우리는 우리 시대에 맞는 기준을 통해 통찰을 얻어낼 수밖에 없습니다. 그렇다면 우리는 조선의 사례를 어떻게 해석해야 할까요? 두 가지 상반되는 아이디어를 도출할 수 있을 것입니다.

첫 번째 아이디어는 이렇습니다. 조선의 모든 것, 즉 정책적 목표와 방향을 모두 반면교사로 삼는 것입니다. 이는 '조선은 책임질 능력도 없으면서, 국가 책임을 언급했다.'라는 비판의 연장입니다. 책임질 수 없으면서 책임지겠다는 것은 무책임한 이야기죠.

이러한 논의에 따르면, 결론적으론 조선이 설계한 이상적인 공동체 상을 수정해야만 합니다. 현대 사회에서 복지는 공공, 민간비영리, 가족, 시장 주체가 모두 참여하여 이뤄집니다.[99] 어떤 나라는 복지 영역에서 국가의 역할보다 시장의 역할이 크고, 어떤 나라는 그 반대죠. 현대 동아시아 국가들은 여전히 가족의 부담이 커서 '가족주의 복지국가'로 분류됩니다.[100] 조선의 경우는, 국가와 가족의 역할이 크고 시장의 영역은 극도로 적은 '공공·가족주의 복지국가'였던 것 같습니다.

따라서 시장의 역할을 훨씬 더 많이 확대하는 것이 적절한 해결책이 될 수 있습니다. 시장 중심의 해법은 인간이 결코 시장, 즉 사회적 현상을 통제할 수 없다는 믿음에 근거합니다. 조선은 자급자족 공동체를 위해 적극적으로 생산과 소비를 통제하는 국영화 체제를 갖췄지만, 규제와 지침을 돌파해내는 움직임에 너무나 취약했습니다. 복지 영역에서도 마찬가지입니다. 불평등을 개선하기 위해 국가 책임을 확대할수록, 오히려 부패로 인한 불평등만 더 커지는 선례를 보여줬죠.

복지적 해법 또한 시장의 손에 맡겨야 합니다. 조선의 사례에 대입해보면, 나라가 쌀을 옮기느라 소모한 엄청난 사회적 비용들, 환곡만 믿고 저축하지 않는 백성들의 나태함은 시장의 손에 의해 자연스럽게 해소됐을 것입니다. 나아가 국가 재정에 맞게끔 복지 예산 규모를 대폭 삭감하고, 부패의 구조적 원인을 만드는 간접적인 복지 서비스 또한 축소해야 합니다. 대신 꼭 필요한 사람들에게만 충분하게 직접 지원하는 엄격한 선별적 복지 제도로 수정해야겠죠. 시장이 활발해지면 자연히 화폐 경제도 도입되니, 현물 지원이 아닌 현금 직접 지원도 가능해질 것입니다.

직접 지원의 목표는 어디까지나 개인의 인센티브, 즉 '더 잘살고 싶은' 욕구를 뒷받침하는 방향으로 진행해야 합니다. 즉 불평등을 국가가 직접 개입하여 바꾸는 것이 아니라, 불평등한 상황에 놓여 있는 개인이 직접 불평등을 뛰어넘을 기회를 제공하는 방향으로 설계되어야 하죠.

이러한 아이디어는 현대에도 적용될 수 있다고 생각합니다. 선별적으로 직접 지원하며, 불평등은 시장의 손에 맡기고, 개인의 인센티브를 자극하는 방향으로 복지사회를 구성해나가야 한다는 주장의 근거로 조선의 사례를 언급할 수 있겠죠.

그러나 맹점도 있습니다. 조선이 시도하지 않았던 해법은 이미 우리 사회에 폭넓게 적용되고 있습니다. 그런데도 각종 부작용, 특히 불평등 지표를 개선해내지 못하고 있다는 결정적 문제에 봉착하고 있죠.[101] 이 간단하지만 치명적인 약점이 첫 번째 해법을 무색하게 만듭니다. 따라서 조선의 사례를 통해 선별적 복지 시스템이 가진 맹점을 비판하는, 정반대의 아이디어도 도출할 수 있습니다.

토지가 없는 사람들에게 무상 지급하는 구휼, 토지가 있는 사람들에게 유상 지급하는 환곡, 그리고 사회 취약 계층에게 지급하는 지원금 및 면세 혜택. 이 세 가지가 조선 복지 제도의 핵심입니다. 이 세 제도는 모두 선별적인 복지 제도였고, '선별'이라는 과정 아래 엄청난 사회적 비용이 발생했죠.

이를테면 이런 것들입니다. 구휼 대상이 아님에도 구휼을 받거나,

노비를 위장 전입시켜서 추가로 받아낸 사례가 있죠. 환곡은 더욱 심합니다. 환곡을 축재와 투기 수단으로 이용하고 그로 인해 발생한 국가 재정 손실을 평범한 백성에게 전가하는 결정적인 문제가 있었습니다. 환과고독에게 주어지는 부역 면제 특혜를 악용해 부정하게 이득을 취하는 사례도 적지 않았습니다. 조선의 복지 정책이 수렁으로 빨려 들어갔던 것은 이러한 불공정이 곧 불평등으로 이어졌기 때문이었습니다.

효율성 문제도 있었습니다. 지침과 현장은 반드시 괴리가 생기고, 괴리로 인해 반드시 모순이 나타나기 마련입니다. 그 모순에 화를 내며 '진상'이 되는 민원인과 그것을 '인생의 좋은 경험이다.' 생각하고 견뎌내야만 하는 사회복지 공무원의 고충 사이에서 복지 사각지대는 발생합니다. 정작 필요한 곳에 손길이 닿지 않게 되면서, '사회복지'라는 단어는 오염되고 있습니다. 심지어는 복지 예산이 조선의 사례처럼 특혜와 부패의 노다지로 변질되죠. 결과적으로 복지가 갈등의 원인이 되고, 그것이 곧 사회 전체의 피로도로 누적되어 복지 정책의 효율성을 저해하는 현상을 낳습니다.

이러한 사회적 비용은 '복지 대상'이라는 것이 한정되어 있을 때 발생합니다. 복지 대상으로 편입될 때 받을 수 있는 사회적 배려가 '특혜'로 변질되는 순간, 복지는 더 이상 불평등을 개선할 수 없게 됩니다. 따라서 '이론적으로' 가장 말끔한 해법은, 복지 대상을 전 국민으로 확대하는 것입니다. 증세를 통해 예산을 전면적으로 확대하고, 전 국민에게 일정 수준의 지원금을 직접 지원하자는 아이디어가 충분히 해법이 될 수도 있을 것입니다.

이 해법은 불평등을 개선할 수 있을까요? 어느 정도는 가능할 것입니다. 가진 자의 백만 원과 가난한 자의 백만 원은 쓰임의 무게가 다르기 때문입니다. 불평등의 사다리에서 가장 낮은 곳에 있는 사람들은 그 사회에서 '사람답게' 살기 위해 요구되는 최소한의 기준조차 보장받지 못하는 경우가 많습니다. 전 국민에게 지원금을 지급한다면, 생계가 어려워도 지급 기준을 충족하지 못해 혜택을 받지 못하게 되는 복지 사각지대 또한 해소할 수 있죠. 직접 지원을 대폭 확대하는 대신, 간접적인 복지 서비스를 축소하여 부패의 유인을 제거하는 것 또한 예측되는 부작용을 줄이는 대안 중 하나가 될 수 있을 것입니다.

그러나 어떤 정책이 모든 문제를 말끔히 해소할 수 있다는 믿음은 순진합니다. 증세를 위한 사회적 합의가 가능한지는 차치하더라도, 인플레이션이나 노동 유인 저하 문제를 삼척동자도 쉽게 예상할 수 있습니다. 쇠퇴하는 인구 구조와 저성장의 늪에 빠진 한국의 경제 구조도 대규모 복지 체계의 지속 가능성을 의심하게 하는 요소죠. 또한 기본소득이 입법 과정에서 수정되어 최소한의 생활 수준을 유지하는 데 미치지 못하는 수준으로 지급될 경우, 오히려 안 하느니만 못한 효과를 거둘 우려도 있습니다.

한국 사회의 복지를 생각하면, 복지가 불평등을 전혀 해소하지 못하고 있다는 문제의식으로 귀결됩니다. 복지가 불평등을 개선하는 속도는 경운기 급인데, 빈부 격차가 벌어지는 속도가 포르쉐 급인 반세기를 보내왔죠. 기존까지 유지해왔던 '저부담-저복지' 기조가 어느 정도 효과를 발휘했지만, 이제는 포르쉐의 속도를 따라잡기는 불가능한 지점까지 와 있다고 생각합니다. 어쩌면 불평등이 절정에 달했던 시기의 조선처럼, 복지 정책이 오히려 빈부의 차이를 고착화하고 있을지도 모릅니다. 따라서 앞으로의 복지 정책은 어떤 정책의 장단점과 그것의 옳고 그름을 밝히면서 논쟁하는 것이 아니라, 장단점을 모두 고려하였을 때 '얼마나 불평등을 개선할 수 있을까?'에 방점을 찍어야 합니다.

사실 '어떠한 정책이 우리의 문제를 더욱 효과적으로 해소할 수 있을까?'라는 질문에 조선을 근거로 답을 얻기란 한계가 있을 것입니다. 시대도, 이념도, 잣대도, 환경도 다르니까요. 다만 이런 문제에는 조선이 답할 수 있습니다. '제도가 불공정하게 운용될 때 나타날 수 있는 결과는 무엇인가?' '제도가 근본적으로 갖는 불공정성이 개선되지 않을 때, 어떤 결과가 초래될까?' 조선이라는 체제가 태생적으로 갖고 있었던 신분제라는 불평등, 환곡이나 구휼 제도가 갖고 있었던 배제성, 공동체 내에서 벌어졌던 권력의 비대칭. 이러한 요소들이 훌륭한 의도로 시작한 조선의 복지 정책을 뒤틀고 왜곡했습니다.

우리가 앞으로 선택할 복지 정책은 불공정 유인이 최대한 줄어드는 방향으로 설계되어야 합니다. 우리 공동체는 여전히 혈연·지연·학연이 막강한 힘을 발휘하고 있고, 제도를 주무르는 권력가들이 분명히 존재하며, 최근에는 손쉽게 타자를 배제하고 혐오하는 문화까지 자리 잡고 있습니다. 저의 역사적 해석으로는, 기본소득 제도가 우리 사회가 안고 있는 불공정 유인을 최대한 제거한다는 점에서 매력적인 대안이라고 생각합니다. 그러나 여러분이 정반대의 결론을 얻으셨다고 하더라도, 그것 또한 옳은 대안이라고 생각합니다. 우리는 모두 한 명의 유권자로서, 모든 이의 의견이 나름의 타당성을 가진 소중한 한 표로 맺어질 것입니다.

또 한 가지 교훈을 더 얻을 수 있을 것 같습니다. 저는 조선에서 무수하게 벌어진 불공정의 사례를 통해, 제가 무심코, 아무런 문제의식 없이 행해왔던 불공정을 되돌아볼 수 있었습니다. "어쩔 수 없다." "남들도 다 한다."라며 넘어왔던 선들. 그 자그마한 '선 넘음'이 공공선을 어떻게 파훼했는지, 조선의 복지 정책은 여실히 보여주고 있습니다. 어떤 정책이 더 좋은 정책인지 고민하는 것도 중요하지만, 우리 내면에 잠재된 '불공정의 평범성'을 지속해서 자각하고 타이르는 것 또한 매우 중요함을 깨달았습니다.

망자는 말이 없습니다. 망자의 말을 대신하는 것은 살아가는 자의 입이죠. 다른 사람들과 똑같이 하나의 입을 가진 사람으로서, 저는 이 책을 쓰는 순간순간마다 '미심쩍은 머뭇거림'에 시달렸습니다. 깊은 통찰 혹은 확고한 대안들을 제시해야 마땅하다고 생각했지만, 제가 보고 겪은 기록은 혼란하기 그지없었습니다. 조선과 조선 사람들이 가졌던 선의와 생각에 전적으로 공감하면서도, 좀처럼 그럴싸한 이론으로 설명되지 않는 역사 속 현실 앞에서 좌절했습니다. 마치 우리가 살아가는 이 세상처럼요.

그 미심쩍은 머뭇거림 끝에 나온 결과물이 이 책입니다. 명쾌한 설명도, 확실한 대안도 없습니다. 그저 복지 정책이 펼쳐진 조선의 민낯을 보여드리고 싶었을 뿐입니다. 자신을 속이며 우격다짐으로 '옳은 주장'을 내세우기보다, 책이 여러분에게로 다가가 제각각의 의미를 엮어내게 하는 것이 '옳은 태도'라고 생각했습니다.

그리하여, 제가 보여드리고자 했던 조선의 복지 정책에 관한 이야기는 여기까지입니다. 이 책이 더 나은 복지국가를 꿈꾸는 시민에게 또 하나의 아이디어를 주는 책이기를 바랍니다.

2021년, 저는 국가로부터 꽤 많은 복지 혜택을 받았습니다. 여러 차례의 재난지원금, 대학생에게 지급되는 국가장학금과 국가근로장학금, 사랑니 발치와 스케일링 시술 시 받은 의료보험 혜택, 소득이 적은 사업자 가구에 지급되는 근로장려금 등을 받았죠. 통장 잔고가 0원이 되는 끔찍한 상상이 현실로 벌어지지 않은 건 복지 정책 덕분이었습니다. 이 기록만 보면, 제게 한국은 꽤 괜찮은 복지국가입니다.

그러나 어떤 이에게는 그렇지 않았습니다. 복지 확대를 요구하는 장애인의 지하철 시위가 일어나고, 적절한 복지 혜택을 받지 못해 최소한의 생계 수준도 충족하지 못하는 사람들이 여전히 많습니다. 자살률 1위·출생율 꼴찌라는 성적표도 뉴스에서 하도 많이 보아서인지 이제는 익숙합니다. 이 기록들을 보면, 한때 한국을 휘감았던 '헬조선'이라는 유행어가 여전히 유효해 보입니다.

처음에는 한국에 필요한 복지 정책이 무엇인지 조선에서 살펴보고자 했습니다. '하물며 조선에서도 그러했는데!'라는 뉘앙스로요. 하지만 막상 제 눈앞에 나타난 기록은 달랐습니다. 어떤 이는 정직하게 정책의 수혜를 입었고, 어떤 이는 정책을 비틀어 축재 수단으로 삼았습니다. 그 기록의 틈 사이로 '공정과 불공정, 평등과 불평등'이라는 키워드가 떠올랐습니다. 마치 우리가 살아가는 이 시대의 삶처럼 말이죠.

어쩌면 저는 어떤 정책이 사람들의 삶을 드라마틱하게 바꿀 수 있을 거라고 믿었던 건지도 모르겠습니다. 그것이 너무나 순진한 믿음이었음은 굳이 역사를 돌아보지 않아도 확인할 수 있죠. 재난지원금은 선의 그 자체인 것 같지만, 그 이면에는 코로나19 팬데믹 사태로 인해 더욱 힘들어했던 사회적 약자의 아픔이라는 그림자가 있습니다. 재난지원금이 지급되고 벌어진 다양한 사회적 현상을 종합해보면, 긍정적이다 혹은 부정적이다 하고 딱 잘라 평가하기도 쉽지 않습니다. 이 책을 쓰면서 느낀 바도 그와 마찬가지였습니다. 조선을 살피면 살필수록 저는 '미심쩍은 머뭇거림'을 느꼈습니다.

그래서 생각을 바꿨습니다. '정책'이 아니라 '사람', '효과'가 아니라 '사회'를 보고자 했습니다. 조선의 복지 정책이 조선 사람들의 삶에 어떠한 영향을 끼쳤는지, 조선 사회의 단면은 어떻게 빚어졌는지, 빛과 그림자를 모두 담아내고자 시도했습니다. 이 책은 그러한 시도 끝에 빚어진 소박한 결과물입니다.

책은 크게 3단으로 전개됩니다. 「여는 글」과 1장에서는 조선 복지 정책의 이론적 토대를 설명하고, 나아가 어떤 복지 정책이 있었는지를 대략적으로 다룹니다. 특히 환곡과 진휼, 사회 취약 계층을 위한 복지 정책을 서술했습니다.

2장에서는 조선의 복지 정책, 특히 환곡과 진휼을 결정권자인 왕, 집행자인 지방관, 수혜자인 백성의 입장에서 각각 살펴보았습니다. 이로써 정책이 사람들의 삶과 조선 사회에 실제적으로 어떠한 영향을 주었는지 다뤘습니다. 나아가 환곡과 진휼이라는 전근대적인 제도를 뛰어넘어, 우리가 살아가는 '여기, 지금'의 삶을 바라보고자 노력했습니다.

「다시 여는 글」에서는 '여기, 지금'의 시선으로 조선을 바라보고자 했습니다. 그동안의 논의를 종합하고, 우리가 논의하고 있는 복지 정책의 해법으로 재해석해보았습니다. 그 무엇도 답이 될 수 없지만, 반대로 그 무엇도 답이 될 수 있습니다. 답안지 작성은 저보다 더 현명하시리라 믿어 의심치 않는 독자 여러분께 맡겨드립니다.

부끄럽게도, 부족함이 많은 책입니다. 많은 부분에서 학문적 정밀함보다 이야기 흐름을 더 우선시했습니다. 적절하지 못한 해석이나 오류도 있을 것입니다. 무엇보다 조선왕조 500년이라는 긴 시간을 하나의 이야기로 다뤄 각각의 시대적 특성을 세밀하게 고찰하지 못한 점도 아쉽습니다. 오류를 비롯한 모든 책임은 제게 있습니다. 독자 여러분의 따끔한 지적을 겸허히 기다리고 있겠습니다.

조선의 복지 정책을 종합적이면서 깊이 있게 다룬 연구가 부족한 것에 놀랐습니다. 어디서부터 어떻게 시작해야 할지 막막할 때, 박광준 선생님의 저서와 연구에서 책의 구성을 비롯한 여러 아이디어를 배웠습니다. 비록 개인적인 인연은 없지만, 깊이 감사드립니다. 더불어 이 책에 소개된 자료들은 모두 전문 연구자분들과 연구기관의 귀중한 성과입니다. 모든 분께 존경과 감사의 말씀을 드립니다.

집필하면서 많은 분의 도움을 받았습니다. 구성 단계부터 번역까지 집필 과정의 많은 부분을 도와주신 전북대 박제균 선생님, 그리고 중간중간 현명한 아이디어를 주신 뉴욕시립대 김선중 선생님, 배움의 항해를 함께하는 '철학이야기' 도반들께 감사드립니다. 더하여 무척 훌륭한 삽화를 그려주신 이보현 님과 집필 기간 내내 찡찡거렸던 저를 잘 받아준 친구 김민지 님을 비롯하여 금강대 학우들에게도 감사드립니다. 저의 길을 말없이 응원해주시는 석왕사(釋王寺) 가족 여러분께도 감사드립니다. 불초한 저를 믿고 작업을 맡겨주신 도서출판 들녘에도 진심으로 감사 인사를 올립니다.

마지막으로, 이 책과 인연의 끈이 닿은 독자 여러분께 감사드립니다. 올해 30대 남성인 제가 나라로부터 많은 복지 혜택을 받을 수 있었던 것은, 10여 년 전 '88만 원 세대'라는 표현과 함께 불거진 사회문제를 해소하기 위해 노력하셨던 시민 여러분 덕분이라고 생각합니다. 양극화와 저출생이라는 답이 보이지 않는 터널도 극복할 수 있으리라는 희망, 그래서 언젠가 이 책을 휘감은 '미심쩍은 머뭇거림'이 말끔히 사라지리라는 희망을 나누며 글을 마칩니다.

2021년 12월 21일
충주 석왕사 조우재(遭遇齋)에서
박영서

미주

1   윤석경·권정만,「사회복지에서의 복지 개념과 조선왕조실록의 복지 용례의 비교와 함의」,『한국
     공공관리학보』 26 (2012), 74~75쪽.; 안홍순,『사회복지정책론』(공동체, 2012), 208쪽.

2   『태조실록(太祖實錄)』 1392년 7월 28일 기사 "一, 鰥寡孤獨, 王政所先, 宜加存恤".

3   함규진,「한국적 민주주의의 형성과 민본주의의 역할」,『정치정보연구』 19(1) (2016), 277~283쪽.

4   박승희,「사서(四書)에 나타난 유교의 사회복지사상」,『한국사회복지학』 38 (1999), 57쪽. 표를
     수정함.

5   안외순,「『대학』의 정치철학: 자기성찰(自己省察)과 혈구행정(絜矩行政)의 정치」,『한국철학논
     집』 27 (2009), 352~353쪽.

6   김순양,「동아시아 복지국가의 저발전과 유교적 전통: 유교국가 조선(朝鮮)의 사례를 통한 "유교
     국가복지론"의 재검토」,『한국행정학보』 51(4) (2017), 58~61쪽.

7   안외순, 앞의 논문, 353~356쪽

8   원재영,「조선시대 재해행정과 17세기 후반 진휼청의 상설화」,『동방학지』 172 (2015), 136~145쪽.

9   이민수,「조선세종조의 복지정책연구」(단국대학교대학원 박사학위논문, 1987), 72쪽.

10   조성린,「정조대 사회복지시책 연구」(상명대학교대학원 박사학위논문, 2009), 40~46쪽.

11   박광준,『한국사회복지역사론』(양서원, 2013), 84쪽.

12   문광균,「1808년『만기요람』의 편찬과 그 의미」,『역사와 현실』 107 (2018), 251쪽.

13   최화인,「전근대 사회보장제도 연구: 조선시대 환곡제(還穀制)를 중심으로」(성균관대학교대학
     원 박사학위논문, 2017), 35~37쪽. 환곡 대여 절차에 대한 서술을 참고하였음.

14   최화인, 위의 논문, 31쪽.〈그림 1〉을 수정함.

15   최화인, 앞의 논문, 66쪽.〈그림 3〉을 수정함.

16   주소현,「국민연금의 필요성에 대한 태도, 양가감정 및 개혁에 대한 의견과 관련 요인 탐색」,『소
     비자학연구』 29 (2018), 123~150쪽.

17   『태종실록(太宗實錄)』 1414년 5월 7일 기사.

18   박현주·정여주,「조선시대 구빈정책 분석: 챔버스의 분석틀을 이용하여 '환과고독(鰥寡孤獨)정
     책'을 중심으로」,『한국사회복지학회 학술대회 자료집』(2016), 14~15쪽.

19   김경숙,「16, 17세기 유기아수양법과 민간의 轉用: 1661년 서원현 소송을 중심으로」,『고문서연
     구』 57 (2020), 57쪽.

20   최원규,「조선후기 아동구휼에 관한 일 연구: 정조시『자휼전칙』을 중심으로」,『한국사회복지학』

12 (1988), 10쪽.

21 김엘리, 「英祖代 慶尙道 固城의 賑恤施策에 관한 연구:『勝聰明錄』을 중심으로」 (중앙대학교대학원 석사학위논문 2008).『승총명록』의 사례를 참고하였음.

22 구상덕 저, 한국학중앙연구원 역,『국역 승총명록 1』(경상남도 고성군청), 42쪽.

23 김엘리, 앞의 논문, 54~55쪽.

24 홍순석·서은선, 「복지융복합 연구를 위한 인문학의 활용방안: 세종시대 효행정책과 노인복지 정책을 중심으로」,『인문사회 21』9(1) (2018), 969쪽.

25 홍순석·서은선, 앞의 논문, 969~972쪽.

26 조성린, 앞의 논문, 146쪽.

27 정지영, 「조선시대 '독녀(獨女)'의 범주」,『한국여성학』32(3) (2016), 14~21쪽.

28 구상덕 저, 한국학중앙연구원 역,『국역 승총명록 2』(경상남도 고성군청), 327쪽.

29 정창권,『근대 장애인사』(사우, 2019), 37~39쪽.

30 문정숙, 「한국특수교육 발달에 관한 일연구」 (단국대학교대학원 석사학위논문, 1984), 41쪽.

31 김이현, 「조선시대 맹인교육의 성격과 유형」 (한국교원대학교대학원 석사학위논문, 2017), 7~22쪽.

32 손구하, 「조선시대 시각장애인의 구휼과 직업에 관한 고찰」,『인문사회 21』10(1) (2019), 875~878쪽. 조선 시대 장애인의 직업적 진출에 대한 서술을 요약하였음.

33 『세종실록(世宗實錄)』1431년 12월 25일 기사.

34 정창권, 앞의 책, 26~35쪽.

35 정창권, 앞의 책, 26~35쪽.; 방귀희 외 3인,『한국장애인사』(솟대, 2014).

36 『지암일기(支菴日記)』1699년 4월 12일 기사 중 "而國朝以來 猶無病人爲魁者 良可寒心".

37 『세종실록(世宗實錄)』1444년 윤7월 24일 기사.

38 김현숙, 「19세기 중반 양반가 일기에 나타난 노비와 노비노동」,『조선시대사학보』67 (2013), 441~442쪽.

39 이혜정, 「16세기 노비의 삶과 의식세계:『묵재일기』를 중심으로」 (경희대학교대학원 박사학위논문, 2012), 10~18쪽.

40 박현주·정여주, 앞의 논문, 9~11쪽.

41 곽효문, 「조선조 군주의 책기론과 사회복지적 기능에 관한 연구」,『한국행정사학지』35 (2014), 190~192쪽.

42 안영탁, 「『中庸』과『孟子』에 나타난 道德的 人性論에 대한 硏究」 (성균관대학교대학원 박사학위논문, 2014), 215~219쪽.

43 최옥채, 「조선 중종대 빈곤과 구제: 『중종실록』과 해석학 관점 중심으로」, 『한국사회복지학』 63(3) (2011), 270~277쪽.

44 박광준, 『조선왕조의 빈곤 정책』 (문사철, 2019), 399~403쪽. 번역 및 본문을 참고하여 발췌함.

45 김현옥, 「정조(正祖)의 책문(策問)에 나타난 애민사상(愛民思想) 연구(研究)」, 『한문고전연구』 17 (2008), 132쪽. 번역 인용.

46 박종채, 『나의 아버지 박지원』 (돌베개, 2006). 번역 인용함.

47 김현옥, 앞의 논문, 145쪽. 번역 인용함.

48 윤석경·권정만, 앞의 논문, 68~73쪽.

49 『인조실록(仁祖實錄)』 1636년 10월 24일 기사 "夫窮經, 將以致用, 授之以政, 不達, 誦詩三百, 無爲也" 僕不解貴藩學士'大夫, 所誦讀者何書, 所經濟者何事? 徒以佔畢'伊吳, 博靑紫而榮身, 體國經野'强兵治賦, 王之臣誰其辦此?".

50 박광준, 앞의 책, 2013, 484~485쪽.

51 박광준, 앞의 책, 2013, 484~489쪽.

52 『중종실록(中宗實錄)』 1515년 6월 4일 기사.

53 최화인, 앞의 논문, 40쪽.

54 이욱, 「19세기 서울의 미곡유통구조와 쌀폭동」, 『동방학지』 136 (2006), 123~125쪽.

55 문광균, 「1540~1541년 기근과 『忠州救荒切要』의 간행」, 『고문서연구』 57 (2020), 183쪽.

56 『중종실록(中宗實錄)』 1542년 윤5월 3일 기사.

57 이세영, 「조선후기의 勸分과 富民의 실태」, 『역사문화연구』 34 (2009), 163~165쪽.

58 『대전통편(大典通編)』 「비황(備荒)」.

59 이세영, 앞의 논문, 171쪽.

60 김현주, 「조선후기 제주지역의 진휼비(賑恤碑)와 진휼실상」 (제주대학교대학원 석사학위논문, 2011), 26쪽.

61 김현주, 앞의 논문, 32~35쪽.

62 문용식, 「조선후기 환곡 이자와 추가 징수의 문제」, 『대동문화연구』 92 (2015), 631~634쪽. 환곡의 취모보용과 관련한 서술을 참고함.

63 이행묵, 「'壬癸凶荒'期(1832~1833) 충청도 지역의 진휼 시행과 定山縣의 設賑 실태」, 『한국사연구』 190 (2019), 19~42쪽. 1832년~1833년 정산현의 진휼 과정에 대한 서술을 참고함.

64 김현민, 「臺山 金邁淳의 《篆餘日錄》譯注」 (고려대학교대학원 석사학위논문, 2020), 11쪽. 번역 및 정리글을 인용함.

65   최화인, 앞의 논문, 64쪽.

66   박광준, 앞의 책 (2019), 260~266쪽. 1809년~1810년 진행된 곡식 운반과 관련된 내용을 참고하
      였음.

67   김경숙, 「조선후기 察訪의 驛站 운영과 관직생활: 19세기 초 金載一의 『默軒日記』를 중심으로」,
      『한국문화』 62 (2013), 19~20쪽. 번역 인용.

68   김경숙, 위의 논문, 20쪽. 번역 인용

69   김경숙, 앞의 논문, 20쪽. 번역 인용

70   박종채 저, 김윤조 역, 『역주 과정록』 (태학사, 1997), 90쪽.

71   박종채 저, 위의 책, 186쪽.

72   오현주, 「한국사회에서 기본소득 도입과 지급방안에 관한 고찰」 (부산교육대학교교육대학원 석
      사학위논문, 2017), 50쪽.

73   김재진·최병일, 「국내 대학생들의 '도덕적 해이'에 대한 오개념 연구」, 『경제교육연구』 26(2)
      (2019), 75~77쪽.

74   이상엽·정건섭, 「조선후기 지방행정에 있어서 이서(吏胥)의 부패유발요인과 반부패개혁론」, 『한
      국지방자치학회보』 16 (2004), 298쪽.

75   이상엽·정건섭, 앞의 논문, 307~308쪽.

76   이상엽·정건섭, 앞의 논문, 309~313쪽.

77   장동표, 「조선후기 군현단위의 부정부패와 이서층 중심의 포흠」, 『한국사연구』 130 (2005),
      34~39쪽.

78   박래겸 저, 조남권·박동욱 역, 『서수일기』 (푸른역사, 2013), 91~93쪽.

79   박종채 저, 김윤조 역, 앞의 책, 186~187쪽.

80   박종채 저, 김윤조 역, 앞의 책, 187쪽.

81   『세종실록(世宗實錄)』 1423년 9월 16일 기사.

82   『세종실록(世宗實錄)』 1448년 4월 22일 기사.

83   박광준, 앞의 책 (2019), 238~240쪽. 번역문 인용 및 본문 참조.

84   김태성·성경륭, 『복지국가론』 (나남출판, 2001), 477~478쪽.

85   박광준, 앞의 책 (2019), 230쪽.

86   『목민심서(牧民心書)』 「호적(戶籍)」에 수록된 표를 재가공함(이해의 편의를 위해 토지와 현금 보
      유량은 각색함).

87   구상덕 저, 한국학중앙연구원 역, 『국역 승총명록 2』 (경상남도 고성군청), 195쪽.

88   구상덕 저, 한국학중앙연구원 역, 위의 책, 208쪽.

89   오희문 저, 이민수 역, 『쇄미록 1』(Olje(올제), 2014), 224쪽.

90   오희문 저, 앞의 책, 403쪽.

91   오희문 저, 앞의 책, 227쪽.

92   남미혜, 「16세기 사대부 이문건가의 양잠업 경영에 대한 일연구」, 『조선시대사학보』 26 (2003), 170~174쪽.

93   김엘리, 「19세기 초 孝田 沈魯崇의 流配生活 硏究」(중앙대학교대학원 박사학위논문, 2016), 159~160쪽. 번역 인용함.

94   김엘리, 앞의 논문, 161쪽. 번역 인용함.

95   『영조실록(英祖實錄)』 1753년 5월 15일 기사 "今亦依定式, 盲人獨女無率丁者外, 卿宰以下一從家座, 各出一丁, 一日赴役".; 정지영, 앞의 논문, 12쪽 참고.

96   고민정, 「19세기 강원도의 사회상 고찰을 위한 민장치부책(民狀置簿冊) 기초 연구」, 『한국학논총』 55 (2021), 153~154쪽. 『강원도각군장제』와 관련된 기술을 인용함.

97   정지영, 앞의 논문, 11~14쪽.

98   김철수, 「한국헌법상의 사회복지 정책」, 『사회복지법제연구』 2(1) (2011). 2~10쪽.; 신혜린, 「존 롤즈의 복지관에 따른 한국 복지체제 흐름의 검토」, (고려대학교대학원 석사학위논문, 2016) 40~41쪽.

99   김태성·성경륭, 앞의 책, 191~195쪽.

100 엄기현, 「한국 사회복지에서 가족책임주의의 양상과 국제비교」(중앙대학교대학원 석사학위논문, 2005), 32~35쪽.

101 유경준, 「한국의 소득불평등 현황과 쟁점」, 『한국경제의 분석』 24(3) (2018), 129~131쪽.

참고문헌

『각사등록』(한국고전종합DB)

『경세유표』(한국고전종합DB)

『계암일록』(한국국학진흥원 스토리테마파크)

『구사당집』(한국고전종합DB)

『국역 승총명록』(경상남도 고성군청, 한국학중앙연구원)

『다산시문집』(한국고전종합DB)

『대전통편』(국사편찬위원회한국사DB)

『만기요람』(한국고전종합DB)

『맹자집주』(동양고전종합DB)

『명재유고』(한국고전종합DB)

『목민심서』(한국고전종합DB)

『묵재일기』(한국학중앙연구원 장서각기록유산DB)

『박시순일기』(한국학중앙연구원 장서각기록유산DB)

『비변사등록』(국사편찬위원회한국사DB)

『승정원일기』(국사편찬위원회한국사DB)

『약천집』(한국고전종합DB)

『연암집』(한국고전종합DB)

『영영일기』(한국국학진흥원 스토리테마파크)

『자휼전칙』(국사편찬위원회한국사DB)

『조선경국전』(한국고전종합DB)

『조선왕조실록』(국사편찬위원회한국사DB)

『홍재전서』(한국고전종합DB)

한국민족문화대백과사전

감정기·최원규·진제문,『사회복지의 역사』(나남출판, 2002).

김연명, 『한국 복지국가 성격논쟁 Ⅰ』 (인간과복지, 2002).

김영순, 『한국의 복지국가는 어떻게 만들어졌나?』 (학고재, 2021).

김옥근, 『조선왕조 재정사 연구』 (일조각, 1984).

김태성·성경륭, 『복지국가론』 (나남출판, 2001).

마이클 샌델 저, 이양수 역, 『정의의 한계』 (멜론, 2012).

문용식, 『조선후기 진정과 환곡운영』 (경인문화사, 2000).

박광준, 『사회복지의 사상과 역사』 (양서원, 2013).

박광준, 『조선왕조의 빈곤정책』 (문사철, 2019).

박광준, 『한국사회복지역사론』 (양서원, 2013).

박래겸 저, 조남권 외 1인 역, 『서수일기』 (푸른역사, 2013).

박영서, 『시시콜콜한 조선의 일기들』 (들녘, 2021).

박종채 저, 김윤조 역, 『역주 과정록』 (태학사, 1997).

박종채 저, 박희병 역, 『나의 아버지 박지원』 (돌베개, 1998).

방귀희 외 3인, 『한국 장애인사』 (솟대, 2014).

송준호, 『조선사회사 연구』 (일조각, 1987).

송찬섭, 『조선후기 환곡제 개혁 연구』 (서울대학교출판부, 2002).

신동원, 『조선의약생활사: 환자를 중심으로 본 의료』 (들녘, 2000).

안홍순, 『사회복지정책론』 (공동체, 2012).

앤드루 양 저, 장용원 역, 『보통 사람들의 전쟁』 (흐름출판, 2019).

오희문 저, 이민수 역, 『쇄미록 1』 (Olje(올재), 2014).

유병용·신광영·김현철, 『유교와 복지』 (백산서당, 2002).

윤홍식 외 7인, 『우리는 복지국가로 간다』 (사회평론아카데미, 2020).

이민수, 『조선전기 사회복지정책 연구』 (혜안, 2000).

이순민, 『사회복지 윤리와 철학』 (학지사, 2016).

이태진, 『조선유교사회사론』 (지식산업사, 1989).

전경목, 『고문서, 조선의 역사를 말하다』 (휴머니스트, 2013).

정무권, 『한국 복지국가 성격논쟁 Ⅱ』 (인간과복지, 2009).

정창권, 『근대 장애인사』 (사우, 2019).

정창권, 『세상에 버릴 사람은 아무도 없다』(문학동네, 2005).

조성린, 『우리나라 복지 발달사』(조은출판사, 2014).

존 롤스 저, 황경식 역, 『정의론』(이학사, 2003).

최익한 저, 송찬섭 역, 『조선 사회 정책사』(서해문집, 2013).

하상락 편, 『한국사회복지사론』(박영사, 1989).

한국정신문화연구원 편, 『유교와 복지』(백산서당, 2002).

강민영, 「봉수당 진찬과 낙남헌 양로연의 음악적 고찰: 원행을묘정리의궤를 중심으로」 (이화여자대학교대학원 석사학위논문, 2004).

고민정, 「19세기 강원도의 사회상 고찰을 위한 민장치부책(民狀置簿冊) 기초 연구」, 『한국학논총』 55 (2021), 133~163쪽.

곽진영, 「한국 반부패 시스템의 구축과정과 특성: 부패구조의 변화에 대한 조응성을 중심으로」, 『미래정치연구』 7 (2017), 141~172쪽.

곽효문, 「조선조 군주의 책기론과 사회복지적 기능에 관한 연구」, 『한국행정사학지』 35 (2014), 189~208쪽.

곽효문, 「조선조 노인복지정책의 현대적 의의」, 『한국행정사학지』 9 (2000), 77~104쪽.

곽효문, 「조선조의 가족복지정책에 관한 연구」, 『한국행정사학지』 11 (2002), 223~260쪽.

곽효문, 「조선조의 여성복지 정책에 관한 연구」, 『한국행정사학지』 13 (2003), 59~78쪽.

김건우, 「조선후기 어느 지역민의 지방관 인식: 구상덕의 『승총명록』을 중심으로」, 『고문서연구』 45 (2014), 77~93쪽.

김경란, 「『丹城縣戶籍大帳』의 '女戶' 편제방식과 의미」, 『한국사연구』 126 (2004), 151~176쪽.

김경숙, 「16, 17세기 유기아수양법과 민간의 轉用: 1661년 서원현 소송을 중심으로」, 『고문서연구』 57 (2020), 193~218쪽.

김경숙, 「조선후기 察訪의 驛站 운영과 관직생활: 19세기 초 金載一의 『黙軒日記』를 중심으로」, 『한국문화』 62 (2013), 3~36쪽.

김동석, 「安義縣監 朴趾源이 보여준 북학의 실천과 治績: 연민 선생의 북학에 관한 연구와 연관선상에서」, 『열상고전연구』 57 (2017), 65~95쪽.

김동석, 「양양부사(襄陽府使) 시절의 박지원(朴趾源)」, 『한문학보』 29 (2013), 247~271쪽.

김두헌, 「조선 후기 京衙前 書吏 가계 林夏蕃 가계의 존재 양상: 경아전 서리의 사회 신분상의 위계에 대한 탐구를 중심으로」, 『서울과 역사』 96 (2017), 201~233쪽.

김순양, 「동아시아 복지국가의 저발전과 유교적 전통: 유교국가 조선(朝鮮)의 사례를 통한 "유교국가복지론"의 재검토」, 『한국행정학보』 51(4) (2017), 57~90쪽.

김엘리, 「『勝聰明錄』을 통해서 본 慶尙道 固城의 賑恤施策」, 『역사민속학』 30 (2009), 133~177쪽.

김엘리, 「19세기 초 孝田 沈魯崇의 流配生活 硏究」 (중앙대학교대학원 박사학위논문, 2016).

김엘리, 「英祖代 慶尙道 固城의 賑恤施策에 관한 연구: 『勝聰明錄』을 중심으로」 (중앙대학교대학원 석사학위논문, 2008).

김이헌, 「조선시대 맹인교육의 성격과 유형」 (한국교원대학교대학원 석사학위논문, 2017).

김재진·최병일, 「국내 대학생들의 '도덕적 해이'에 대한 오개념 연구」, 『경제교육연구』 26(2) (2019), 73~96쪽.

김철수, 「한국헌법상의 사회복지정책」, 『사회복지법제연구』 2(1) (2011), 1~20쪽.

김현민, 「臺山 金邁淳의 《篆餘日錄》譯注」 (고려대학교대학원 석사학위논문, 2020).

김현숙, 「19세기 중반 양반가 일기에 나타난 노비와 노비노동」, 『조선시대사학보』 67 (2013), 429~464쪽.

김현옥, 「정조(正祖)의 책문(策問)에 나타난 애민사상(愛民思想) 연구(硏究)」, 『한문고전연구』 17 (2008), 127~154쪽.

김현주, 「조선후기 제주지역의 진휼비(賑恤碑)와 진휼실상」 (제주대학교대학원 석사학위논문, 2011).

나선하, 「조선 후기 羅州 鄕吏 연구」 (전남대학교대학원 박사학위논문, 2006).

남미혜, 「16세기 사대부 이문건가의 양잠업 경영에 대한 일연구」, 『조선시대사학보』 26 (2003), 147~180쪽.

문광균, 「1540~1541년 기근과 『忠州救荒切要』의 간행」, 『고문서연구』 57 (2020), 167~192쪽.

문광균, 「1808년 『만기요람』의 편찬과 그 의미」, 『역사와 현실』 107 (2018),

231~268쪽.

문순영·강창현, 「사회복지 비영리조직의 투명성 및 부패 인식에 대한 탐색적 연구: 대구 지역을 중심으로」, 『한국사회복지학』 42 (2019), 51~88쪽.

문용식, 「17·18세기 사창(社倉)을 통한 지방관의 재정 보용 사례」, 『역사와 현실』 72 (2009), 69~101쪽.

문용식, 「18세기 후반 『곡부합록(穀簿合錄)』에 나타난 조선왕조의 곡물 재정 현황」, 『한국사학보』 46 (2012), 129~167쪽.

문용식, 「18세기 후반 제주도의 기민(飢民)과 진휼 곡물」, 『한국사연구』 186 (2019), 29~68쪽.

문용식, 「조선후기 환곡 이자와 추가 징수의 문제」, 『대동문화연구』 92 (2015), 163~195쪽.

문정숙, 「한국특수교육 발달에 관한 일연구」 (단국대학교대학원 석사학위논문, 1984).

미첼(T. Michell), 김혜정 역, 「조선시대의 인구변동과 경제사: 인구통계학적 측면을 중심으로」, 『역사와 경계』 17 (1989), 75~107쪽.

박미선, 「조선 전기 아동 관련 범죄와 처벌양상」, 『조선시대사학보』 40 (2007), 45~91쪽.

박승희, 「유교의 사회복지 사상」, 『한국사회학회 사회학대회 논문집』 (1998), 55~59쪽.

박승희, 「사서(四書)에 나타난 유교의 사회복지사상」, 『한국사회복지학』 38 (1999), 57쪽.

박이택, 「17, 18세기 환곡에 대한 제도론적 접근」, 『한국학』 32 (2009), 133~165쪽.

박현주·정여주, 「조선시대 구빈정책 분석: 챔버스의 분석틀을 이용하여 '환과고독 (鰥寡孤獨)정책'을 중심으로」, 『한국사회복지학회 학술대회 자료집』 (2016), 1141~1159쪽.

배진탁, 「제3장 맹자(孟子) 정치사상의 조선시대 현실정치적 수렴」, 『민족사상』 11 (2017), 59~100쪽.

서문진희, 「사회복지담당공무원의 전문성, 직무환경, 소진에 관한 실태 및 지역별 차이 연구」, 『한국자치행정학보』 25 (2011), 233~253쪽.

손구하, 「조선시대 시각장애인의 구휼과 직업에 관한 고찰」, 『인문사회 21』 10 (2019), 871~882쪽.

송찬섭, 「18~19세기 경상도지역(慶尙道地域)의 환곡구조(還穀構造)」, 『대동문화연구』 58 (2007), 339~380쪽.

신혜린, 「존 롤즈의 복지관에 따른 한국 복지체제 흐름의 검토」(고려대학교대학원 석사
학위논문, 2016).

안영탁, 「『中庸』과 『孟子』에 나타난 道德的 人性論에 대한 硏究」(성균관대학교대학원
박사학위논문, 2014).

안외순, 「『대학』의 정치철학: 자기성찰(自己省察)과 혈구행정(絜矩行政)의 정치」, 『한국
철학논집』 27 (2009), 327~361쪽.

안호영, 「한국의 노인인식: 주요 사서에 나타난 환과고독 개념과 구휼을 중심으로」, 『한
국사회』 19 (2018), 3~42쪽.

엄기현, 「한국 사회복지에서 가족책임주의의 양상과 국제비교」, (중앙대학교대학원 석
사학위논문, 2005).

오세근, 「前자본제 사회에서 동양과 서양의 복지 사상 특성에 관한 고찰: 한국과 영국의
救貧 정책을 중심으로」, 『사회사상과 문화』 7 (2003), 65~96쪽.

오수창, 「조선시대 지방 이서층 급료문제의 역사적 맥락」, 『역사와 현실』 32 (1999),
224~256쪽.

오현주, 『한국사회에서 기본소득 도입과 지급방안에 관한 고찰』(부산교육대학교교육대
학원 석사학위논문, 2017).

원재영, 「朝鮮 後期 賑恤政策의 구조와 운영」, 『한국사연구』 143 (2008), 325~375쪽.

원재영, 「조선시대 재해행정과 17세기 후반 진휼청의 상설화」, 『동방학지』 172 (2015),
133~167쪽.

원재영, 「조선후기 경아전(京衙前) 서리(書吏) 연구」, 『조선시대사학보』 32 (2005),
227~277쪽.

원재영, 「조선후기 진휼정책과 진자(賑資)의 운영: 1809~1810년 전라도의 사례를 중심
으로」, 『조선시대사학보』 64 (2013), 201~247쪽.

유경준, 「한국의 소득불평등 현황과 쟁점」, 『한국경제의 분석』 24 (2018), 107~149쪽.

유범상, 「사회복지 철학과 사회복지관의 역할: 최고관리자의 역할을 중심으로」, 『한국지
역사회복지학회 학술대회』 (2010), 29~46쪽.

윤석경·권정만, 「사회복지에서의 복지 개념과 조선왕조실록의 복지 용례의 비교와 함
의」, 『한국공공관리학보』 26 (2012), 63~87쪽.

윤홍식, 「기본소득, 복지국가의 대안이 될 수 있을까?: 기초연금, 사회수당, 그리고 기본
소득」, 『비판사회정책』 54 (2017), 81~119쪽.

이민수, 「조선세종조의 복지정책연구」, (단국대학교대학원 박사학위논문, 1987).

이상엽·정건섭, 「조선후기 지방행정에 있어서 이서(吏胥)의 부패유발요인과 반부패개혁론」, 『한국지방자치학회보』 16 (2004), 295~317쪽.

이세영, 「조선후기의 勸分과 富民의 실태」, 『역사문화연구』 34 (2009), 157~263쪽.

이영우, 「朝鮮 正祖朝의 福祉政策에 관한 연구」, (안동대학교대학원 박사학위논문, 2015).

이욱, 「19세기 서울의 미곡유통구조와 쌀폭동」, 『동방학지』 136 (2006), 91~127쪽.

이욱, 「『진자미전래상급용하구별책』의 내용과 자료적 가치」, 『조선시대사학보』 97 (2021), 7~33쪽.

이지호·황아란, 「복지수준과 정부의 질에 대한 인식의 효과를 중심으로」, 『한국사회정책』 23 (2016), 257~285쪽.

이천현, 「한국의 민간부패 현황과 제도적 개선방안」, 『형사정책연구』 26 (2015), 267~303쪽.

이행묵, 「'壬癸凶荒'期(1832~1833) 충청도 지역의 진휼 시행과 定山縣의 設賑 실태」, (고려대학교대학원 석사학위논문, 2019).

이혜정, 「16세기 노비의 삶과 의식세계: 『묵재일기』를 중심으로」 (경희대학교대학원 박사학위논문, 2012).

임성주, 「19세기 환곡(還穀)의 고갈과 고리대적(高利貸的) 운영 강화」, 『대동문화연구』 113 (2021), 597~636쪽.

임안수, 「맹인 명칭고」, 『시각장애연구』 (1997), 5~22쪽.

장경준, 「조선후기 호적대장과 '戶'의 성격」 (부산대학교대학원 박사학위논문, 2015).

장동표, 「조선후기 군현단위의 부정부패와 이서층 중심의 포흠」, 『한국사연구』 130 (2005), 29~52쪽.

전병주, 「기초자치단체 복지재단의 실태 및 활성화 방안」, 『디지털융복합연구』 12 (2014), 61~67쪽.

정규완, 「수원유수 정원용의 일상업무 연구: 『경산일록』을 중심으로」, 『조선시대사학보』 96 (2021), 157~185쪽.

정지영, 「조선시대 '독녀(獨女)'의 범주」, 『한국여성학』 32(3) (2016), 1~26쪽.

정지영, 「조선시대의 외람된 여자 '독녀'」, 『페미니즘 연구』 16 (2016), 317~350쪽.

정형지, 「숙종대 진휼정책의 성격」, 『역사와 현실』 25 (1997), 48~86쪽.

조성린, 「정조대 사회복지시책 연구」 (상명대학교대학원 박사학위논문, 2009).

주소현, 「국민연금의 필요성에 대한 태도, 양가감정 및 개혁에 대한 의견과 관련 요인 탐색」, 『소비자학연구』 29 (2018), 123~150쪽.

최병선·조병훈, 「다산의 부패와 반부패 인식에 관한 연구: 환곡제도를 둘러싼 부패 문제를 중심으로」, 『한국행정학회 학술발표논문집』 (2007), 1~31쪽.

최옥채, 「조선 중종대 빈곤과 구제: 『중종실록』과 해석학 관점 중심으로」, 『한국사회복지학』 63(3) (2011), 261~283쪽.

최원규, 「조선후기 아동구휼에 관한 일 연구: 정조시 『자휼전칙』을 중심으로」, 『한국사회복지학』 12 (1988), 173~188쪽.

최화인, 「전근대 사회보장제도 연구: 조선시대 환곡제(還穀制)를 중심으로」, (성균관대학교대학원 박사학위논문, 2017).

함규진, 「한국적 민주주의의 형성과 민본주의의 역할」, 『정치정보연구』 19(1) (2016), 275~300쪽.

허철행, 「동서양 사회복지 사상과 노인복지」, 『동양문화연구』 23 (2016), 121~148쪽.

홍순석·서은선, 「복지융복합 연구를 위한 인문학의 활용방안: 세종시대 효행정책과 노인복지 정책을 중심으로」, 『인문사회 21』 9(1) (2018), 965~977쪽.

도판 출처

1. 〈충청수영 진휼청〉: 보령시청

   https://www.brcn.go.kr/prog/attraction/tour/sub01_13/view.do?attractionCode=94

2. 〈김씨 아저씨의 환곡과 함께한 1년〉: 일러스트레이터 이보현 님 제공

3. 〈낙남헌양로연도(洛南軒養老宴圖)〉: 국립중앙박물관

   https://www.museum.go.kr/site/main/relic/search/view?relicId=4508

4. 김홍도 작, 〈지팡이를 든 두 맹인〉: 공유마당

   https://gongu.copyright.or.kr/gongu/wrt/wrt/view.do?wrtSn=13216407&menu-No=200018

5. 『윤음언해(綸音諺解)』: 서울대학교 규장각한국학연구원

   https://kyudb.snu.ac.kr/book/view.do?book_cd=GK02976_00

6. 〈한국풍속 곡물시장 사진엽서〉: 국립민속박물관

   https://www.nfm.go.kr/common/data/home/relic/detailPopup.do?seq=PS0100200100109421300000

7. 〈조정 vs 경상도 vs 함경도의 눈치 게임, 곡식 폭탄 돌리기〉: 일러스트레이터 이보현 님 제공

8. 〈김재일의 진땀 나는 찰방(察訪) 수행기〉: 일러스트레이터 이보현 님 제공

9. 「인리분번기(人吏分番記)」: 국립중앙박물관

   https://www.museum.go.kr/site/main/relic/search/view?relicId=2807

10. 『목민심서(牧民心書)』 「호적(戶籍)」

    http://db.itkc.or.kr/inLink?DCI=ITKC_BT_1288A_0070_060_0010_2014_001_XML

11. 『순조사년갑자울산호적대장(純祖四年甲子蔚山戶籍大帳)』: 서울대학교 규장각한국학연구원

    https://kyudb.snu.ac.kr/book/view.do?book_cd=GK14977_00

12. 「추수기(秋收記)」: 국립중앙박물관

    https://www.museum.go.kr/site/main/relic/search/view?relicId=2775

13. 『묵재일기』: 장서각기록유산DB

    https://visualjoseon.aks.ac.kr/etc/dy_intro?type=page02

14. 「북면거민인등등장(北面居民人等等狀)」: 서울대학교 규장각한국학연구원

    https://kyudb.snu.ac.kr/book/text.do?book_cd=TM22878_00